LÍDER
360°

CÓMO DESARROLLAR SU
INFLUENCIA DESDE CUALQUIER
POSICIÓN EN SU ORGANIZACIÓN

JOHN C. MAXWELL

Una división de **Grupo Nelson**
www.liderlatino.com

© 2005 Líder Latino
Una división de Grupo Nelson
Nashville, TN, E.U.A.
www.liderlatino.com

Título en inglés: *The 360° Leader*
© 2006 por Maxwell Motivation y JAMAX Realty
Publicado por Thomas Nelson, Inc.

Traducción: *Hubert Valverde*

Diseño interior: *Grupo Nivel Uno, Inc.*

ISBN 0-88113-903-3

Impreso en E.U.A.
Printed in the U.S.A.

8ª Impresión

DEDICO ESTE LIBRO A DAN REILAND —

AMIGO

ESTUDIANTE

MAESTRO

SOCIO

— UN LÍDER DE 360°

CONTENIDO

CONTENIDO

SECCIÓN V: LOS PRINCIPIOS QUE LOS *LÍDERES DE 360°* PRACTICAN PARA GUIAR A SUS SUBORDINADOS

SECCIÓN VI: EL VALOR DE LOS *LÍDERES DE 360°*

RECONOCIMIENTOS

Me gustaría agradecerle a Charlie Wetzel, mi escritor.

A Stephanie Wetzel, quien revisó los primeros borradores del manuscrito.

A Dan Reiland, quien nos ayudó a pensar y a concretar los conceptos para este libro.

A David Branker, Doug Carter, Chris Hodges, Billy Hornsby, Brad Lomenick, Rod Loy, David McKinley, Todd Mullins, Tom Mullins, y Douglas Randlett, a cada uno de ellos por su dedicación para dirigir *líderes de 360°* en la zona intermedia de las organizaciones; por sus valiosas reacciones al bosquejo de este libro y a Linda Eggers, mi asistente.

SECCIÓN I

LOS MITOS DE DIRIGIR UNA ORGANIZACIÓN DESDE LA ZONA INTERMEDIA

É stos son panoramas clásicos de liderazgo: William Wallace dirigiendo a sus soldados contra el enemigo que quería oprimirlos a él y a su pueblo. Winston Churchill desafiando la amenaza nazi aun cuando la mayor parte de Europa había caído ante los alemanes. Mahatma Gandhi conduciendo la marcha de las doscientas millas hacia el mar para protestar por el impuesto sobre la sal. Mary Kay Ash surgiendo como una organización de categoría mundial. Martin Luther King, estando de pie ante el monumento conmemorativo a Lincoln y desafiando a la Nación mediante su sueño de reconciliación.

Cada una de estas personas eran grandes líderes. Cada uno causó un impacto que ha tocado cientos de miles, si no millones, de personas. Sin embargo, estas escenas también pueden darnos una mala interpretación. La realidad es que el 99 por ciento de todo el liderazgo no se da desde la cima, sino desde la zona intermedia de una organización. Por lo general, una organización tiene sólo una persona cómo líder. ¿Qué puede hacer usted, si no es esa persona?

> *El 99 por ciento de todo el liderazgo no se da desde la cima, sino desde la zona intermedia de una organización.*

He enseñado acerca del liderazgo por casi treinta años. Y en casi todas las conferencias que he hecho, alguien se me ha acercado para

1

decirme algo como: «me gusta lo que usted enseña sobre el liderazgo, pero no puedo aplicarlo. Yo no soy el líder principal, y la persona que supervisa mi trabajo apenas muestra un liderazgo promedio». ¿Es esa su experiencia? ¿Trabaja usted en alguna zona intermedia de su organización? Quizás no sea uno de los seguidores en los niveles más bajos de la organización, pero no es el que ocupa la silla principal tampoco. No obstante, usted desea dirigir, realizar un impacto, contribuir a algo.

Por extraño que pueda parecer, usted no tiene porqué estar limitado a las circunstancias o a una posición. Usted no tiene que ser el presidente o el director ejecutivo para dirigir de manera eficaz. Y usted puede aprender a causar un impacto con su liderazgo aunque la persona para quien usted trabaja no sea un buen líder. ¿Cuál es el secreto? ¿Cómo lo puede hacer? Usted puede aprender a desarrollar su influencia de liderazgo en cualquier lugar de la organización al convertirse en un *líder de 360°*. No todos entienden lo que significa influir en los demás en varias direcciones; aquellos para quienes usted trabaja, la gente que está al mismo nivel que usted, y aquellos que trabajan para usted. Algunas personas son buenas para dirigir a los miembros de su propio equipo, pero ellos suelen segregar a las personas de otros departamentos de la organización. Otros individuos sobresalen al crear una gran relación con su su jefe, pero no logran influir en nadie debajo de ellos en la organización. Unas personas pueden llevarse bien con casi todos, y sus compañeros de trabajo disfrutan el tiempo con este tipo de personas, pero con frecuencia no logran terminar su trabajo a tiempo. Por otra parte, algunas personas son productivas, pero no se llevan bien con nadie. Sin embargo, los *líderes de 360°* son diferentes. Los *líderes de 360°* influyen en las personas de cada área de la organización, al ayudar a otros, se ayudan a sí mismos. Es problable que usted diga: «¡Es más fácil decirlo que hacerlo!» Es cierto, pero no es imposible. De hecho, convertirse en un *líder de 360°* está al alcance de cualquiera que posea habilidades de liderazgo buenas o de nivel promedio y quiera esforzarce en lograrlo. Eso quiere decir que aunque usted se catalogara como un «cinco» o «seis» en una escala del uno al diez, usted puede mejorar y desarrollar su influencia con las personas a su alrededor en una organización, y lo puede hacer desde cualquier lugar en la organización. Pero para hacer esto, usted primero tiene que estar seguro de que no esté ligado a ninguno de los siete mitos comunes de la gente que dirige en la zona intermedia de una organización. Y ese será el tema de esta primera sección del libro.

EL MITO DE LA POSICIÓN:

«No puedo dirigir si no estoy en la cima».

Si yo tuviera que identificar cual es la idea falsa número uno que la gente tiene sobre el liderazgo, tendría que decir que es la creencia de que el liderazgo se da sólo con una posición o un título, pero nada más lejos de la verdad. Usted no tiene que poseer una posición en la cima de su grupo, departamento, división, u organización a fin de poder dirigir. Si usted piensa así, entonces usted está aferrado al mito de la posición. Un lugar en la cima no hace que nadie sea un líder. La ley de la influencia en *Las 21 leyes irrefutables del liderazgo* lo dice claramente: «La verdadera medida del liderazgo es la influencia, nada más, nada menos».

Debido a que he ejercido mi liderazgo en organizaciones voluntarias casi toda mi vida, he visto a muchas personas apegarse al mito de la posición. Cuando una persona que se aferra a este mito es identificada como un líder en potencia y se le pone frente a un equipo, esta persona se incomoda si no se le da una especie de título o posición que lo etiquete como tal ante los demás miembros del equipo. En vez de esforzarse para desarrollar relaciones con ellos y de ganar influencia de manera natural, esta clase de persona espera que un líder de posición le confiera autoridad o un título. Poco tiempo después esta persona se empieza a sentir cada vez más infeliz, hasta que finalmente decide buscar otro equipo, otro líder u otra organizacion.

La gente que sigue este modelo no comprende cómo se desarrolla un liderazgo eficaz. Si usted ha leído algunos de mis otros libros sobre el liderazgo, usted conoce entonces un instrumento de identificación del liderazgo que yo llamo «los cinco niveles del liderazgo», que introduje por primera vez en el libro *Desarrolle el líder que está en usted.* Este instrumento muestra la dinámica del desarrollo del liderazgo que conozco. En caso que no la conozca, la explicaré de manera breve:

5. PERSONALIDAD

Respeto
La gente lo sigue por lo que usted es y lo que representa.
NOTA: Este paso está reservado para los líderes que han dedicado años desarrollando personas y organizaciones. Son pocos los que pueden estar aquí. Aquellos que sí pueden son líderes trascendentales.

4. DESARROLLO DE PERSONAS

Reproducción
Las personas lo siguen por lo que usted ha hecho por ellas.
NOTA: Aquí es donde ocurre el crecimiento más amplio. Su compromiso para desarrollar líderes asegurará un crecimiento continuo en la organización y en la gente. Haga lo posible para llegar y quedarse en este nivel.

3. PRODUCCIÓN

Resultados
Las personas lo siguen por lo que usted ha hecho por la organización.
NOTA: Aquí es donde las personas perciben el éxito. Ellos lo aprecian a usted y lo que hace. Los problemas se resuelven con poco esfuerzo debido al ímpetu generado.

2. PERMISO

Relaciones
Las personas lo siguen porque ellos desean hacerlo.
NOTA: Las personas lo seguirán más allá de su rango de autoridad. Este nivel le permite que su trabajo sea agradable. Quedarse mucho tiempo en este nivel sin avanzar puede hacer que personas altamente motivadas se vuelvan impacientes.

1. POSICIÓN

Derechos
Las personas lo siguen porque tienen que hacerlo.
NOTA: Su influencia no irá más allá de los límites de su descripción de empleos. Entre más se mantenga allí, habrá más rotación y una moral baja.

El liderazgo es dinámico, y el derecho a dirigir debe ganarse individualmente con cada persona que usted llega a conocer. El lugar donde se encuentra actualmente en «la escalera del liderazgo» depende de su pasado con esa persona. Y con cada persona, empezamos desde abajo en los cinco pasos o niveles.

El nivel inferior (o primero) es el de la posición. Usted solo puede comenzar en la posición que le han dado, independientemente de cual sea: trabajador de cadena de producción, ayudante administrativo, vendedor, capataz, pastor, encargado auxiliar, etcétera. Su posición es la que es, y desde ella usted tiene ciertos derechos que vienen con ese título. Pero si usted dirige a la gente basado en su posición, y no hace nada más para tratar de aumentar su nivel de influencia, entonces la gente lo seguirá sólo porque tienen que hacerlo. Ellos lo seguirán solamente dentro de los límites de su descripción del trabajo. Entre menor sea su posición, menor autoridad posicional posee. Las buenas noticias son que usted puede mejorar su influencia más allá de su posición, usted puede «escalar» la escalera de liderazgo a niveles superiores. Si se mueve al segundo nivel, usted comienza a dirigir más allá de su posición porque ha desarrollado una relación con la gente que desea dirigir. Usted los trata con dignidad y respeto; los valora como seres humanos; se preocupa por ellos, no sólo por el trabajo que hacen para usted o para la organización. Ya que usted se preocupa por ellos, ellos comienzan a confiar en usted y por consiguiente, ellos le dan permiso para que los dirija. En otras palabras, ellos comienzan a seguirlo por su propio deseo.

El tercer nivel es el nivel de la producción. Usted se mueve a esta fase de liderazgo con los demás debido a los resultados que usted alcanza en el trabajo. Si las personas a las que usted dirige tienen éxito en lograr hacer un trabajo debido a su contribución al equipo, ellas se fijarán más en usted para que los dirija. Ellos lo siguen por lo que usted ha hecho por la organización.

Para llegar al cuarto nivel de liderazgo, usted debe enfocarse en desarrollar a los demás. Es por eso que a este nivel de liderazgo se le llama el nivel del desarrollo humano. Su agenda debe ser verterse en las personas que dirige, ser un mentor para ellas, ayudarlas a desarrollar sus habilidades y agudizar sus habilidades de liderazgo. Lo que usted está haciendo, esencialmente, es una reproducción de liderazgo.

Usted los valora, les añade valor y los hace más valiosos. En este nivel, ellos lo siguen por lo que usted ha hecho por ellos.

El quinto y último nivel es el nivel de la personalidad, pero no es un nivel que usted pueda lograr alcanzar, ya que está más allá de su control. Solamente los demás pueden colocarlo a usted allí y lo hacen porque usted ha sobresalido en los cuatro primeros niveles en su liderazgo con ellos por un largo periodo de tiempo. Usted se ha ganado la reputación de un líder del quinto nivel.

DISPOSICIÓN MÁS QUE POSICIÓN

Cuando los líderes en potencia comprenden la dinámica de obtener influencia con las personas usando los cinco niveles de liderazgo, ellos logran comprender que la posición tiene muy poco que ver con un liderazgo genuino. ¿Tiene un individuo que estar en la cima de un organigrama para desarrollar relaciones con los demás y para hacer que ellos quieran trabajar con él? ¿Necesita poseer el máximo título para lograr resultados y ayudar a que los demás sean más productivos? ¿Debe ser el presidente o director ejecutivo para poder enseñarles a las personas a ver, a pensar y a trabajar como líderes? Por supuesto que no. Influir en otros es un asunto de disposición, no de posición.

> El liderazgo es una decisión que usted toma, no un lugar donde usted se sienta.

Usted puede dirigir a otros desde cualquier lugar de la organización. Y cuando lo haga, usted hará que la organización mejore. David Branker, un líder que ha influido en los demás desde la zona intermedia de las organizaciones por muchos años y que actualmente sirve como director ejecutivo de una gran iglesia, dijo: «No hacer nada a nivel intermedio es crear más peso que el líder principal tendrá que mover. Para algunos líderes, eso puede significar un gran obstáculo. Los líderes intermedios tienen un efecto profundo en una organización».

Cada nivel de una organización depende del liderazgo de alguien. Lo importante es esto: el liderazgo es una decisión que usted toma, no un lugar donde usted se sienta. Cualquiera puede escoger ser un líder dondequiera que se encuentre. No importa dónde esté, usted puede marcar una diferencia.

Mito # 2

EL MITO DEL DESTINO:
«Cuando llegue a la cima, aprenderé a dirigir»

En el año 2003, Charlie Wetzel, mi escritor, decidió conquistar una meta que mantenía desde hace más de una década. Él estaba determinado a correr un maratón. Si usted conociera a Charlie, nunca pensaría que él es un corredor. Los artículos en las revistas deportivas dicen que una persona de un metro, setenta y cinco centímetros de alto debe pesar 75 kilogramos o menos. Charlie pesa más de 93 kilos. Pero él era un corredor regular que hacía un promedio de 7.5 a 12.5 km. por semana y corría dos o tres maratones de 10 km. por año, y por eso escogió el maratón de Chicago para llevar a cabo su meta.

¿Cree usted que Charlie se presentó en la línea de salida, en el centro de Chicago, el día de la carrera y dijo: «Muy bien, creo que ya es hora de aprender cómo correr un maratón?» Por supuesto que no. Empezó a prepararse con un año de anticipación. Leyó información sobre las carreras de maratón en los Estados Unidos y aprendió que el maratón de Chicago, que se realiza en octubre, disfruta de los mejores climas la mayoría de los años. Es una carrera rápida y a nivel plano. Tiene la reputación de tener el mejor apoyo de los admiradores que cualquier maratón de la Nación. Era el lugar perfecto para alguien que iba a correr una maratón por primera vez.

Además aprendió cómo entrenarse para un maratón; leyó artículos, exploró la Internet, habló con corredores de maratón, y hasta reclutó un amigo que había corrido dos maratones para que estuviera con él, en Chicago, el 12 de octubre. Y por supuesto, entrenó. Comenzó el proceso a mediados de abril, aumentando la distancia cada semana y luego avanzó a dos carreras de entrenamiento de 12.5 km., además de sus otras sesiones. Cuando el día de la carrera llegó, él estaba listo y conquistó su meta, logró terminar la carrera.

El liderazgo es muy similar. Si usted quiere triunfar, usted necesita aprender todo lo que pueda acerca de liderazgo antes de que usted tenga una posición de liderazgo. Cuando me reúno con personas en ambientes sociales y me preguntan a qué me dedico, algunos se intrigan cuando les digo que escribo libros y doy conferencias. Con frecuencia me preguntan acerca de lo que escribo. Cuando les digo «liderazgo», la respuesta que más me hace reír es similar a esta: «Oh, bien, cuando sea líder, leeré algunos de sus libros». Lo que no les respondo (aunque quisiera) es: «si leyera alguno de mis libros, quizá se convertiría en un líder».

Un buen liderazgo se aprende en las trincheras. Dirigir en cualquier lugar es lo que prepara a los líderes para una mayor responsabilidad. Ser un buen líder es un proceso de aprendizaje de toda la vida. Si usted no prueba sus habilidades de liderazgo y su proceso de toma de decisiones cuando no hay mucha responsabilidad y los riesgos son pequeños, es muy probable que se meta en problemas en niveles más altos cuando el costo de sus errores sea mayor, el impacto más fuerte y la exposición más grande. Los errores que se cometen a una menor escala pueden ser olvidados más fácilmente. Los errores que se cometen cuando uno está en la cima conllevan un costo gigantesco en la organización y dañan la credibilidad del líder.

¿Cómo logra ser la persona que usted desea ser? Comience a adoptar la manera de pensar, a aprender las habilidades y a desarrollar los hábitos de la persona que usted desea ser. Es un error vivir soñando: «Un día, cuando esté en la cima...», en vez de responsabilizarse hoy para prepararse para mañana. Tal como lo dijo el entrenador de baloncesto del Salón de la Fama, John Wooden: «Cuando la oportunidad llega, ya es muy tarde para prepararse». Si usted quiere ser un líder exitoso, aprenda a dirigir antes de que usted tenga una posición de liderazgo.

Mito # 3

EL MITO DE LA INFLUENCIA:
«Si estuviera en la cima, la gente me seguiría».

Leí alguna vez que el presidente Woodrow Wilson tenía una ama de llaves que constantemente se lamentaba de que su esposo no poseía una posición más prestigiosa en la vida. Un día, esta dama se le acercó al presidente luego de que escuchó que el Secretario de Trabajo había renunciado de la administración.

«Presidente Wilson», le dijo: «mi esposo es perfecto para esa posición vacante. Él es un hombre trabajador, sabe lo que es el trabajo y comprende a las personas que trabajan. Por favor, considérelo cuando designe al nuevo Secretario del Trabajo».

«Aprecio su recomendación», respondió Wilson, «pero debe recordar que la posición del Secretario del Trabajo es muy importante. Requiere a una persona influyente».

«Pero», le dijo el ama de llaves, «si usted hiciera que mi esposo fuera el Secretario de Trabajo, él sería una persona influyente».

Las personas que no tienen una experiencia en el liderazgo tienden a sobreestimar la importancia de un título de liderazgo. Ese fue el caso del ama de llaves del presidente Wilson. Ella pensó que el liderazgo era una recompensa que alguien de importancia pudiera conceder, pero la influencia no funciona de esa forma. Usted puede concederle una posición a alguien, pero no puede concederle un verdadero liderazgo. La influencia debe ser algo que se gana.

Una posición le da a usted una oportunidad. Le da la ocasión de probar su liderazgo. Hace que las personas le den a usted el beneficio de la duda por un tiempo, pero luego de ese tiempo, usted se habrá ganado un nivel de influencia, para bien o para mal. Los buenos líderes obtendrán la influencia que respalda su posición. Los malos líderes disminuirán su influencia hasta que sea menos de la que tenían cuando iniciaron con esa posición. Recuerde, una posición no hace al líder, es el líder el que hace la posición.

Usted puede concederle una posición a alguien, pero no puede concederle un verdadero liderazgo.

Mito # 4

EL MITO DE LA INEXPERIENCIA:
«Cuando llegue a la cima, tendré el control».

S e ha escuchado usted diciendo algo como: «Sabes, si yo estuviera a cargo, no hubiéramos hecho esto, o lo otro. Las cosas serían diferentes si yo fuera el jefe»? Si es así, debo decirle que hay buenas y malas noticias. Las buenas noticias son que el deseo de mejorar una organización y sentirse capaz de hacerlo, con frecuencia, es la marca de un líder. Andy Stanley dijo: «si usted es un líder y tiene líderes trabajando con usted, ellos piensan que pueden hacer su trabajo mejor que usted. Así lo piensan (igual que usted). Y eso no está mal, así es el liderazgo». El deseo de innovar, mejorar, crear, y buscar la mejor manera es una característica de liderazgo.

Pero también hay malas noticias. Al no haber experimentado ser la persona en la cima de la organización, usted está subestimando la cantidad de control que usted tendría en la cima. Entre más alto avance y entre más grande sea la organización, usted se dará cuenta que mayor es la cantidad de factores que controlan la organización. Más que nunca, cuando está en la cima, usted necesita toda la influencia de la que pueda proveerse. Su posición no le da un control total ni tampoco protección.

Mientras escribo esto, recibo noticias de última hora en el mundo de los negocios que me sirven para una buena ilustración de este concepto. Probablemente usted conoce el nombre Carly Fiorina. Ella es considerada una de los ejecutivos de negocios más importante de la nación y en 1998 la revista *Fortune* la nombró la mujer ejecutiva más poderosa de los Estados Unidos. En ese tiempo ella era presidente de Lucent Technologies, y poco después se convirtió en directora ejecutiva de Hewlett Packard, la undécima compañía más grande de la nación en esa época.[1]

En el 2002, Fiorina hizo algo audaz que esperaba que funcionaría en su organización. Dirigió una fusión entre Hewlett Packard y Compaq tratando de convertirla en una organización más competitiva que su mayor rival, Dell. Desafortunadamente, los ingresos y las ganancias no llenaron las expectativas en los siguientes dos años. No obstante en diciembre del 2004, Fiorina se mantenía optimista acerca de su futuro. Cuando le preguntaron acerca del rumor de una transición de su carrera hacia la política, ella respondió: «Soy la directora ejecutiva de Hewlett Packard; me encanta la compañía, me encanta mi puesto y aún no he terminado».[2] Dos meses después, había terminado pues la junta directiva de Hewlett Packard le pidió su renuncia.

Pensar que la vida «en la cima» es más fácil es igual que creer en el dicho estadounidense: el pasto es más verde al otro lado de la cerca. Estar en la cima trae sus propios problemas y desafíos. En el liderazgo, no importa dónde usted esté en la organización, lo más importante es, siempre, la influencia.

El mito de la libertad:

«Cuando llegue a la cima, no tendré más límites».

Algunas veces pienso que las personas tienen el concepto equivocado acerca del liderazgo. Muchas personas piensan que es un boleto a la libertad, algo que les proveerá una solución a sus problemas profesionales y de carrera. Pero estar en la cima no es una cura total.

¿Ha pensado que estar a cargo cambiaría su vida? ¿Pensamientos como éstos llegan a su mente de vez en cuando?

Cuando llegue a la cima, lo habré logrado.
Cuando termine de escalar la escalera corporativa, podré descansar.
Cuando sea dueño de mi propia compañía, podré hacer lo que quiera.
Cuando esté en control, el cielo será el límite.

Cualquiera que ha tenido una compañía o ha estado en la cima de una organización sabe que esas ideas están llenas de ilusiones. Ser el líder superior no significa que usted no tiene límites, ni quita el tope de su potencial. No importa cuál trabajo o posición tenga, siempre habrá límites. Así es la vida.

Cuando usted escala en una organización, el peso de su responsabilidad aumenta. En muchas organizaciones, al ir escalando posiciones, se dará cuenta que la cantidad de responsabilidad que conlleva aumenta más rápido que la cantidad de autoridad que usted recibe.

Entre más alto vaya, más se espera de usted, las presiones son más grandes y el impacto de sus decisiones tiene mayor peso. Usted debe tomar en cuenta estas cosas.

Para ilustrarle esto, déjeme darle un ejemplo. Supongamos que usted tiene una posición en ventas, y que usted es muy bueno en esa posición. Usted vende bien, convence a sus clientes con facilidad, y gracias a usted su compañía tiene un ingreso de 5 millones de dólares por año. Como vendedor, puede que tenga mucha libertad. Quizás usted puede acomodar su horario de la forma que desee. Al igual que muchos otros vendedores, usted puede trabajar desde su casa. No importa si usted desea trabajar a las cinco de la mañana o a las diez de la noche, siempre y cuando usted le dé un buen servicio a sus clientes y a su compañía. Puede hacer las cosas a su manera, y si algo malo sucede, es muy probable que lo resuelva fácilmente.

> *En muchas organizaciones, al ir escalando posiciones, se dará cuenta que la cantidad de responsabilidad que conlleva aumenta más rápido que la cantidad de autoridad que usted recibe.*

Pero ahora supongamos que lo ascienden a gerente de ventas de media docena de personas que hacen lo que usted solía hacer. Ahora usted está más limitado que antes. Ya no puede acomodar su horario como le place ya que tiene que acomodarlo con respecto a sus otros seis empleados que tienen que trabajar con sus clientes. Y si usted es un buen líder, animará a los miembros de su equipo a que trabajen siguiendo su propio estilo para que maximicen de esa forma su potencial, pero esto hará las cosas mucho más difíciles para usted. Agréguele a eso una mayor presión financiera a su posición ya que ahora sería responsable quizás de traer un ingreso de 25 millones de dólares a su compañía.

Y si usted vuelve a ascender, por ejemplo a nivel de un gerente de división, sus demandas aumentan aún más. Y puede que tenga que trabajar con cierto número de departamentos diferentes, cada uno con sus propios problemas, con habilidades y culturas diferentes. Los buenos líderes, buscan a su gente, se comunican con ellos, encuentran un común denominador y los capacitan para tener éxito. Es por eso, que en cierta forma, los líderes tienen menos libertad entre más ascienden.

Cuando enseño acerca del liderazgo, con frecuencia utilizo el siguiente diagrama que le ayuda a los líderes potenciales a darse cuenta que al ascender en la organización, sus derechos en realidad disminuyen en vez de aumentar:

Los clientes tienen una gran libertad y pueden hacer casi todo lo que les plazca. No tienen ninguna responsabilidad en la organización. Los trabajadores tienen más obligaciones. Los líderes aun más y por ello se limitan más en términos de su libertad, es una limitación que escogen de buen agrado, pero saben que están limitados de igual forma. Si usted desea sobrepasar los límites de su eficacia, hay una mejor solución. Aprender a dirigir en la zona intermedia quitará el tope de su potencial.

Mito # 6

EL MITO DEL POTENCIAL:

*«No puedo alcanzar mi potencial
si no estoy en la cima».*

¿Cuántos niños dicen: «Cuando sea grande seré el vicepresidente de mi nación»? Probablemente ninguno. Si un niño tiene aspiraciones políticas, el querrá ser el presidente, y si piensa en los negocios, seguro querrá ser el dueño de la compañía. Muy pocas personas aspiran poco. De hecho, hace varios años, Monster.com, un servicio en línea de búsqueda de trabajo, utilizó esta idea mediante un comercial de televisión que mostraba unos niños diciendo cosas como: «Cuando crezca, me dedicaré todo el día a archivar» o «Me esforzaré para ser solo un administrador asistente».

> *Creo que las personas deberían esforzarse por ser las mejores en su área, no en su organización.*

No obstante, la realidad es que la mayor parte de las personas nunca serán los líderes de la cima en una organización. La mayoría ocuparán sus días en algún lugar intermedio. ¿Es eso correcto, o debería competir por ser "el rey de la colina" y tratar de alcanzar la cima?

Creo que las personas deberían esforzarse por ser las mejores en su área, no en su organización. Cada uno de nosotros debería esforzarse por alcanzar todo nuestro potencial, no solo una oficina con buena vista. Algunas veces usted puede causar más impacto desde otro lugar que no sea el primero. Una excelente ilustración es el vicepresidente Dick Cheney. Él ha tenido una carrera notable en la política: Jefe de Estado Mayor de la Casa Blanca para el presidente Gerald Ford, miembro

17

del Congreso del estado de Wyoming en seis ocasiones, secretario de defensa del presidente George H. W. Bush, y vicepresidente del presidente Bush, hijo. Él tiene todas las credenciales que se necesitan para ser presidente de los Estados Unidos. Sin embargo, él sabe que esa posición no es la que él desea. Un artículo en la revista *Times* describió a Cheney de este modo:

> Cuando Richard Bruce Cheney era un estudiante en la Escuela Secundaria del Condado Natrona en Casper, Wyo., él era un reconocido futbolista, el presidente de su generación de alumnos y un estudiante de honor. Pero él no era la estrella... Discreto, se hacía a un lado, respaldando a otro compañero para que éste brillara, apagando incendios cuando se necesitaba; este es el papel que Dick Cheney ha aceptado a través de su vida. Durante toda su gran carrera... El éxito de Cheney se deriva de su incomparable habilidad de servir como un consejero discreto, eficaz y leal para líderes en puestos más altos. Alguna vez jugó con la idea de llevar la batuta, entrando en la candidatura a la presidencia en 1996. Pero la idea de ponerse en ese escenario... habría requerido un cambio completo en la genética política de Cheney. Así que decidió tomar una oferta de negocios, pensando que él se pensionaría algún día para luego dedicarse a la caza y a la pesca. Pero George W. Bush tenía otros planes, planes que devolvieron a Cheney al papel que él sabe hacer mejor. Tal como lo dijo Lynne Cheney a la revista *Time*, su esposo «nunca se imaginó que ese sería su trabajo, pero al volver la vista atrás hacia toda su carrera, ésta ha sido una preparación para este puesto».[1]

Cheney ha alcanzado su potencial en la posición de vicepresidente. Él es muy eficaz, y se le ve contento. Mary Kay Hill, una asistente por mucho tiempo del ex-senador de Wyoming, Alan Simpson, quien trabajó con Cheney en Capitol Hill, dijo: «usted lo coloca en cualquier lugar y él hace un trabajo excelente. Él tiene una manera genial de integrarse y adaptarse a su ambiente». Cheney parece ser un excelente ejemplo de un *líder de 360°*, alguien que sabe influir en otros en cualquier posición en la que se encuentre.

Mito # 7

EL MITO DEL TODO O NADA:

«Si no puedo llegar a la cima,
entonces no trataré de dirigir».

¿Cuáles son las probabilidades de que usted llegue a la cima de su organización o que algún día se convierta en el líder principal? La realidad para la mayoría de las personas es que nunca llegarán a ser los directores ejecutivos. ¿Significa eso que deben tirar la toalla con respecto al liderazgo?

Eso es lo que algunas personas hacen. Miran una organización, se dan cuenta que no llegarán a la cima y se rinden. Su actitud es: «Si no puedo ser el capitán del equipo, me llevaré la pelota y me iré a casa».

Otras entran al proceso de liderazgo y luego se frustran por su posición en una organización. ¿Por qué? Porque ellos definen el éxito como «estar en la cima». Por consiguiente, ellos creen que si ellos no está arriba, ellos no han logrado el éxito. Si aquella frustración dura lo suficiente, ellos simplemente dejan de tratar de dirigir. Y por consiguiente, ellos, a menudo se desilusionan, se vuelven amargados, y hasta cínicos. Si llegan a ese punto, en vez de ser una ayuda a su organización, ellos se convierten en un obstáculo.

Pero ¿de qué sirve que las personas se mantengan al margen?

Considere el caso de seis hombres que salieron en un artículo de la revista Fortune en la edición de agosto de 2005. En el artículo, fueron elogiados como héroes del movimiento de los derechos civiles, sin embargo no hay evidencia de que hayan marchado apoyándolos. Sus contribuciones y sus batallas se dieron en la corporación estadounidense. Ellos llevaron la batuta hasta la suite ejecutiva de compañías como Exxon, Phillip Morris, Marriot y General Foods.

Clifton Wharton, quien fuera el primer director ejecutivo de raza negra de una gran compañía (TIAA-CREF) dice: «Gordon Parks tiene esta gran expresión: elección de armas. En cuestión de luchar, uno siempre tiene la capacidad de escoger las armas. Algunos de nosotros escogemos realizar nuestras luchas de manera interna».[1] Cuando Wharton y otros pioneros Darwin Davis, James Avery, Lee Archer, James «Bud» Ward y George Lewis entraron en la corporación estadounidense en los cincuentas y sesentas, ¿qué propabilidades tenían de llegar a ser los directores ejecutivos de sus organizaciones: Equitable, Exxon, General Foods, Marriot, y Phillip Morris? ¡Casi ninguna! Cuando Avery empezó en Esso (actualmente Exxon), ni siquiera podía utilizar el mismo baño o fuente de agua que usaban los demás ciudadanos. Sin embargo, su meta era dirigir. Ese deseo era parte de su primera elección de carrera: ser maestro. Y fue lo que lo hizo cambiar de profesión cuando un ejecutivo de Esso lo buscó.

«Me encantaba enseñar», dice Avery, «pero si iba a usar camisa y corbata y trabajar para una gran corporación, hacerlo sería mucho más importante».[2] Avery triunfó como líder a pesar de los tremendos obstáculos y de los prejuicios y llegó a ser vicepresidente en jefe. Se pensionó en 1986. Bud Ward, quien se pensionó como vicepresidente en jefe de Marriot, tiene una historia similar. Cuando fue contratado por Bill Marriot, él se convirtió en el primer vicepresidente afroamericano de la industria hotelera. Durante sus veinte años de liderazgo en Marriot, abrió 350 hoteles, ayudó a desarrollar el grupo Courtyard de la cadena Marriot y supervisó el equipo de infotecnología de la compañía.

Ward es conciente del impacto que ha causado. «Era una cosa de dos flancos», dice: «uno hace la marcha, las pancartas y lo demás, pero uno debe tener a alguien internamente que le pueda interpretar esa acciones a los individuos a los que uno quiere alcanzar. Vi eso como mi papel».

Lo que estos hombres y muchos más hicieron causaron un impacto. En la misma revista Fortune había una sección especial llamada «La lista de la diversidad». Allí se encontraban los afroamericanos, los latinos, los asiamericanos más influyentes del país. La mayoría de las personas en la lista son directores ejecutivos, presidentes y fundadores de sus organizaciones, posiciones que hubieran sido muy difíciles de obtener si otros no hubieran preparado el camino antes de manera correcta.

Usted no necesita ser el más importante para poder marcar un diferencia.

El liderazgo no es una propuesta de «todo o nada». Si el estar en algún otro lugar que no sea la cima lo ha frustrado, por favor no tire la toalla. ¿Por qué? Porque usted puede marcar la diferencia en cualquier lugar de una organización.

Ser un líder intermedio trae muchos desafíos. Usted puede aprender a sobrepasarlos. Convertirse en un líder de 360° eficiente requiere principios y habilidades para dirigir a los que están encima de usted, a los que están a su lado y a los que están debajo de usted. Usted puede conocerlos y utilizarlos. Pienso que las personas pueden ser mejores líderes donde están ahora. Si usted mejora su liderazgo, usted puede impactar a su organización. Usted puede cambiar las vidas de la gente. Usted puede ser alguien que les da valor. Usted puede aprender a influir en la gente, en cada nivel de la organización, aun si usted nunca llega a la cima. Ayudando a otros, usted puede ayudarse a sí mismo. El primer lugar donde comenzar es aprendiendo a vencer los desafíos que cada líder de 360° afronta. Bien, ahora pase a la siguiente página y comencemos.

Repaso de la sección 1
Los mitos de dirigir desde la zona intermedia de una organización

Aquí está un breve repaso de los siete mitos que cada líder enfrenta:

Mito #1: El mito de la posición: «No puedo dirigir si no estoy en la cima».

Mito #2: El mito del destino: «Cuando llegue a la cima, aprenderé a dirigir».

Mito #3: El mito de la influencia: «Si estuviera en la cima, la gente me seguiría».

Mito #4: El mito de la inexperiencia: «Cuando llegue a la cima, tendré el control».

Mito #5: El mito de la libertad: «Cuando llegue a la cima, no tendré límites».

Mito #6: El mito del potencial: «No puedo alcanzar mi potencial si no estoy en la cima».

Mito #7: El mito del todo o nada: «Si no puedo llegar a la cima, entonces no trataré de dirigir».

¿Qué tan bien le va en la batalla contra estos siete mitos? Si usted no está seguro, haga la evaluación del *líder de 360°*, no olvide que es gratis para aquellos que han comprado este libro.
Visite liderlatino.com si desea más información.

SECCIÓN II

LOS DESAFÍOS QUE UN LÍDER DE 360° ENFRENTA

Si usted es un líder intermedio en una organización, usted no necesita que yo le diga que tiene un trabajo desafiante. Muchos de los líderes intermedios que conozco están frustrados, tensos, y a veces hasta tentados a abandonar sus trabajos. Los escucho decir cosas como: «Es como darme cabezazos contra la pared», «No importa cuanto esfuerzo pongo en eso, nunca llego a ningún lado» y «Me pregunto si realmente vale la pena».

Si usted y yo pudiéramos sentarnos y conversar, le aseguro que usted podría darme una lista de al menos media docena de problemas que usted afronta por estar en una posición intermedia. Quizás, hasta sienta que usted ha estado luchando solo para mantenerse a flote. ¿Pero sabía usted que las cosas que le frustran, también frustran a casi todos los líderes intermedios? Todo aquel que trata de dirigir desde la zona central afronta los mismos desafíos. Usted no está solo.

Como lo mencioné antes, la mejor oportunidad de ayudarse a sí mismo y a su organización, es convertirse en un *líder de 360°*. Sin embargo, antes de que usted se envuelva en los principios que los *líderes de 360°* utilizan para dirigir a los que están encima, a los lados, y debajo de ellos, pienso que debe primero familiarizarse con los siete desafíos más comunes que enfrentan los líderes en la face intermedia. Definirlos y reconocerlos le ayudará a moverse en la zona intermedia, donde usted intenta ser un buen líder aunque no sea el líder en la cima.

Creo que los desafíos resonarán en usted, y se encontrará diciendo: «¡Así es!»

Y, por supuesto, le ofrezco algunas sugerencias para ayudarle, ya que reconocer los retos no es importante si no se tienen las soluciones. Siga leyendo de tal forma que pueda resolver estos dilemas y prepárese para ser un *líder de 360°*.

EL DESAFÍO DE LA TENSIÓN:
La presión de quedar atrapado en la mitad de la escalera

LA CLAVE PARA MANEJAR CON ÉXITO
EL DESAFÍO DE LA TENSIÓN:
Aprenda a dirigir con los límites que otros le han puesto.

Una de las cosas más difíciles de ser un líder intermedio en una organización es que usted no puede estar seguro de donde está parado. Como líder, usted tiene un poco de poder y autoridad. Usted puede tomar algunas decisiones, tiene acceso a algunos recursos, puede llamar a la gente de su área para que actúen y dirigirlos en sus trabajos. Al mismo tiempo, usted también carece de poder en otras áreas. Y si usted sobrepasa su autoridad, usted puede meterse en un verdadero problema.

Mi amigo y colega Dan Reiland le llama a esto: «la presión de parecer que usted tiene todo el poder y al mismo tiempo ninguno». Si usted no es el líder principal, usted no tiene el control de la pelota, pero puede que sea el responsable de ella. Incluso si usted piensa que usted posee la visión y la habilidad de llevar la organización a un nivel más alto, si esto requiere que la organización vaya en una dirección diferente a su curso actual, usted no tiene la autoridad para hacer tal cambio por sí mismo. Y esto lo puede hacer sentirse atrapado en la mitad de la escalera.

Como líder intermedio de una organización, la autoridad que usted posee no es suya. A menos que usted sea el dueño o el director general ejecutivo de la compañía, el poder que usted tiene es solo un préstamo dado por alguién con mayor autoridad. Y ellos tienen el poder de quitarle esa autoridad, despidiéndolo, degradándolo, o cambiándolo a otra área de la compañía. Si esto no le crea tensión, nada lo haría.

FACTORES QUE AFECTAN LA TENSIÓN

Los efectos del desafío de la tensión no son experimentados de la misma forma por aquellos que tratan de dirigir una organización desde la zona intermedia. El temperamento de un líder y su capacidad ciertamente toman un papel muy importante. Además, la manera en que la tensión afecta a un líder se da por los siguientes cinco factores:

1. FACULTADES. ¿CUÁNTA AUTORIDAD Y RESPONSABILIDAD LE CONCEDE LA PERSONA QUE ESTÁ POR ENCIMA DE USTED Y QUE TAN CLAROS SON LOS LÍMITES?

El ex capitán de la marina, D. Michael Abrashoff, narró en su libro *Este es su barco*, cómo obtuvo un mejor desempeño de la tripulación del U.S.S. Benfold dándole facultades.

Cuando tomé el mando del Benfold, me di cuenta de que nadie, incluyéndome a mí, podía tomar todas las decisiones. Tenía que capacitar a mi gente para que pensaran y tomarán decisiones por sí mismos. Facultar significa definir los parámetros en los cuales las personas pueden operar, y luego liberarlos para que lo hagan. Pero ¿Qué tan libre es esa libertad? ¿Dónde están los límites?

Tracé mi raya. Cuando las consecuencias de una decisión tenían el potencial de matar o lesionar a alguien, desperdiciar el dinero de los contribuyentes o dañar el barco, entonces yo debería ser consultado. Excepto esas eventualidades, la tripulación estaba autorizada para tomar sus propias decisiones, y aunque fueran las incorrectas, yo defendería a mi tripulación. Esperaba que aprendieran de sus errores, y entre más responsabilidad se les daban, más aprendían.[1]

No todos experimentan la clase de libertad para triunfar, o para equivocarse sin consecuencias, como le sucedió a la tripulación de Abrashoff. Dependiendo de la claridad de los límites de la responsabilidad que se nos han dado, así será la fuerza del impacto que sentimos con el desafío de la tensión. Entre menos definidos estén esos límites, mayor será el potencial de la tensión.

Si usted ha dirigido una organización de voluntarios, tal como yo lo he hecho, entonces habrá observado que los líderes y los emprendedores que tienen mucho poder, con frecuencia experimentan el desafío de la tensión cuando se salen de su zona de negocios y se mueven a una zona de voluntariado. Por ser líderes de importancia, están acostumbrados a que su autoridad sea igual que su responsabilidad, a presentar una visión, a dar una dirección y a hacer que las cosas sucedan. Cuando hacen trabajo voluntario para servir una organización, dejan de poseer toda la autoridad, y se encuentran en el área intermedia. Muchos no están seguros de cómo manejarse en ese ambiente (eso es aun más cierto cuando son mejores dirigiendo que la persona que está encargada de la organización voluntaria). Muchos de estos líderes de negocios reaccionan tratando de tomar el lugar del encargado o yéndose en otra dirección. Otros simplemente se rinden y regresan al mundo que ellos conocen mejor.

> *Los buenos líderes pocas veces piensan en términos de límites, más bien, piensan en términos de oportunidades.*

2. Iniciativa. ¿Cuál es el balance entre iniciar y no pasarse de los límites?

Los buenos líderes pocas veces piensan en términos de límites, más bien, piensan en términos de oportunidades. Ellos son iniciadores. Después de todo, la característica número uno de los líderes es su capacidad para hacer que las cosas sucedan. Algunas veces ese deseo de iniciar les lleva a una expansión de sus responsabilidades y de sus límites. Otras veces los lleva a un conflicto con las personas que los dirigen.

Usted necesita darse cuenta que entre más fuerte sea su deseo natural de iniciar, mayor es el potencial para la tensión. Si usted presiona los límites de manera continua, es muy probable que afecte a las personas de mala manera. La buena noticia es que si usted trabaja en un ambiente donde los líderes de todos los niveles son facultados con autoridad, las personas pueden tolerar su deseo de desafiar el proceso de cómo se hacen las cosas. Si usted desafía la visión o la autoridad de sus líderes, sin embargo, puede que pase de estar en un liderazgo intermedio, a ningún liderazgo y tenga que buscar otro empleo.

3. AMBIENTE. ¿CUÁL ES EL ADN. DEL LIDERAZGO DE UNA ORGANIZACIÓN Y DE SU LÍDER?

Toda organización tiene su propio ambiente especial. Si usted tiene una formación militar, usted no puede encarar un ambiente corporativo y esperar que funcione como la armada o la marina. Si su experiencia tiene que ver con corporaciones grandes y luego va a trabajar en un negocio pequeño, tendrá problemas si no se adapta. Es puro sentido común.

De la misma forma, una organización adquiere la personalidad de su líder. El ADN. del liderazgo del Benfold cambió durante el mando de Abrashoff. Él deseaba crear un ambiente que facultara a su tripulación, en donde la iniciativa y la dirección eran valoradas. Las personas que demostraban esas características eran recompensadas, y mientras Abrashoff estuvo al mando, el ambiente del barco exhibió esas características.

Si usted es un líder intermedio en una organización, evalúe su ambiente. ¿Aumenta o disminuye el desafío de la tensión? ¿Puede usted desarrollarse en el ambiente en el que está con el nivel de tensión que tiene? ¿Los aspectos positivos de la organización son mayores que los efectos negativos del ambiente en que está? Un ambiente puede estar bien para un líder pero no para otro. Sólo usted mismo puede hacer esa evaluación.

4. PARÁMETROS DEL TRABAJO. ¿QUÉ TAN BIEN CONOCE SU TRABAJO Y CÓMO LLEVARLO A CABO?

¿Se ha fijado en el nivel de tensión que experimenta cuando empieza a trabajar en un nuevo empleo? Es bastante alto, ¿no es cierto? Mientras menos familiar es el trabajo para nosotros, mayor es la tensión. Si usted no sabe cómo hacer el trabajo, va a estar tensionado, aunque sea rápido para aprender y tenga una actitud abierta para ser enseñado. Aún cuando ya supiera cómo ejecutar el trabajo, si no tiene ni idea de cuáles son las expectaciones de los demás para usted, no estará pisando sobre terreno firme. Sólo cuando usted tiene realmente controlada la situación en su trabajo, y es bueno al hacerlo, se reduce la tensión de estar en el nivel intermedio.

5. Reconocimiento. ¿Puede usted vivir sin el mérito?

Alguien dijo una vez: «Lo que está causando tanta desarmonía en las naciones es el hecho de que alguien quiere llevar la batuta, pocos quieren encargarse de los instrumentos y ninguno quiere cargar el ventilador». La realidad de dirigir desde el nivel intermedio en una organización es que usted no va a obtener tanto reconocimiento público ni apreciación como los líderes que están en la cima. Así es. Entre mayor sea su deseo de recibir el mérito y reconocimiento, mayor será la frustración de estar trabajando en la parte intermedia de una organización. Usted necesita decidir por sí mismo si recibe la suficiente satisfacción para mantenerse allí.

¿Cómo aliviar el desafío de la tensión?

No es suficiente con reconocer que dirigir de manera intermedia en una organización puede ser tenso. No es suficiente simplemente con sobrevivir. Usted quiere desarrollarse y para hacerlo usted necesita aprender a aliviar la tensión. Le presentó cinco sugerencias:

1. Siéntase cómodo en el nivel intermedio

Pensamos con frecuencia que el liderazgo es más fácil en la cima. La verdad es que es más fácil dirigir en la zona intermedia, si tiene un líder verdaderamente bueno por encima de usted. Los buenos líderes en la cima preparan el camino para su gente. Ellos desarrollan impulso para toda la organización. ¿No se ha fijado que líderes promedio, o aún por debajo del promedio, triunfan porque fueron parte de una organización que fue bien dirigida en su totalidad? ¿No ha visto usted colegas triunfar porque sus líderes los han hecho mejores de lo que ellos eran?

Cuando se tiene líderes excepcionales, usted no necesita tanta habilidad o energía para que las cosas sucedan. Usted se beneficia de todo lo que ellos hacen. Entonces ¿por qué no disfrutarlo y aprender de ellos también? Tengo mucha admiración por el siguiente poema escrito por Helen Laurie:

Con qué frecuencia me han puesto a prueba,
para ser el mejor segundo lugar.
Todo para que un día, despierte y vea
que lo mejor para mí, es ese segundo lugar.

Estar en una parte intermedia puede ser un gran lugar, siempre y cuando usted esté comprometido con la visión y los principios del líder. Entonces ¿cómo puede sentirse cómodo en el nivel intermedio? La comodidad en realidad es una función de expectativas. Entre más amplia sea la brecha entre lo que usted desea hacer y de la realidad, mayor será la decepción. Converse con su jefe; entre más conozca acerca de lo que él espera de usted, de lo que es normal en la organización y de cuanta autoridad usted tiene, más cómodo se sentirá.

> *La comodidad en realidad es una función de expectativas.*

2. CONOZCA LO QUE ES «SUYO» Y LO QUE DEBE DEJAR IR

Nada libera más a una persona de tensión que tener claros los lineamientos de su responsabilidad. Cuando me convertí en el pastor principal de la iglesia Skyline en California en 1981, aun antes de mi primer día, me di cuenta de lo que iba a ser mi responsabilidad personal. (Hasta los líderes en la cima pueden encontrarse en la zona intermedia, la junta directiva era mi jefe.) Les pedí a los miembros de la junta que me dieran una lista de las cosas que tenía que hacer que nadie más podía hacer por mí. Cuatro cosas aparecieron en esa lista:

- **Aceptar la responsabilidad final.** La responsabilidad era mía. Yo respondería por lo que sucediera en la iglesia.

- **Ser el comunicador principal.** Necesitaba determinar lo que se iba a comunicar durante los servicios y necesitaba estar en el púlpito la mayoría de los domingos.
- **Ser el principal representante de la iglesia.** Iba a ser el rostro y la voz principal para esa iglesia, dentro de la congregación y de la comunidad.
- **Vivir una vida de integridad.** El autor y emprendedor Byrd Bagget define la integridad como: «hacer lo que dijiste que harías, cuando dijiste que lo harías y de la forma en que dijiste que lo harías». No hay nada más importante en la vida de un líder que desea representar a Dios ante los demás.

Una de las mejores cosas que usted puede hacer es preguntar lo que se espera de usted y luego mantener un diálogo acerca de esas expectativas con las personas ante quienes usted es responsable.

Todd Mullins, quien es parte del personal que trabaja para su padre, Tom Mullins, en la iglesia Christ Fellowship en West Palm Beach, Florida, dice que con frecuencia una comunicación continua les ayudaba a resolver la tensión en un ambiente que de alguna manera era fluido. Tom daba muchas conferencias en el país y en ocasiones cuando regresaba a la iglesia, no deseaba tomar el liderazgo en algunas de las áreas donde otros habían estado dirigiendo. Todd aprendió a preguntar: «¿es esto mío o tuyo?» (Y a propósito, en casos como éstos, es la responsabilidad del personal comunicarse con su líder). Eso hizo posible que tanto Todd se hiciera a un lado para que Tom tomara las riendas, o que Tom aceptara que no debía entrar en un área en la que no necesitaba dirigir.

3. ENCUENTRE UN RÁPIDO ACCESO A LAS RESPUESTAS CUANDO SE ENCUENTRE EN EL NIVEL INTERMEDIO

No se me ocurre un grupo de personas más común que se encuentre en el nivel intermedio, que los asistentes ejecutivos. Ellos experimentan el desafío de la tensión a un alto nivel todos los días. Sé que es verdad en cuanto a mi propia asistente, Linda Eggers. Las personas con las cuales ella interactúa a mi favor son muy demandantes, de la misma manera también yo lo soy. Una de las mejores maneras en las que yo puedo ayudarle a Linda es dándole información lo más rápido posible. Si ella me hace una pregunta, trato de responderle en ese momento. Cuando estoy viajando y no hemos conversado en las últimas 24 horas, la llamo pues siempre tiene una lista de preguntas y asuntos que resolver. Si no la mantengo esperando, su trabajo es más eficiente.

Todas las personas necesitan encontrar una forma de obtener respuestas rápidas para poder triunfar cuando se encuentran en un nivel intermedio. Algunas veces eso puede ser difícil, especialmente si la persona para quien usted trabaja no es comunicativa. Y requerirá que usted tenga una buena relación con las personas a su alrededor. Entre más desarrolle su habilidad de un liderazgo total, más fácil le será lograrlo.

4. NUNCA VIOLE SU POSICIÓN O LA CONFIANZA DEL LÍDER

Si usted desea saber que es lo que aumenta el desafío de la tensión hasta un punto de ruptura, la respuesta es violar la confianza que se le ha dado con la autoridad o la posición que tiene. Eso puede ser abusar de la autoridad de su posición, denigrar intencionalmente a su líder, o usar los recursos de la organización para la ganancia personal. David Branker, director ejecutivo de una gran organización en Jacksonville, Florida dijo: «La confianza se construye un ladrillo a la vez, pero si se destruye, toda la pared se viene al suelo». Cuando le han dado autoridad, es para que la utilice en favor de sus jefes, nunca es para sus propios intereses. Durante el curso de su jornada de liderazgo, su carácter y su integridad invariablemente serán probadas.

> *«La confianza se construye un ladrillo a la vez, pero si se destruye, toda la pared se viene al suelo».*
> —DAVID BRANKER

Siendo un líder de nivel intermedio en una organización, su habilidad para mantener la autoridad que le han dado depende completamente de su fidelidad para servir a las personas que le dieron esa autoridad. De la misma forma, usted debe cuidarse de intentar avanzar a expensas de su líder. Y sería sabio no tener una conversación de «si yo estuviera a cargo» con otro miembro del personal. Si usted tiene problemas con sus líderes, hable con ellos.

5. Busque una forma de aliviar la tensión

Usted no eliminará completamente el impacto del desafío de la tensión, por tanto usted debe encontrar una forma de aliviarlo. Rod Loy, quien dirige una gran organización en Little Rock, Arkansas, dice que cuando él era un líder de nivel intermedio en una organización, él mantenía un archivo llamado: «cosas que nunca haré a mi equipo cuando me convierta en un líder de la cima». Como líder intermedio, él sabía que su tentación natural sería desahogarse con sus compañeros de trabajo. Eliminaba esa tendencia de ventilar sus frustraciones con los demás, escribiendo sus observaciones y guardándolas en un archivo. Le ayudaba a desahogarse, y le evitaba violar la confianza de su líder asegurándose de recordar las lecciones que aprendió por los errores que éste cometió.

Eso también le puede funcionar a usted. Si no es así, encuentre algo más: juegue golf, trote, tome clases de kick boxing, haga aeróbicos, camine, tómese un masaje; cualquier cosa, siempre y cuando sea algo saludable y bueno para liberar el desafío de la tensión.

Nadie dijo que convertirse en un *líder de 360°* sería fácil. Dirigir en una organización desde el nivel intermedio es estresante, pero igual lo es ser el líder de la cima. También lo es para un trabajador que no puede opinar sobre cómo se debería hacer su trabajo. La clave para triunfar es aprender a lidiar con la tensión en cualquier posición en la que se encuentre; es aprender a vencer sus obstáculos y aprovecharse de las ventajas y las oportunidades. Si usted hace eso, usted puede triunfar en cualquier lugar de la organización.

Desafío # 2

EL DESAFÍO DE LA FRUSTRACIÓN:
Seguir a un líder ineficiente

LA CLAVE PARA MANEJAR CON ÉXITO EL DESAFÍO
DE LA FRUSTRACIÓN:
*Su trabajo no es arreglar al líder, es añadirle valor. Si el líder no
cambia, entonces cambie su actitud o el lugar donde trabaja.*

El 6 de febrero de 1865, el Congreso de los Estados Confederados de América, el gobierno de los estados que se habían mantenido luchando para separarse de los Estados Unidos por casi cuatro años, hizo algo que Robert E. Lee hubiera querido prevenir. Adoptó la resolución de que él se convirtiera en el general en jefe, líder de los ejércitos de toda la nación, no sólo del ejército del norte de Virginia.

¿Por qué los líderes sureños harían tal cosa? Porque vieron que Lee, un gran líder militar, estaba siguiendo a un líder ineficiente, su presidente, Jefferson Davis, y ellos todavía deseaban ganar su independencia de los E.U.A. en lo que pensaban sería la segunda revolución americana.

La mayoría de las personas están de acuerdo en que Lee fue el líder militar más talentoso durante la Guerra Civil. De hecho, cuando los estados del sur se separaron, el presidente Lincoln le ofreció a Robert E. Lee la comandancia de todas las fuerzas de la Unión. Sin embargo, Lee declinó la oferta de Lincoln ya que su lealtad estaba con su estado de Virginia. Decidió luchar por la Confederación. Lee, un graduado de West Point y un oficial del ejército experimentado, se distinguió rápidamente en el campo de batalla y pronto se convirtió en el comandante del ejército del norte de Virginia.

Mientras la guerra continuaba, los líderes dentro de los estados de la confederación se impacientaron por su falta de victoria. Jefferson Davis, según ellos, no tenía las habilidades de liderazgo que se requerían para ganar una guerra, a pesar de sus credenciales: una educación en West Point, un servicio militar respetable, experiencia como representante de los E.U.A., senador y secretario de defensa. Muchos líderes confederados deseaban que Lee fuera el comandante en jefe, algo que usurparía la autoridad de Davis y le quitaría el poder sobre la milicia. Pero Lee no lo permitiría. Él era leal a su estado, a su causa y a su líder. Él trabajó dentro de la jerarquía. Así que finalmente, desesperado, el congreso confederado hizo lo que pudo. Nombraron a Lee general en jefe, esperando así que eso cambiara el destino del Sur.

Era obvio para muchos líderes que Lee tenía que seguir a alguien que no podía dirigir tan bien como él. Hasta los oponentes de Lee, incluyendo el general y luego presidente Ulysses S. Grant, lo observó. Grant mencionó en sus memorias: «la Confederación ha ido más allá del alcance del presidente Davis, y no había nada más que pudiera hacerse que lo que hizo Lee para beneficiar a la gente del Sur».

Lee sentía que era un asunto de honor no sobrepasar sus límites. Esa fue una de las razones por las cuales los confederados perdieron la guerra y la Unión se mantuvo. Lee fue fiel y respetuoso, pero quién sabe cómo podrían haber sido las cosas si Lee hubiera desarrollado su capacidad de liderar desde la cima.

Los líderes que nadie quiere seguir

Hay pocas cosas que pueden ser más molestas para un buen líder en un nivel intermedio de una organización que trabajar para un líder ineficiente. No he leído nada acerca de cómo Robert E. Lee se sentía acerca de seguir a Jefferson Davis. Con seguridad era un gran caballero y no expresaría sus sentimientos negativos en público, pero sé que debió haber sido frustrante.

Hay muchas clases de líderes ineficientes, y es muy frustrante seguirlos. Los siguientes son algunos ejemplos difíciles:

EL LÍDER INSEGURO

Los líderes inseguros piensan que todo tiene que ver con ellos, y como resultado, toda acción, toda información, toda decisión deben pasar por su filtro egocéntrico.

Cuando alguien en su equipo se desempeña excepcionalmente bien, los líderes inseguros temen ser opacados, y con frecuencia tratan de evitar que sigan adelante. Cuando alguien en su equipo se desempeña mal, reaccionan con enojo porque eso los hace verse mal.

> *Los líderes inseguros piensan que todo tiene que ver con ellos, y como resultado, toda acción, toda información, toda decisión deben pasar por su filtro egocéntrico.*

Más que nada, los líderes inseguros desean el statu quo, aplicado para todos los demás menos para ellos. Son como el presidente de la compañía que envió un memorando al gerente de personal con el siguiente mensaje: «Busque en la organización líderes jóvenes agresivos y alertas que sean capaces de tomar mi lugar. Y cuando los encuentre, ¡despídalos!»

Un amigo con el que hablé cuando escribía este libro me dijo que una vez trabajó para un líder que tenía un principio de liderazgo básico: mantener a los demás fuera de balance. Si alguien que trabajaba para él se empezaba a sentir muy seguro, él se encargaba de quitarle esa seguridad.

En una organización, la seguridad fluye hacia abajo. Cuando los líderes son inseguros, con frecuencia proyectan esa inseguridad a las personas bajo su mando. Si usted trabaja con una persona insegura, no sólo tendrá que esforzarse para desviar la inseguridad de ese individuo de usted mismo, sino que también tendrá que esforzarse aun más por «romper la cadena» y crear seguridad en las personas que trabajan para usted. Si no lo hace, las personas que están bajo su cuidado sufrirán.

EL LÍDER SIN VISIÓN

Los líderes que no tienen visión crean dos problemas inmediatos en las personas que trabajan para ellos. Primero, no pueden proveerles dirección o incentivo para seguir adelante. El autor de los proverbios escribió: «Donde no hay visión, el pueblo se extravía».[1] ¿Por qué?

Porque no van a ningún lugar ni hacen nada. Y esa no es manera de vivir. Segundo, las personas que no tienen visión casi nunca tienen pasión. No tienen fuego, ni combustible para mantener a los demás y a ellos mismos encendidos. Eso no crea la clase de ambiente positivo en el cual es emocionante trabajar.

Las buenas noticias son que se puede tener visión aunque su líder no la tenga, usted puede apoyarse en su visión para crear un ambiente de productividad y éxito para las personas que trabajan dentro de su área de responsabilidad. Las malas noticias son que otras personas que tengan una visión diferente, hasta una destructiva, pueden tratar de llenar el vacío creado por su líder. Usted debe estar consciente del conflicto que eso puede crear.

EL LÍDER INCOMPETENTE

Hace varios años cuando viajaba por Turquía, escuchaba a un guía de turistas que hablaba acerca de los sultanes en la historia de Turquía y de cómo ellos ponían a su gente bajo una gran presión. Con frecuencia si alguien no cumplía sus expectativas, los sultanes simplemente lo mandaban matar.

El guía habló acerca del sultán que había ordenado la construcción de la Mezquita Azul en Estambul. El sultán quería que el arquitecto hiciera los minaretes del edificio de oro. El problema es que el arquitecto sabía que no había suficiente dinero para hacer eso. El arquitecto también sabía que si discutía con el sultán, le costaría la vida. Ese era un gran dilema, pero el arquitecto tuvo una solución muy sabia. La palabra «seis» era muy similar a la palabra «oro» en árabe, *alti* versus *altin*.

> *«El consejo es pocas veces bienvenido, y aquellos que lo necesitan más son los que menos lo desean».*
> —SAMUEL JOHNSON

Entonces el arquitecto construyó seis torres de piedra y cuando el sultán lo cuestionó, el arquitecto fingió un malentendido y le explicó que él pensó que el sultán le había dicho *alti*, no *altin*.

Los líderes que siguen a personas incompetentes con frecuencia sienten la presión que el arquitecto de la historia sintió, aunque usualmente no enfrentan las mismas consecuencias. Los líderes incompetentes son ineficientes, y con frecuencia se mantienen así. El poeta y crítico Samuel Johnson dijo: «El consejo es pocas veces bienvenido, y aquellos que lo necesitan más son los que menos lo desean». Los líderes incompetentes son un problema, no sólo para su gente sino para toda la organización. Ellos son los «topes» en la organización que dirigen. La ley del tope dice en *Las 21 leyes irrefutables del liderazgo:* «La capacidad de liderazgo determina el nivel de eficacia de una persona».

EL LÍDER EGOÍSTA

En el libro *El círculo de la innovación*, el autor y experto en negocios Tom Peters escribe:

El líder egoísta intentará dirigir a los demás por intereses propios y en detrimento de los demás. Estas personas creen que la vida es un juego que tiene ganadores y perdedores, y animan a los demás a ser perdedores en el juego de la vida para que ellos puedan recolectar el botín. Hablo de la mujer de negocios que se roba suministros de la oficina para que su departamento se vea bien en espera de tener un aumento. Hablo del padre que motiva egoístamente a su hijo para que se supere en los deportes de tal forma que él obtenga un placer experimentado a expensas de su hijo.[2]

Un líder egoísta avanzada a expensas de los demás a su alrededor. Rod Loyd dijo que uno de los líderes para quien trabajaba anteriormente en su carrera, era alguien que acaparaba todos los beneficios que venían con su posición de liderazgo. Como resultado, ahora que Rod se encuentra en la cima de su liderazgo, él comparte los beneficios de liderazgo con los que trabajan para él. Ese es un buen consejo para cualquiera que está en una posición de liderazgo en cualquier lugar de la organización. Comparta lo que usted tiene con las personas

> «El líder egoísta intentará dirigir a los demás por intereses propios y en detrimento de los demás».
> —TOM PETERS

que están bajo su mando. El legendario entrenador de baloncesto John Wooden dijo que para ser exitoso «usted debe estar interesado en encontrar la mejor manera, no su manera».

El líder camaleón

El presidente Lyndon Baines Johnson solía contar la historia de un maestro joven y desempleado que vino a Texas durante la Depresión en busca de un trabajo. Cuando la junta escolar local le preguntó si la Tierra era redonda o plana, temiendo que era una trampa, el maestro tuvo pánico y dijo: «¡Puedo enseñarla de ambas maneras!»

Esa es la reacción de un líder camaleón cuando se trata de hacerlo comprometerse. Cuando las personas siguen a un líder camaleón, nunca saben cómo reaccionará. Como resultado, el tiempo y la energía valiosa que podría ser utilizada en hacer el trabajo se desperdicia tratando de predecir o anticipar el siguiente movimiento del líder.

El líder político

El líder político es similar al líder camaleón. Ellos pueden ser igual de difíciles de comprometerse. Ahora bien, el líder camaleón frecuentemente tiene problemas de índole emocional pero el líder político es motivado por el deseo de tomar ventaja. Es difícil seguir a las personas cuyas decisiones están basadas en ambiciones políticas más que en la misión o el bienestar de la organización. Son como el mayor al que se le preguntó cuál era su opinión acerca de un asunto en particular. Él respondió: «Bien, algunos de mis amigos están a favor, otros están en contra. En mi caso, yo estoy con mis amigos».

El líder controlador

¿Ha trabajado alguna vez para alguien que quiere estar entrometido en todo lo que usted hace? Pocas cosas son más frustrantes para una persona competente, y pocas cosas son más irritantes para un buen líder. Es difícil generar impulso cuando la persona para quien usted trabaja continuamente le interrumpe su progreso por su sistema de administración minuciosa.

Las personas que administran minuciosamente a otros con frecuencia están motivados por una o dos cosas: el deseo de la perfección, lo cual no se puede obtener, o la creencia de que nadie puede hacer un trabajo tan bien como ellos lo hacen, lo cual es en realidad pensar que las contribuciones de los demás no son tan valiosas como las suyas. Eso tampoco contribuye a crear una condición de trabajo positiva para las personas que trabajan para ese líder.

LA SOLUCIÓN PARA EL DESAFÍO DE LA FRUSTRACIÓN: AÑADIR VALOR

Una reacción normal al desafío de la frustración es arreglar o reemplazar al líder para el que se trabaja, pero esa no es usualmente la opción para los líderes intermedios. Además, aún si lo fuera, no sería apropiado. Sin importar cuáles sean nuestras circunstancias, nuestra mayor limitación no es el líder encima de nosotros, sino el espíritu dentro de nosotros. Recuerde, su liderazgo es disposición más que posición. El papel de los líderes intermedios de una organización, en casi todas las circunstancias, es añadir valor a la organización y al líder. La única vez en que esto no es cierto es cuando su líder superior no tiene ética o es un criminal.

> *Sin importar cuáles sean nuestras circunstancias, nuestra mayor limitación no es el líder encima de nosotros, sino el espíritu dentro de nosotros.*

¿Qué debe hacer usted cuando se encuentra siguiendo un líder que no es eficiente? ¿Cómo añade valor en tales circunstancias? La mayoría de los buenos líderes han tenido que hacerse esa pregunta en algún momento de sus vidas. De hecho, entre más fuerte sea usted como líder, es más probable que enfrente una situación que usted pueda manejar más eficientemente que la persona en una posición superior.

Puede que no sea fácil, pero es posible sobrevivir, y hasta florecer, en una situación como ésta. Le recomiendo lo siguiente:

1. DESARROLLE UNA RELACIÓN FIRME CON SU LÍDER

La primera reacción al trabajar con un líder ineficiente es apartarse de él y construir barreras relacionales. Contrarreste ese deseo pues si usted hace que su líder sea su adversario, creará una situación de pérdida.

En vez de eso, construya un puente relacional. Trate de conocerlo, encuentre un común denominador y desarrolle una relación profesional sólida. Y durante ese proceso, reafirme su compromiso a la misión de la organización. Si hace esas cosas los pondrá a ambos en el mismo equipo.

2. Identifique y aprecie las fortalezas de su líder

Todos tenemos puntos fuertes, aun los líderes ineficientes. Esfuércese en buscar los de la persona para quien trabaja. Quizás no sea fácil; quizás sus puntos fuertes no son cualidades que usted valora. Eso no importa. Encuéntrelos y luego piense de qué manera pueden ser ventajas para la organización.

3. Comprométase a añadir valor a las fortalezas de su líder

El sendero al éxito en su carrera yace en utilizar al máximo sus puntos fuertes. Eso también es cierto para su líder. Una vez que ha discernido cuáles son los puntos fuertes de su líder y de qué manera esas características pueden ser una ventaja para la organización, busque maneras de ayudar a reforzar esos puntos fuertes.

4. Desarrolle un plan de juego que complemente las debilidades de su líder

Además de reforzar sus puntos fuertes, uno de los secretos para triunfar en un trabajo es complementar sus debilidades. Como líder, sería sabio que delegue en algunas personas que trabajan para usted, la facultad para cubrir sus imperfecciones. Por ejemplo, si usted no es bueno para los detalles, entonces contrate a alguien que lo sea, para que trabaje a su lado.

Lo mismo puede hacer con su líder. Usted debe ser muy cuidadoso, sin embargo, en la forma de enfrentar esta situación. No le ofrezca su opinión acerca de sus debilidades al menos que le pregunte, y aunque lo haga, tenga tacto. Si el líder identifica alguna debilidad, pregúntele en privado si estaría dispuesto a dejarle encargarse de esa área. La idea es hacer lo que ese líder no puede hacer para que haga lo que sí sabe hacer bien.

5. Exponga a su líder a buenos recursos de liderazgo

Si usted está esforzándose para mejorar sus habilidades de liderazgo, entonces probablemente ya ha descubierto muchos buenos recursos de liderazgo, como libros, discos compactos, DVD's. Compártalos con su líder. Una vez más, la forma en que usted lo hace es muy importante. En lugar de decir: «¡Oye, necesitas esto!» diga algo como esto: «Acabo de leer este libro y pensé que tal vez usted lo disfrutaría también» y encuentre alguna clase de conexión que piense que pueda apelar a él, dígale: «Estuve leyendo este libro maravilloso, y pensé que el autor y usted tienen un trasfondo similar. Pienso que le gustará».

Y luego déle una copia. Si ese material es bien recibido, puede seguir haciendo lo mismo con otros.

6. Afirme públicamente a su líder

Algunas personas temen que si dicen cosas positivas acerca de un líder ineficiente para quien trabajan, estarán llevando a los demás en la dirección equivocada. O se preocupan de que otros piensen que ellos tienen una opinión errónea. Pero las demás personas también están conscientes de las limitaciones de un líder ineficiente y siempre y cuando su afirmación sea verdadera y se enfoque en las fortalezas de su líder, no tendrá un mal reflejo en usted. De hecho, eso traerá el respeto de los demás. Su afirmación de su líder le ayudará a desarrollar confianza, no sólo en él sino también en usted.

Es difícil encontrar una desventaja al añadirle valor a su líder y a su organización, especialmente si usted mantiene una amplia perspectiva. Con el tiempo, la gente reconocerá su talento, los demás valorarán su contribución. Admirarán su habilidad para triunfar y para ayudar a otros, aun menos talentosos que usted, a triunfar. No se rinda ante una frustración de corto plazo. Si usted ve que la frustración está acabándolo, quizás es tiempo de que cambie de empleo.

Desafío # 3

EL DESAFÍO ORQUESTA:
Un solo músico... muchos instrumentos

LA CLAVE PARA MANEJAR CON ÉXITO EL
DESAFÍO ORQUESTA:
Saber cuál instrumento tocar y luego disfrutar del desafío.

M i primera posición de liderazgo la tuve en 1969, pero no fue sino hasta 1974 que contraté a mi primer empleado, Stan Toler. Estaba emocionado de tener a alguien trabajando conmigo, porque me di cuenta que no podía hacer el trabajo sólo. Contraté a Stan como pastor asistente. Suena sencillo, pero si usted hablara con Stan, su versión sería un poco diferente. Lo he escuchado describiendo ese empleo como director del coro, pastor de jóvenes, pastor de adultos, director de la escuela dominical, director de la escuela bíblica de vacaciones, pastor del ministerio de transportación, conserje y mandadero general (incluyendo recoger mi ropa de la lavandería y llenarle el tanque a mi Ford Pinto). Si alguna vez hubo un líder intermedio que tuvo que lidiar con un desafío orquesta, ese era Stan.

EL DILEMA ORQUESTA

El predicamento que Stan enfrentaba no es inusual para los líderes intermedios de una organización. Aun cuando es cierto que las personas en cada nivel de una organización tienen grandes demandas de trabajo, los líderes intermedios que desean practicar un *liderazgo de 360°* experimentan presiones como ningún otro. Esto es lo que quiero decir:

LAS PERSONAS EN LA PARTE INFERIOR DE UNA ORGANIZACIÓN

Cuando las personas empiezan primero en la parte inferior de una organización, usualmente desempeñan un número limitado de tareas que se les asigna. Esas tareas pueden ser desafiantes, pueden ser física y mentalmente demandantes. Pueden requerir gran habilidad, pero la mayoría de las veces, requieren sólo un «instrumento». Por ejemplo, gracias a Henry Ford, las personas en una ensambladora desempeñaban una tarea y lo hacían una y otra vez, aunque algunas compañías ahora intentan aliviar a los trabajadores de esas repeticiones interminables.

Los cocineros que trabajan en un restaurante, tales como los parrilleros, tienen un conjunto de responsabilidades pequeñas; llegan a su lugar antes del servicio, colocan comida en la parrilla durante el servicio, y luego limpian la parrilla cuando terminan. No todos pueden hacer esa tarea, requiere de velocidad, habilidad y resistencia, pero trabajar en un lugar así requiere sólo de un conjunto de habilidades. De la misma forma, los representantes de servicio al cliente hacen sólo una cosa, hablan con los clientes y venden productos, sacan citas o resuelven problemas. Una vez más, no es algo que todos pueden hacer eficientemente, pero su responsabilidad es muy específica.

Las personas que conocen sus trabajos y los desempeñan bien pueden convertirse en expertos mundiales en su área. Ellos pueden estar contentos en su trabajo y lograr el éxito. Pero si pueden hacer sólo una cosa, o están dispuestos a hacer sólo una cosa, probablemente no «escalarán» la escalera corporativa. El liderazgo requiere de la habilidad para hacer muchas cosas bien. Para usar una analogía deportiva, en lugar de tratar de ganar una sola carrera, el líder trata de competir en decatlón.

LAS PERSONAS EN LA PARTE SUPERIOR DE UNA ORGANIZACIÓN

Los líderes en la cima de una organización tienen sus propios desafíos. Por ejemplo, sienten el peso del éxito o el fracaso de toda la organización, no hay duda, pero también tienen un lujo que los líderes intermedios no tienen, pueden escoger lo que quieren hacer. Pueden determinar sus prioridades, enfocarse en sus fortalezas, y dirigir su tiempo y energía a esas cosas que le traerá a la organización el mayor rendimiento. Cualquier otra cosa ellos la pueden delegar o descartar.

Es irónico que para convertirse en líderes, las personas deban poder hacer muchas cosas bien, pero para poder ser líderes en la cima, deban hacer menos cosas con gran excelencia. De hecho, los líderes exitosos se dan cuenta de esto cuando se mueven de la parte intermedia a la cima de una organización. No he conocido a un director ejecutivo que no esté enfocado y que no se limite a una, dos, o tres cosas que hace mejor.

Las personas en la parte intermedia de una organización

Los líderes intermedios, por otro lado, generalmente experimentan el desafío orquesta diariamente. Deben desempeñar tareas y tener un conocimiento más allá de la experiencia personal. Y con frecuencia están forzados a lidiar con prioridades múltiples cambiantes, teniendo recursos y tiempo limitados. Douglas Randlett le llama a esto: «el síndrome del todólogo».

Los líderes intermedios, por otro lado, generalmente experimentan el desafío orquesta diariamente.

El siguiente diagrama ilustra la dinámica que la mayoría de los líderes intermedios de una organización enfrenta:

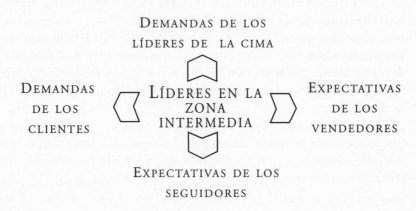

DEMANDAS DE LOS
LÍDERES DE LA CIMA

DEMANDAS
DE LOS
CLIENTES

LÍDERES EN LA
ZONA
INTERMEDIA

EXPECTATIVAS
DE LOS
VENDEDORES

EXPECTATIVAS DE LOS
SEGUIDORES

Tomemos como ejemplo a un parrillero que decide subir de puesto y convertirse en chef (un chef de un restaurante pequeño). Cuando era un parrillero, sólo tenía que complacer a una persona, el chef, y seguía sus órdenes solamente. Pero ahora que es el chef, su mundo cambia porque él es ahora la persona encargada de la cocina cada día. Como chef, existen cosas específicas que debe hacer en su trabajo. Cuando llega la orden a la cocina, él debe decirles a los cocineros de cada área lo que deben cocinar. Su trabajo es coordinar todos los esfuerzos de los cocineros para que la comida que están haciendo en las diferentes áreas esté lista a la misma vez. También es responsable de interactuar con los meseros, ayudándoles a satisfacer a los clientes y resolviendo sus problemas. Cuando los meseros están bajo presión y sienten la demanda de los clientes, el chef lo siente.

Pero ésas no son las únicas presiones que el chef experimenta. Cada cocinero en la cocina observa su liderazgo. Durante el servicio, él determina cómo se maneja la cocina y da el parámetro de cómo se prepara la comida. También pone horario a su trabajo, se asegura que les paguen y sirve de intermediario en las disputas que ocurran.

Cuando no está en la cocina, el chef tiene la responsabilidad de ordenar el alimento y los suministros de las compañías proveedoras. Sus prioridades son calidad y precio, pero cada vendedor tiene expectativas de él. Quieren su negocio y su tiempo.

Por supuesto, el chef también es responsable ante el dueño del restaurante, quien quiere que su negocio tenga ganancias y sea bien administrado. Cuando trabajaba en la parrilla, sólo tenía una cosa que hacer; estaba separado de los clientes, pocas veces interactuaba con el dueño; no tenía que lidiar con los vendedores, y no tenía ningún personal que dirigir. La vida era mucho más sencilla como cocinero. De hecho, lidiar con el desafío orquesta es una de las cosas que hace que muchas personas no avancen en una organización. Muchos trabajadores deciden que prefieren no tener todos esos dolores de cabeza que trae el liderazgo y se quedan donde están, haciendo pocas cosas y no tocando muchos instrumentos.

Cómo administrar el desafío orquesta

Billy Hornsby, cofundador de ARC y director en EQUIP de la iniciativa de desarrollo del liderazgo europeo, dijo que estar en la parte intermedia de una organización es como ser el hijo de en medio de una familia. Estos líderes tienen que aprender a llevarse bien con todo el mundo y a sobrevivir las diferentes dinámicas «familiares»: seguir, dirigir, incitar, apaciguar y asociarse cuando sea necesario. No es una tarea fácil.

Entonces, ¿qué tienen que hacer los líderes intermedios de una organización cuando se les pide tocar muchos instrumentos siendo sólo un músico? Mis sugerencias son las siguientes:

> *«Estar en la parte intermedia de una organización es como ser el hijo de en medio de una familia».*
> —Billy Hornsby

1. Recuerde que su instrumento se convierte en el contexto al interactuar con los demás

Cada papel o «instrumento» que se le pide tocar tiene sus propios objetivos y responsabilidades. Si usted cambia de instrumento, no olvide que el contexto cambia. Usted no interactuaría de la misma forma con su esposa, sus hijos, su jefe y sus empleados, ¿o sí? La meta siempre determina el papel y la forma de realizarla.

2. No toque un instrumento para entonar una sinfonía que requiere de otro instrumento

Dentro de su capacidad como mi asistente, Linda Eggers, asiste constantemente a las reuniones de los líderes superiores de mi organización cuando yo estoy de viaje. Ella lo hace para mantenerme informado de la estrategia y de los cambios importantes que ocurren. Cuando ella está trabajando en ese papel, Linda nunca abusa de su «vínculo de comunicación» para salirse con la suya, ni tampoco toca el instrumento «hablando por John» para hacer que los líderes no tomen una decisión diciendo algo como: «a John no le gustaría eso». Ella sabe muy bien que sus palabras tienen gran peso.

De la misma forma, después de que Linda asiste a esas reuniones y me comenta lo que sucedió, ella tiene cuidado de representar a las personas en la reunión de manera justa y exacta. Ella me dará su opinión, pero se esfuerza en no darle ningún «tinte» a lo que se ha dicho o hecho.

Linda, al igual que muchos asistentes, toca muchos instrumentos. Se ha convertido en una experta para saber cuál instrumento tocar en cada situación, y puede cambiar de instrumento en un instante. Ella tiene una posición muy poderosa, pero nunca la utiliza para lograr una tarea que debe ser realizada de otra forma. Linda dedica tiempo para cultivar cada relación a su manera y actúa de manera acorde. Con frecuencia parece un acto de malabarismo, pero lo hace excepcionalmente bien.

3. CUANDO USTED CAMBIE DE INSTRUMENTO, NO CAMBIE DE PERSONALIDAD

Le mencioné que usted no debería tratar a su esposa de la misma forma en que trataría sus empleados. Es puro sentido común. Eso no significa, sin embargo, que usted deba cambiar su personalidad dependiendo de quien tenga enfrente. Su actitud y conducta deben ser constantes y predecibles para todos, de otra forma, nadie confiará en usted.

4. NO IGNORE ALGÚN INSTRUMENTO QUE SEA SU RESPONSABILIDAD TOCAR

Antes de que Rod Loy se convirtiera en un líder en la cima, sirvió como ejecutivo de una gran organización. Por seis meses, cuando hubo una escasez de liderazgo, funcionó como líder interino de otros dos departamentos. Para asegurarse de no fracasar al hacerlo, literalmente se puso tres oficinas. Dedicaba cinco horas al día en la oficina ejecutiva, y se dedicaba sólo a esas responsabilidades allí. Luego iría a otra de las oficinas del departamento por dos horas para realizar sus actividades respectivas y finalmente iba a la tercera oficina por dos horas más a realizar actividades de esa oficina.

¿Por qué hizo eso? Descubrió que si él ignoraba las actividades de cualquiera de las oficinas por un día, se retrasaría. La separación física de las tres oficinas le ayudaba a hacer ese salto mental que necesitaba para mantener todas sus responsabilidades en funcionamiento. Puede que usted no necesite o quiera llegar a tal extremo. Sin embargo, si se le pide que toque varios instrumentos, debe asegurarse de no ignorar ninguno de ellos.

5. Manténgase flexible

La clave para manejar un desafío orquesta es saber cuál instrumento tocar en determinado momento y disfrutar ese desafío. ¿Cómo lo puede hacer? El secreto está en mantenerse flexible. Ya que hay tantas demandas en los líderes intermedios de una organización, ellos no se pueden dar el lujo de ser rígidos, deben tener la posibilidad de cambiar de instrumentos de un momento a otro.

Algunas personas disfrutan un nuevo reto y se esfuerzan para manejar las demandas siempre cambiantes y la naturaleza del liderazgo intermedio de una organización. Les da energía. Otros no lo consideran tan atractivo, pero es algo que todo *líder de 360°* debe aprender a manejar si desea ser exitoso e influir en los demás desde dondequiera que esté en la organización.

El desafío del ego:
Con frecuencia está escondido cuando está en un nivel intermedio

La clave para manejar con éxito el desafío del ego:
Recuerde que un liderazgo coherentemente bueno se va a notar.

D e vez en cuando al estar enseñando una conferencia de liderazgo, algún asistente viene a mí durante el receso, me mira y me dice: «¡Caramba, que buen trabajo. Quiero hacer lo que usted hace!»

Mi trabajo es maravilloso, tengo que admitirlo. Pero le digo a la persona: «así es, pero ¿desea hacer lo que yo hice para hacer lo que hago ahora?» Las personas que me ven en la actualidad sólo ven el lado bueno, el fruto de los treinta años de trabajo. Ellos se fijan en la tarima, el público grande, y la recepción cálida y amable que recibo con frecuencia, además de ver la gran cantidad de trabajo que otras personas hacen para preparar todo, mientras que yo, lo único que tengo que hacer es enseñar.

Pero sería muy ingenuo que alguien pensara que siempre ha sido así. Cuando comencé a enseñar acerca de liderazgo, yo iba a las conferencias en mi carrito. Enseñaba grupos de alrededor de 12 personas y no me pagaban por hacerlo. Les enseñaba a las personas sólo porque deseaba ayudarles. Mientras crecía mi reputación, así lo hacían también las peticiones para qué yo hiciera conferencias. Generalmente eso significaba acomodar un compromiso dentro de mi muy ocupada agenda con largos vuelos, comida poco saludable, y largas horas. En mis primeras conferencias de liderazgo, enseñaba más de 30 horas de material en cinco días por sólo una cantidad pequeña en la admisión.

Cuando me hice «popular», mi esposa Margaret viajaba conmigo, lo que significaba que ahora éramos dos los que teníamos que realizar la conferencia. (Por lo tanto teníamos que pagar niñeras que cuidarán de nuestros hijos). Muchas horas se ocupaban en empacar cajas de suministros, cuadernos y libros que luego teníamos que cargar en el auto o en los aviones. Las pocas horas que ocupaba enseñando se veían glamorosas para las personas. Los días que ocupaba preparando la lección y docenas de horas de logística y de viaje no lo eran.

Los líderes exitosos son como un iceberg. Cuando uno mira un iceberg, se ve sólo el 10% en la superficie, el resto está debajo del agua. Cuando usted mira a líderes exitosos, solamente mira una fracción de sus vidas. Usted ve la parte que realmente se ve bien, pero por lo general hay mucho que no se ve y que no es emocionante ni glamoroso. El tenista estrella Arthur Ashe dijo: «El verdadero heroísmo es notablemente sobrio, muy poco dramático. No es la urgencia de sobrepasar a los demás a cualquier costo, sino la urgencia de servir a los demás a cualquier costo». Lo mismo sucede con el verdadero liderazgo.

> *«El verdadero heroísmo es notablemente sobrio, muy poco dramático. No es la urgencia de sobrepasar a los demás a cualquier costo, sino la urgencia de servir a los demás a cualquier costo».*
> —ARTHUR ASHE

COMO MANEJAR EL DESAFÍO DEL EGO

Es normal para cualquier persona desear ser reconocida, y lo mismo les sucede a los líderes. El hecho de que los líderes intermedios con frecuencia no son visibles y por consiguiente no tienen el mérito o el reconocimiento que desean y que por lo general merecen, causa una estocada al ego. El desafío es jugar en equipo y mantenerse contento mientras se está contribuyendo. La siguiente es la forma de hacerlo:

1. CONCÉNTRESE MÁS EN SUS ACTIVIDADES QUE EN SUS SUEÑOS

El notable compositor y director Leonard Berstein fue interrogado acerca de cuál instrumento consideraba que era el más difícil de tocar. Después de una pausa respondió: «violín de acompañamiento. Es fácil obtener primeros violines, pero encontrar a alguien que desee tocar el violín de acompañamiento con entusiasmo, es un problema». Muchas veces podemos enfocamos tanto en nuestros sueños y en nuestras metas que perdemos de vista las responsabilidades frente a nosotros.

Muchas veces podemos enfocamos tanto en nuestros sueños y en nuestras metas que perdemos de vista las responsabilidades frente a nosotros.

Los líderes eficaces ponen más atención a la producción que a la promoción. Ellos realizan el trabajo. El poeta Walt Whitman escribió:

Existe un hombre en el mundo que nunca es rechazado,
  en donde se arriesgue a perderse;
Dentro de un enorme poblado, con una mano es ayudado,
  igual lo es con los granjeros que recogen el heno;
Le saludan con placer en los desiertos de arena,
  o si inmerso en la foresta;
Donde vaya, siempre hay una mano buena,
  ya que entregar las mercancías es su faena.

Si usted de manera constante entrega las mercancías, será notado. Y más importante aún, usted estará contento con el trabajo que tiene aunque haya momentos cuando otros no reconozcan sus esfuerzos.

2. APRECIE EL VALOR DE SU POSICIÓN

No todos comprenderán o apreciarán el trabajo que usted hace. Así que es importante que usted lo aprecie. Una anécdota interesante por parte del Premio Nóbel Charles H. Townes sirve como buena ilustración: Townes comentó: «Es algo así como el castor que le dijo al conejo mientras miraban la inmensa pared de la presa Hoover: No, yo no la construí, pero fue basada en una idea mía».

Cada posición tiene un valor, pero con frecuencia no valoramos esa posición. Usted la hace importante al valorarla. Si despreciamos la posición que tenemos, podría ser por lo que llamo: «la enfermedad del destino» que también puede ser llamada el síndrome del pasto más verde. Si nos enfocamos en estar en algún otro lugar porque pensamos que es mejor, nunca disfrutaremos donde estamos ni haremos nada para triunfar.

3. ENCUENTRE SATISFACCIÓN EN CONOCER LA VERDADERA RAZÓN DEL ÉXITO DE UN PROYECTO

En su libro, *De bueno a grandioso*, Jim Collins escribe acerca de los líderes en el «nivel cinco».

Él dice que estos líderes, que dirigieron sus organizaciones de manera tranquila y humilde, fueron mucho más efectivos que los líderes de alta categoría, carismáticos y vistosos. Una de las razones por las cuales yo creo que eso es verdad es porque los buenos líderes comprenden que ellos realmente no merecen todo el crédito por el éxito de una organización. El éxito es de las personas que hacen su trabajo, especialmente los líderes intermedios de una organización.

> *Si nos enfocamos en estar en algún otro lugar porque pensamos que es mejor, nunca disfrutaremos donde estamos ni haremos nada para triunfar.*

Cuando se realiza un buen trabajo y se ve el impacto del trabajo que se hizo, eso debe darle gran satisfacción y motivación. Cuando usted sabe que está realizando una contribución significativa, no necesita tanta motivación externa. La definición de una moral alta es: «marcar la diferencia».

4. ACEPTE LOS CUMPLIDOS DE LOS DEMÁS DURANTE LA ETAPA INTERMEDIA

No hay mayor cumplido que aquel dado por alguien cuyas circunstancias, posición, o experiencia son iguales a las suyas. ¿No lo cree?

Un músico puede disfrutar un cumplido de un admirador, pero el elogio de otro músico significa más para él. Cuando un empresario dice que alguien es bueno para notar una oportunidad, usted le cree. De la misma manera, cuando algún líder intermedio en una organización le dice: «muy bien hecho», acéptelo de corazón.

El novelista Mark Twain dijo: «Un cumplido me mantiene animado todo un mes». Basado en ese comentario, he inventado una balanza que mide el poder de un cumplido y lo que pienso es su impacto duradero dependiendo de quien lo dice.

ORIGEN DEL CUMPLIDO	DURACIÓN
Aquellos que han hecho su trabajo	un año
Aquellos que han visto su trabajo	un mes
Aquellos que conocen su trabajo	una semana
Aquellos que piensan que conocen su trabajo	un día
Aquellos que no conocen su trabajo	una hora
Aquellos que no trabajan	un minuto

Todos disfrutan de las palabras amables de un jefe, y algunos las buscan, pero el elogio de un colega que ha estado en sus zapatos significa mucho más.

5. COMPRENDA LA DIFERENCIA ENTRE LA AUTOPROMOCIÓN Y LA PROMOCIÓN DESINTERESADA

Sir Isaac Newton descubrió la ley de la gravedad en el siglo quince. Cuando presentó esas leyes al mundo científico, revolucionó los estudios astronómicos. Pero si no fuera por Edmund Halley, pocas personas hubieran conocido las ideas de Newton.

Halley era el pizarrón de las ideas de Newton, él desafiaba las suposiciones de Newton, corrigió los cálculos matemáticos de Newton cuando estaban errados y hasta dibujó diagramas geométricos que apoyaran la obra de Newton. Cuando Newton no se sentía muy seguro de publicar sus ideas, Halley lo convenció de que primero hiciera un manuscrito, que luego él editó y supervisó. Halley financió hasta la impresión, aún cuando tenía menores recursos financieros que Newton. La obra final *Principios matemáticos de Filosofía natural*, hicieron que Newton se convirtiera en uno de los pensadores más reconocidos en la historia.

Halley comprendía la diferencia entre la autopromoción y la promoción desinteresada. Era más importante para él que las ideas de Newton fueran compartidas que recibir un reconocimiento personal por ayudarle. Él sabía lo importante que eran estas ideas y deseaba presentarlas al mundo.

Esto es lo que hace la gente que comprende la promoción desinteresada. Observe la diferencia entre las dos clases de promoción:

Autopromoción	versus	Promoción desinteresada
Yo primero		Los demás primero
Avanzar		Desarrollar
Guardar información		Compartir información
Tomar el mérito		Dar el mérito
Llevar la batuta		Pasar la batuta
Culpar a otros por los errores		Compartir la culpa por los errores
Manipular a los demás		Motivar a los demás

La autopromoción dice: «Si usted no se alaba tocándose la trompeta, nadie lo hará por usted». La promoción desinteresada dice: «¡Sólo deseo ayudar para que todos hagamos una bella sinfonía!»

Tim Sanders, autor del libro *Love is the Killer App*, habla acerca de la mentalidad de la abundancia, una idea promovida por Stephen Covey una década antes. Él dice que existen grandes cantidades de recursos, méritos y oportunidades. De hecho, él considera que una mentalidad escasa es la raíz de la mayoría de los conflictos. Los líderes que sobresalen en la parte intermedia tienen una mentalidad de abundancia. Y si usted dirige bien una organización desde el nivel intermedio, no se quedará allí para siempre. Un buen liderazgo siempre se nota. El entrenador de fútbol americano de los Green Bay Packers, Vince Lombardi, dijo: «Algunos de nosotros haremos nuestro trabajo bien, y algunos no, pero todos seremos juzgados por una sola cosa, el resultado». Los buenos líderes obtienen resultados y se dan a notar.

Desafío # 5

El desafío de la realización:
A los líderes les gusta estar enfrente y no en el medio

La clave para manejar con éxito el desafío
de la realización:
*El liderazgo es más una disposición que una posición, influya en
los demás donde sea que se encuentre.*

Ya que está leyendo este libro, me supongo que usted posee una tendencia a un liderazgo natural o ha desarrollado un deseo de dirigir a otros. Si eso es cierto, entonces usted probablemente quiere estar «al frente», «en la cima». Quizás usted ha escuchado el antiguo dicho acerca de la perspectiva desde el centro de la manada de perros que jalan un trineo. Dice que cuando usted es el "perro" líder, su perspectiva cambia, pero si no lo es, su perspectiva siempre es la misma y no es exactamente lo que llamamos una perspectiva «escénica». Me parece gracioso y lo he utilizado en algunas conferencias, pero la verdad es que el que lleva las riendas no es el perro que va al frente. La persona guiando el trineo lo es, y se encuentra ubicada en la parte de atrás.

Sea donde sea que las personas se encuentren, generalmente tienen el deseo de avanzar. Desean un reconocimiento mayor, desean más dinero, desean vivir en una mejor casa, desean avanzar y progresar. Los líderes no son diferentes. Ellos desean avanzar más que quedarse quietos. Desean causar un mayor impacto. Desean estar al frente o en la cima de la organización, especialmente al principio de sus vidas o de sus carreras. Pero... ¿Es estar al frente tan importante como parece? Pienso que la respuesta es: sí y no.

POR QUÉ A LOS LÍDERES LES GUSTA ESTAR AL FRENTE

Existen varias ventajas de estar al frente de una organización, pero las mismas cosas que benefician a los líderes también pueden hacer que el liderazgo sea difícil. Es casi siempre una espada de doble filo, y cualquiera que ve lo positivo sin reconocer lo negativo es ingenuo o no tiene experiencia. Creo que estará de acuerdo conmigo cuando lea estas observaciones acerca del por qué los líderes quieren estar al frente.

1. LA POSICIÓN MÁS RECONOCIDA DE UN LÍDER ES AL FRENTE

El escritor rumano E. M. Cioran declaró: «Si cada uno de nosotros tuviera que confesar cuál es nuestro deseo más secreto, qué es lo que inspira todos nuestros planes, todas nuestras acciones, tendríamos que decir: "quiero ser elogiado"» ¿no es verdad? Todas las personas disfrutan del elogio y el reconocimiento. Y ya que los líderes, que generalmente son los más visibles, reciben con frecuencia el mérito cuando se hace un trabajo bien hecho, muchas personas desean convertirse en líderes.

> «Si cada uno de nosotros tuviera que confesar cuál es nuestro deseo más secreto, qué es lo que inspira todos nuestros planes, todas nuestras acciones, tendríamos que decir: "quiero ser elogiado"».
> —E. M. CIORAN

El reconocimiento es una espada de doble filo. Cuando las cosas van mal, la persona responsable es el líder. Cuando el equipo de balompié ha perdido un campeonato, el entrenador es el culpable. Cuando el equipo de béisbol pierde los partidos constantemente, se despide al entrenador. Cuando la gran compañía no consigue la cuenta, la persona encargada del esfuerzo lleva la responsabilidad. Así es, estar al frente puede ser bueno para el ego pero también puede costarle su empleo.

2. TODOS SE VE MEJOR DESDE EL FRENTE

Una vez observé una entrevista que un reportero le hizo a un escalador montañista. El periodista le preguntó: «¿Por qué escala montañas? ¿Qué lo hace prepararse, entrenar, tomar riesgos y hasta sufrir dolor?»

El escalador montañista miró al periodista y le dijo: «Es obvio que usted nunca ha estado en la cima de la montaña». ¿No es cierto que la vista desde la cima de la montaña es increíble? Es emocionante. La perspectiva es asombrosa. Debe ser aun más emocionante si es un pico que sólo puede ser alcanzado escalando.

Tom Mullins, ex entrenador de fútbol americano que mencioné anteriormente y que ahora dirige una organización en Palm Beach, Florida, dijo: «es difícil con frecuencia leer el tablero cuando se está en el medio. Es mucho más fácil verlo cuando se está en la cima de la organización». Existe una perspectiva que se da en la cima de una organización que no se puede tener desde ningún otro lugar. Sin embargo creo que la responsabilidad también viene con esa perspectiva.

> *Los líderes al frente no tienen la libertad de ignorar lo que su posición les permite ver.*

Si hay problemas que amenazan con desviar a la organización, dañar a los empleados, o engañar a los clientes, usted tiene una responsabilidad para intentar resolverlos, no importa qué tan enredados, costosos o difíciles sean. Los líderes al frente no tienen la libertad de ignorar lo que su posición les permite ver.

3. LOS LÍDERES AL FRENTE LOGRAN DETERMINAR LA DIRECCIÓN

Cuando comencé mi liderazgo, pensé que el líder al frente podía controlar muchas cosas en la organización. Entre más tiempo guiaba, más descubría lo poco que un líder controla. (Las únicas personas que tienen un control total de sus vidas son aquellas que no dirigen nada. Ellas se rinden cuentas sólo a sí mismas, no a los demás). Los buenos líderes de las organizaciones controlan principalmente dos cosas: la dirección y el tiempo. Desafortunadamente, si no están dirigiendo correctamente y las personas no los siguen, ni siquiera pueden controlar esas dos cosas.

4. LOS LÍDERES PUEDEN PONER EL RITMO

A los líderes les encanta el progreso, es una de sus motivaciones principales. Es por eso que el explorador David Livingstone decía: «Iré a cualquier lugar, con tal que sea hacia adelante». Como líder, es probable que a usted le encante ir hacia adelante, y entre más rápido mejor. Pero eso también le puede afectar. Si usted está corriendo mucho más adelante y las personas no pueden alcanzarlo, su organización no tendrá éxito. Los que utilizan todo su potencial con frecuencia llegan a la meta primero, pero los líderes rara vez lo hacen. El éxito del líder es traer consigo a otros a la meta.

En *Cómo ganarse a la gente*, el principio de la paciencia dice que viajar con otros es más lento que viajar solo. Es la verdad en cualquier área de la vida donde uno esté tratando de dirigir, un viaje a la tienda es más rápido si va solo que si va con sus hijos. Un viaje de negocios con un grupo de colegas nunca es tan rápido como uno yendo solo (¿no es cierto que toma casi 30 minutos hacer que las personas se pongan de acuerdo en donde almorzar?). Un jugador de golf puede jugar todo el campo en casi la mitad del tiempo que le tomaría si jugara con cuatro más.

Como líder, usted puede ejemplarizar la conducta que desea en los demás, pero no podrá ir tan rápido como quisiera. Muchas personas parecen estar de acuerdo con la actitud del poeta Ogden Nash: «El progreso puede haber sido bueno una vez, pero está avanzando muy lentamente». Las únicas personas que se esforzarán por progresar de la forma en que usted lo hace y que se moverán tan rápido como usted probablemente serán otros líderes.

5. Los líderes disfrutan estar donde está la acción

Ya que los líderes disfrutan hacer que las cosas sucedan, ellos siempre disfrutan estar donde está la acción. Pero muchas veces no es en la cima o al frente de una organización. Las más grandes decisiones se hacen en esos lugares, pero la acción con frecuencia ocurre en la parte intermedia de la organización. Es allí donde se encuentra la actividad más emocionante. Doug Carter, vicepresidente de EQUIP, la organización sin fines de lucro que fundé para enseñar acerca de liderazgo fuera de Estados Unidos, es un gran ejemplo de un líder al que le encanta la acción. Doug podría ser el líder número uno de varias docenas de organizaciones de categoría. De hecho, él solía dirigir otra organización sin fines de lucro sobresaliente, pero la visión y la misión de EQUIP lo cautivaron y en lugar de ser el líder principal, escogió ser él número dos en EQUIP. Doug está causando un gran impacto en esa posición internacionalmente. No podría imaginarme el equipo sin él.

Cómo sentirse realizado en la parte intermedia de la organización: Observe el cuadro completo

La pionera en educación Henrietta Mears dijo: «La persona que se mantiene ocupada ayudando a quien está debajo de ella, no tiene tiempo de envidiar a la persona que está encima de ella». La actitud correcta es absolutamente esencial para estar contento en la parte intermedia de la organización. Verdaderamente, el liderazgo es más una disposición que una posición. Con la actitud correcta y las habilidades correctas, usted puede influir en los demás sea donde sea que esté en la organización.

> *«La persona que se mantiene ocupada ayudando a quien está debajo de ella, no tiene tiempo de envidiar a la persona que está encima de ella».*
> —Henrietta Mears

Entonces, ¿cómo desarrolla una actitud de contentamiento y satisfacción en donde se encuentra? Comience haciendo las siguientes cinco cosas:

1. Desarrolle relaciones sólidas con personas claves

La caricatura de Peanuts de Charles Schultz presenta a Lucy diciéndole a Snoopy: «hay momentos en que realmente me molestas, pero debo admitir que también hay momentos cuando quiero darte un gran abrazo». En respuesta, Snoopy piensa: «así soy yo, encantador y molesto». Pienso que es verdad respecto a casi todos, y me incluyo yo. Todos tenemos cosas buenas y malas. La clave para la realización no es que toda la interacción con los demás vaya sobre ruedas, sino en desarrollar relaciones sólidas con ellos.

Es más importante llevarse bien con las personas que adelantárseles. Si su meta es alcanzar a otros y desarrollar relaciones con ellos, usted obtendrá la realización donde sea que se encuentre. Y haga lo que haga, no se rinda si los demás al principio no le son de su agrado o le cuesta comunicarse con ellos. Le sorprenderá saber cómo después de un tiempo, un enemigo potencial se convierte en un aliado.

EL DESAFÍO DE LA REALIZACIÓN

2. DEFINA LA VICTORIA EN TÉRMINOS DE TRABAJO EN EQUIPO

El legendario entrenador de baloncesto, John Wooden dijo: «El ingrediente principal del estrellato es el resto del equipo». En otras palabras, el trabajo en equipo es lo que crea el éxito y no debemos olvidarlo. Un jugador puede ser muy importante para el equipo, pero el jugador no puede ser todo el equipo. También es cierto eso con los líderes. Un líder, sin importar lo bueno que es, no es el equipo completo.

Cuando pienso en alguien que creó una manera de triunfar usando trabajo en equipo y ha dirigido a los demás desde la parte intermedia, pienso en Bob Christian, ex jugador del equipo de los halcones de Atlanta. Christian era llamado: «el jugador de defensa más completo en el fútbol americano». Dan Reeves, un entrenador veterano de la NFL con varios anillos del Súper Bowl durante sus tiempos como jugador, dijo que Christian era «el mejor bloqueador que había visto»[2]. Más de una vez fue premiado como jugador favorito debido a su bloqueo. Muchas personas nunca han escuchado de Christian, aunque son fanáticos del fútbol americano. Sus estadísticas de carreras, atrapadas y goles puede que no hayan logrado ningún récord, pero él era un jugador exitoso y realizado. Cualquiera que valora el trabajo en equipo y vio a Christian jugar lo recuerda.

3. COMPROMÉTASE A UNA COMUNICACIÓN CONTINUA

Una de las frustraciones de los líderes que no están al frente o en la cima es que están unos pasos atrás de la fuente de la visión de la organización. Y ya que la visión constantemente está siendo moldeada y formada, es importante comprometerse en una comunicación continua. Si usted está «en» la visión y se mantiene al día, usted no será cegado parcialmente por los cambios o desmoralizado por estar fuera de la acción.

Como líder intermedio en una organización, ser el receptor de la comunicación es importante, pero de la misma forma o más importante aún es ser el emisor. Y eso ocupa mucho esfuerzo ya que no ocurre naturalmente. Se necesita esfuerzo e intención. Cuando interactúa con sus líderes, dígales cómo usted está favoreciendo y siendo partícipe de la visión. Escuche sus reacciones y haga preguntas para averiguar si hay alguna otra cosa que usted debería saber de tal forma que pueda transmitir esa visión a los demás. Entre más eficazmente desarrolle su papel como líder intermedio, más satisfecho se sentirá.

4. Obtenga experiencia y madurez

En *La autobiografía de Harry Golden*, el autor escribe: «La arrogancia del joven es el resultado directo de no haber experimentado suficientes consecuencias. El pavo que siempre se alegra de ver que el granjero le tira comida no está equivocado. Es que nadie le ha dicho acerca del día de acción de gracias».

La madurez no surge automáticamente. Mi amigo Ed Cole con frecuencia decía: «La madurez no viene con la edad. Comienza con la aceptación de la responsabilidad».

Entre más eficazmente desarrolle su papel como líder intermedio, más satisfecho se sentirá.

Cuando comience a mirar su vida y su trabajo con más experiencia y tiempo, estar al frente no se le hará tan importante. Enfocarse en las responsabilidades que le han confiado en donde se encuentra y complementarlas con excelencia trae una mayor satisfacción que la posición, el título, o el prestigio que puede tener si está en la cima.

Con la madurez frecuentemente viene la paciencia (la paciencia sin embargo, muchas veces obtiene el mérito que le pertenece a la fatiga). La paciencia le da tiempo para aprender, para hacer conexiones y para obtener sabiduría.

El humorista Arnold Glasow decía: «La llave que abre todo es la paciencia. Uno obtiene el pollo encubando el huevo, no aplastándolo».

5. Haga que su equipo esté por encima de su éxito personal

Cuando hay mucho en juego, los miembros del equipo que son buenos colocan el éxito del equipo por encima de sus propias ganancias personales. Un ejemplo excelente de esto se ve en las acciones de dos líderes de alta categoría del gobierno británico durante la Segunda Guerra Mundial, Winston Churchill y Clement Attlee. No había dos líderes más diferentes. Churchill era miembro del partido conservador,

Attlee pertenecía al partido laboral. Churchill era implacable y orgulloso, Attlee era callado y tranquilo. Churchill se refirió a Attlee de la siguiente manera: «Él es un hombre modesto con mucho porqué ser modesto». Sin embargo ambos sirvieron juntos de manera admirable durante la guerra en Inglaterra. Cuando Churchill se convirtió en el primer ministro de Inglaterra en 1940, él escogió a Attlee como miembro de su gabinete de guerra, y después lo nombró primer ministro suplente. De hecho, Attlee fue la única persona además de Churchill que sirviera en el gabinete de guerra durante su duración entera.[3]

Una de las claves para que Inglaterra ganara la guerra era que ambos líderes pusieron al país por encima de sus propias ambiciones políticas. La profundidad de las diferencias de los dos con respecto al liderazgo y el gobierno se hicieron más obvias después de la guerra en 1945, cuando los dos compitieron por la elección para ser primer ministro, y Churchill fue vencido por Attlee.

Estos dos líderes hicieron lo que pensaron que era lo correcto, durante y después de la guerra. Pusieron a la nación antes que a ellos mismos. Como resultado, Gran Bretaña ganó. Eso es el liderazgo, ayudar a los demás a triunfar. Eso es más importante que el lugar donde se encuentre en el organigrama de la organización.

EL DESAFÍO DE LA VISIÓN:

*Apoyar la visión es más difícil cuando usted
no la presentó*

LA CLAVE PARA MANEJAR CON ÉXITO EL DESAFÍO DE LA VISIÓN:
Entre más invierta en la visión, más se apropiará de ella.

Qué prefiere hacer? ¿Ver que su propia visión se pone en práctica y da fruto, o ayudar a los demás a que realicen la de ellos? Para las personas que desean dirigir, la decisión por lo general es la primera. Los líderes ven las posibilidades, y quieren aprovecharlas. La mayoría de las veces preferirían trabajar realizando su visión y no la de alguien más, a menos que la visión de otro líder realmente sea irresistible y cautivadora. Dirigir desde el nivel intermedio, sin embargo, significa que le pedirán que se convierta en un defensor de esa visión en lugar de la suya. De hecho, la verdad es que todas las personas en una organización exceptuando el líder principal tendrán que desarrollar la visión que ellos no generaron.

¿CÓMO RESPONDEN LAS PERSONAS AL DESAFÍO DE LA VISIÓN?

Entonces la pregunta lógica es: ¿cómo va usted a responder al desafío de la visión? Aun cuando su propia visión le emocione más que la de alguien más, para tener la oportunidad de seguir sus propios sueños, casi siempre tendrá que tener éxito alcanzando los sueños de los demás.

Hay varias maneras en que las personas responden cuando los líderes presentan una visión e intentan reclutarlos. Las siguientes respuestas representan una progresión, de lo más negativo a lo más positivo.

1. ATACARLA - CRITICAR Y SABOTEAR LA VISIÓN

No todos van a comprometerse con la visión de una organización, aunque sea convincente y aunque un líder haga un fantástico trabajo en comunicarla. Es un hecho y no necesariamente porque las personas sean malos seguidores. Observe las razones más comunes por las que las personas no adoptan una buena visión:

ELLOS NO PARTICIPARON EN CREARLA

Seamos realistas. A la mayoría de las personas no les gusta el cambio, y cuando alguien comienza a dar una visión, el cambio es inevitable. Solía pensar que los líderes disfrutaban del cambio y los seguidores no, pero con la madurez me he dado cuenta que a los líderes tampoco les gusta el cambio, ¡al menos por supuesto, que sea su propia idea!

> *A los líderes tampoco les gusta el cambio, ¡al menos por supuesto, que sea su propia idea!*

Las actitudes de las personas hacia el cambio son diferentes si ellos han participado en crearlo. La participación aumenta el sentido de apropiación. Cuando usted es el dueño, usted ve las cosas de manera diferente. Usted apoya la visión, la cuida. Si no lo cree, responda a la siguiente pregunta: ¿cuándo fue la última vez que usted enceró un carro alquilado? Eso nunca sucede. Las personas apoyan lo que es de ellos.

ELLOS NO LA COMPRENDEN

Las personas no se comprometen con una visión que no comprenden, eso nunca sucede. Y sólo porque un líder ve una visión de manera clara y convincente, no significa que su gente la comprenderá totalmente. Los diferentes tipos y estilos de comunicación no se dan a entender de la misma forma con todo el mundo.

Ken Blanchard le preguntó una vez a Max DePree, autor de *Leadership is an Art* (El liderazgo es un arte), cual pensaba él que era el papel de un líder en una organización. DePree le contestó: «uno tiene que actuar como un maestro de tercer grado. Se debe repetir la visión una y otra vez hasta que las personas la entiendan». Y si un líder realmente es sabio, la comunicará de muchas formas, en muchos ambientes, usando muchos métodos.

NO ESTÁN DE ACUERDO CON ELLA

Algunas personas reaccionan negativamente a una visión porque piensan que no se puede alcanzar. Otras, aunque en menor cantidad, porque piensan que es una visión muy simple. También hay personas que tropiezan porque la visión ha cambiado desde el momento en que fue presentada, pero la mayoría de las veces, la verdadera razón tiene que ver más con el líder. Si las personas están en desacuerdo con la visión, casi siempre es debido a que tienen un problema con la persona que ha dado esa visión.

Si las personas están en desacuerdo con la visión, casi siempre es debido a que tienen un problema con la persona que ha dado esa visión.

La ley del apoyo que se encuentra en *Las 21 leyes irrefutables del liderazgo* dice que la gente apoya al líder, luego a la visión. Si creen en esos líderes, ellos aceptarán lo que esos líderes creen. Aún cuando sus líderes promuevan una visión que no es convincente, las personas que ya los han apoyado, continuarán haciéndolo.

Sin embargo, esta variación de la ley del apoyo también es cierta; no importa que tan buena sea la visión, si las personas no creen en el líder, tendrán problemas apoyando la visión.

NO CONOCEN LA VISIÓN

En términos de resultados, no hay una diferencia entre el hecho que las personas no conozcan la visión de una organización y que una organización no tenga visión. El resultado inevitable es la falta de satisfacción y desánimo.

Si usted ha traído personas nuevas a la organización desde la última vez que la visión fue presentada, usted tiene personas que no conocen su visión. Le pido disculpas si esto le suena dolorosamente obvio, pero esto sucede normalmente en las organizaciones. Las compañías en crecimiento generalmente contratan nuevos empleados pero no tienen nada implementado para asegurarse que ellos conozcan y apoyen la visión. Cada organización necesita incorporar un proceso para poder pasar esa visión.

Pero aunque usted se asegure que cada persona que se integre a su organización escuche de la visión, eso no significará que la conozcan. La visión tiende a escaparse y necesita ser comunicada de manera clara, creativa y continua.

Imagínese que cada persona de su organización tiene un tanque donde ellos mantienen la visión. Ahora bien, supongamos que existe un pequeño hoyo o una ruptura en ese tanque. Ya que todos somos humanos, y por lo tanto falibles, usted no puede eliminar esas fisuras; lo mejor que puede hacer es seguir llenando sus tanques. A algunos líderes no les gusta repetir siempre lo mismo, pero no hay otra alternativa si usted desea que conozcan su visión.

> *La visión tiende a escaparse y necesita ser comunicada de manera clara, creativa y continua.*

No sienten que son necesarios para alcanzarla

Hay tres diferentes clases de actitudes en lo que respecta a reclutar personas que le ayuden a realizar esa visión. La primera dice: «vamos a hacer esto con o sin usted». La segunda dice: «nos encantaría si usted nos ayuda a hacer esto». La tercera dice: «no podemos hacer esto sin usted». Usted puede suponer cual inspira y motiva más a las personas para que participen y den lo mejor de sí.

Es probable que los líderes autocráticos de antes hayan podido salirse con la suya usando el primer tipo de actitud, pero eso no es aceptable actualmente, al menos en las naciones donde las personas son libres. La segunda actitud de vez en cuando funciona, pero no es tan efectiva como la tercera. Las personas que comprenden lo importante que es su apoyo se sienten motivadas para perseverar y trabajar con excelencia a pesar de los obstáculos y los problemas.

Un buen ejemplo de esto ocurrió durante la Segunda Guerra Mundial en una fábrica de paracaídas. Las trabajadoras hacían miles y miles de paracaídas para usarse en la guerra, pero era un trabajo sumamente tedioso. Se pasaban largas horas en una máquina de coser, cosiendo kilómetros de tela blanca. Cada mañana se les recordaba a esas trabajadoras que cada puntada era parte de una operación para salvar vidas. Sus esposos, hermanos, o hijos, quizás usarían el paracaídas que ellas cosieron ese día. Esas vidas no podrían ser salvadas sin su esfuerzo. El hecho de que ellas tuvieran la visión constantemente frente a ellas y que sintieran que eran necesarias las hacía seguir adelante.

No están listos para la visión

Me encanta esta tira cómica del finado Jeff MacNelly, creador y caricaturista editorial ganador de un premio Pulitzer por la tira cómica *Shoe*:

Es triste pero algunas personas no están listas, de manera emocional, intelectual o profesional para establecer, defender, apoyar y realizar una visión. Si están dispuestos pero no son capaces, podrían ser entrenados o capacitados. Sin embargo, si no están dispuestos ni capacitados, no hay mucho que pueda hacer por ellos.

Un *líder de 360°* se convierte en un conductor de información desde la cima hasta la parte inferior de la organización. Cuando alguno de esos seis asuntos mencionados anteriormente es un problema, (las personas no participan en crear la visión, no la comprenden, no están de acuerdo con ella, no conocen la visión, las personas no sienten que son necesarias para alcanzarla o no están listas para realizarla), el conductor se congestiona y la visión no puede fluir desde los líderes en la cima hasta las personas que realmente pueden completar ese trabajo. Si la visión no logra comunicarse con los trabajadores, nunca sucederá.

2. Ignorarla- Hacer sólo lo que es suyo

Algunas personas no atacan la visión, pero tampoco la quieren apoyar. Más bien, pretenden imaginar que no existe y se dedican a lo que es de ellos. Los líderes no pueden hacer esto y mantener al mismo tiempo su integridad y efectividad. Rod Loy recuerda una vez cuando su jefe deseaba que él confrontara a un empleado acerca del código de vestir. El problema que Rod tenía era que no estaba de acuerdo con esa política, pero creía en la visión de la organización y quería apoyar a su líder, así que realizó la confrontación. El asunto se volvió más difícil porque el empleado pensaba que esa regla era insignificante. Rod de manera amable pero firme se puso del lado de su líder. El empleado nunca supo que Rod no estaba de acuerdo con esa política.

3. Abandonarla- Dejar la organización

Si la visión viola sus principios o no está de acuerdo con sus valores, es probable que dejar la organización sea la acción más apropiada. Algunas veces esa es la mejor opción, irse con honor. De esa manera el líder intermedio no está denigrando la visión ni tampoco está apoyando algo en lo que no está de acuerdo. Debo mencionar algo sin embargo. Si un líder intermedio de la organización se sale por razones equivocadas, es probable que se encuentre una vez más en una situación similar a esa en otra organización. Si usted se encuentra en una situación donde considera dejar la organización, asegúrese que no lo está haciendo por egoísmo u orgullo.

4. Adaptarse a ella- Encontrar alguna forma para alinearse con la visión

Un buen empleado busca por lo menos la forma de alinearse con la visión de su organización. David Branker me contó la historia de Bret, un gerente de nivel intermedio cuyo trabajo era proveer apoyo informático a un departamento de capacitación nacional en su organización. Bret estaba frustrado porque pensaba que su trabajo no contribuía significativamente a la visión de la compañía. En lugar de enojarse o quejarse, él se acercó a su líder y le habló del problema. Juntos, descubrieron cómo su departamento podía dar un mejor servicio a la organización creando sistemas que usaran la tecnología para que la capacitación fuera más rápida, más eficiente y su costo más efectivo. Al alinearse con la visión, Bret no solo participó con la misión, le añadió valor y la mejoró, pero además obtuvo una mayor realización personal.

Douglas Randlett, quien trabaja con el ex entrenador de fútbol americano y ahora pastor Tom Mullins, hizo su disertación de doctorado sobre temas de liderazgo intermedio de una organización. Él dijo que cuando la visión de un líder intermedio no es la misma que la del liderazgo superior, el resultado siempre es una baja satisfacción del trabajo. Cuando estos dos factores se alinean, la satisfacción y el éxito son completos.

5. DEFENDERLA- TOMAR LA VISIÓN DEL LÍDER Y CONVERTIRLA EN REALIDAD

La visión comienza con una persona, pero se realiza con muchas. Llevar la visión del líder y convertirla en realidad debe ser la respuesta de los *líderes de 360°*. Ellos deben esforzarse para hacer que deje de ser una visión individual y se convierta en colectiva.

John W. Gardner dijo: «Los prospectos nunca se miraban tan claros ni los problemas tan difíciles. A cualquiera que no le impacten esas declaraciones está muy cansado para que nos pueda apoyar en los días futuros».

> *La visión comienza con una persona, pero se realiza con muchas.*

Durante los 35 años que he dirigido organizaciones, siempre me he esforzado para transferir la visión a mi personal. Algunas personas la apoyaron, otras no.

AQUELLOS QUE DEFENDIERON LA VISIÓN	AQUELLOS QUE NO LO HICIERON
Dieron prioridad a las necesidades de la organización	Dieron prioridad a sus propias necesidades
Mantuvieron la visión ante las personas	Se mantuvieron a sí mismos ante las personas
Me representaron bien ante los demás	Se representaron bien ante los demás
Comprendieron sus papeles	No comprendieron sus papeles

Las personas que no aceptaron la visión nunca la defendieron ni la transfirieron a sus seguidores. Como resultado, las personas que ellos dirigieron no contribuyeron al éxito total de la organización.

6. Le añaden valor

La respuesta más positiva hacia la visión de un líder no es solo apoyarla sino que llega hasta el punto de añadirle valor. En ese punto, la visión se convierte en algo más: tiene un mayor valor para el líder, para los receptores de esa visión, y para las personas que contribuyen con ella.

No todos tienen la oportunidad de darle valor a la visión. Hay un prerrequisito para poder hacerlo y es apoyando la visión como si realmente existiera. Pero aquí está lo importante: una vez que usted le ha añadido valor a la visión, entonces ha eliminado el desafío de la visión, porque usted no está defendiendo la visión de alguien más, usted está defendiendo una visión en la cual usted ha contribuido.

No existe nadie que defienda una visión y le añada valor mejor que mi equipo de EQUIP, la organización sin fines de lucro que fundé en 1996. Desde el inicio, nuestra misión era capacitar líderes. Inicialmente, nuestra estrategia funcionaba en tres áreas distintas: de manera académica, de manera urbana y de manera internacional. En el año 2001, analizamos nuestro enfoque y volvimos a definir nuestra visión, decidimos enfocar toda nuestra atención en capacitar a líderes en el extranjero.

Todos en EQUIP eran defensores de la visión desde el principio, pero los líderes claves hicieron más que defenderla. Ellos fueron vitales en ayudarnos a reconocer la necesidad de enfocar nuestra atención y de tratar de hacer una sola cosa con excelencia total, no tres cosas de manera aceptable.

Lo que surgió de eso fue *Un millón de líderes (Million Leaders Mandate)*, nuestro deseo de capacitar a un millón de líderes espirituales alrededor del mundo. Hasta este momento, hay más de 700.000 líderes en capacitación. Para enero de 2006, cuando este libro se haya publicado, estaremos capacitando a personas en todos los continentes exceptuando la Antártica y habremos alcanzado nuestra meta de capacitar a más de un millón de líderes. Ya estamos pensando en capacitar a un segundo millón de líderes.

Todos los días, los miembros de EQUIP apoyan la visión; con los líderes que deseamos entrenar de manera gratuita, con los entrenadores asociados que donan su dinero y tiempo para capacitar líderes alrededor del mundo, y con los donantes, cuyo dinero va para apoyar el proyecto. Son socios que apoyan la visión que hemos creado juntos. Y por ello mi gratitud no tiene límites.

El desafío de la influencia:
*Dirigir a los demás más allá de su posición
no es fácil*

La clave para manejar con éxito el desafío
de la influencia:
Piense en influir, no en la posición.

Al haber leído los seis desafíos anteriores, quizás usted sienta que el impacto en usted ha sido mínimo. Si es así, considérese afortunado. Nadie, sin embargo, escapa del desafío de la influencia, no importa qué tan maravillosa sea su organización o qué tan grandioso sea su jefe. Dirigir a los demás mas allá de su posición no es fácil. Si el verdadero liderazgo fuera fácil, cualquiera lo haría, y cualquiera lo podría hacer bien.

La mayoría de los buenos líderes creen en sí mismos y en su liderazgo. Tienen confianza de que si otros los siguen, el equipo se beneficiaría y lograría sus metas. Entonces, ¿Por qué no siempre sucede? ¿Por qué la gente a veces no se reporta para seguirle? ¡Porque no tienen que hacerlo! El liderazgo es influencia. Si usted no tiene la posición, ni la influencia, las personas no lo seguirán. Es por eso que los *líderes de 360°* se esfuerzan en cambiar su manera de pensar de: «*deseo una posición que haga que las personas me sigan*» a «*deseo convertirme en una persona que los demás deseen seguir*».

Las personas siguen a los líderes...

Es una falacia creer que las personas automáticamente lo seguirían si usted fuera un líder de posición. Los líderes que en realidad han estado

en la cima saben que eso no es cierto.
Si lo siguen ahora, le seguirán también mañana cuando tenga una mejor posición. Pero si las personas no lo siguen ahora, tampoco le seguirán mañana.

La única solución al desafío de la influencia es convertirse en la clase de líder que otros deseen seguir. Y ¿qué clase de líder sería ese?

¿Le siguen las personas ahora?

> *Los líderes de 360° se esfuerzan en cambiar su manera de pensar de: «deseo una posición que haga que las personas me sigan» a «deseo convertirme en una persona que los demás deseen seguir».*

LAS PERSONAS SIGUEN A LOS LÍDERES QUE CONOCEN LÍDERES QUE SE PREOCUPAN POR ELLOS

La mayoría de las personas trata de hacer que las personas se muevan mediante la crítica o tratando de «apoderarse» de ellas. Las personas responden generalmente de manera defensiva, combativa, o aislándose. El reformador protestante John Knox dijo: «Uno no puede antagonizar e influir al mismo tiempo».

Por otro lado, si los líderes se interesan por cada persona, las personas responderán de buena manera. Entre mayor sea su preocupación, más amplia y más duradera será su influencia. Bo Schembechler, ex entrenador del equipo de futbol americano de la universidad de Michigan declaró: «Tus jugadores deben saber que tú te preocupas por ellos. Esto es lo más importante. Nunca podría hacer lo que hago si mis jugadores no sintieran que me intereso por ellos. Ellos saben, a la larga, que estoy a su merced».

Las personas pueden sentir cuál es nuestra apreciación de ellas. Ellos saben la diferencia entre los líderes que los están utilizando para su propio beneficio y aquellos que desean ayudarles a triunfar. Las personas se abren con las personas abiertas. Logran conocer el corazón de las personas que se preocupan por ellos y les responden afirmativamente. Yo lo veo de esta manera: los líderes que dan un paso más por su gente, tienen seguidores que harán lo mismo. Si uno se esfuerza al preocuparse por los demás y ayudarles, ellos harán lo mismo cuando usted se los pida.

Las personas siguen a los líderes en quien ellos confían
Líderes con carácter

El analista político Thomas Paine dijo: «Me encanta la persona que puede sonreír en medio de los problemas, que puede tomar fuerzas en medio de la aflicción y que se hace más fuerte por medio de la reflexión. Las mentes pequeñas se reducirán con los obstáculos, pero aquel cuyo corazón es firme, y cuya conciencia aprueba su conducta, seguirá sus principios hasta la muerte». ¿Qué es lo que le da a un líder la fuerza para exhibir tales cualidades admirables? La respuesta es el carácter.

Nuestra tendencia en Estados Unidos es poner mucho énfasis en la inteligencia y en la habilidad. Y aún cuando estas cosas son importantes, no pueden sustituir un carácter sólido. Tal como lo enseño en *Las 21 leyes irrefutables del liderazgo*, la confianza es el fundamento del liderazgo. Un líder que comprende cómo el carácter impacta en el liderazgo es Chuck Colson, el asistente de Nixon que fue a prisión tras el escándalo Watergate. Colson cambió su vida después de esa dura prueba y ahora da conferencias sobre liderazgo y religión. Él dijo: «En tu vida, sea en lo militar, en los negocios, en la iglesia, o en tu caminar diario (y ciertamente en tu familia), alguien va a depender de tu carácter más que de tu coeficiente intelectual».

> «Uno no puede antagonizar e influir al mismo tiempo».
> —John Knox

La mayoría de las personas reconocen que el carácter es importante en un líder. Lo que algunas personas no reconocen es la importancia del carácter en los líderes futuros. Rod Loy dijo:

> Muchos líderes en niveles intermedios dicen, «cuando sea el líder principal cambiaré mi manera de vivir». Conozco muchas personas que ocupan la segunda posición que no viven de acuerdo con el carácter de un líder superior. Su pensamiento es: No tengo que hacerlo hasta que sea un líder superior. Yo creo que si uno no vive de acuerdo a parámetros altos, nunca se convertirá en líder. Yo escojo limitar mis libertades porque comprendo los sacrificios de la posición que un día deseo poseer.

Si usted desea vencer el desafío de la influencia, desarrolle y exhiba la clase de carácter que usted considera admirable en un líder superior.

Eso preparará el camino para las relaciones con los demás desde hoy y le preparará para un liderazgo en el futuro.

Las personas siguen a líderes que ellos respetan
Líderes que son competentes

El respeto se obtiene casi siempre en un terreno difícil. Un liderazgo de posición le ayudará a un líder hasta que lleguen las dificultades. Los líderes que son incapaces de enfrentar los desafíos desean el respeto de sus seguidores y colegas, pero raramente lo tienen. Pueden ser apreciados si poseen un buen carácter y se preocupan por los demás, pero no serán altamente respetados. Las personas pueden tratarlos bien, pero no los escucharán. Todos tenemos el derecho de hablar, pero no todos nos hemos ganado el derecho de ser escuchados.

Mientras que los malos líderes demandan el respeto, los líderes competentes incitan el respeto. Hacer el trabajo bien hace que el líder tenga

> *Mientras que los malos líderes demandan el respeto, los líderes competentes incitan el respeto.*

credibilidad. Si usted piensa que puede hacer un trabajo, eso significa que tiene confianza en sí mismo. Si lo puede hacer, eso significa que tiene la capacidad de hacerlo. Esto es algo que no tiene sustituto.

Las personas siguen a los líderes accesibles
Líderes que son coherentes

Un líder intermedio a quien visité mientras hacía este libro, me dijo que una vez tuvo como jefe a un líder muy cambiante. No sabía si el «buen jefe» o el «mal jefe» llegaría a la oficina, pero aprendió como lidiar con esta situación siguiendo el consejo de uno de sus compañeros.

Si tenía un problema en el trabajo que necesitara la atención del jefe cambiante, él la añadiría a una lista que mantenía y la llevaba a la reunión semanal del personal. Él se aseguraba de nunca estar sentado al lado de ese jefe durante la reunión. De esa manera, tenía la oportunidad de observar cómo ese jefe trataba a los demás durante la reunión. Después de que el jefe le hablara a dos o tres empleados, este líder intermedio podía darse cuenta que actitud traía el jefe ese día. Si el jefe estaba de malas, él no hablaría del problema y guardaría la lista para otro día, pero si el jefe estaba de un temperamento positivo, el líder intermedio le presentaba la lista y con seguridad obtendría una buena respuesta. Había veces en que tenía que mantener la lista por cinco o seis semanas hasta que el jefe estuviera de buenas. Las malas noticias son que eso significaba un retraso para resolver algunos problemas importantes, pero las buenas noticias son que este jefe cambiante pocas veces se desquitaba con el líder intermedio.

Un proverbio yidish[1] dice: «Si usted actúa como un burro, no se enoje si la gente quiere montarlo». Creo que eso es lo que el líder intermedio tuvo que hacer para poder llevarse bien con su jefe inconstante. La constancia no es fácil para nadie. De hecho, Aldous Huxley dijo: «La constancia es contraria a la naturaleza, contraria a la vida. Las únicas personas completamente constantes son los muertos».

Si usted desea ser la clase de líder que otros siguen, un *líder de 360°*, entonces planee ser constante para que pueda ser accesible. Aún cuando usted se preocupe por las personas, sea honesto con ellas, y haga un buen trabajo; si usted no es constante, las personas no dependerán de usted, ni confiarán en usted.

LAS PERSONAS SIGUEN A LOS LÍDERES QUE ADMIRAN
LÍDERES CON COMPROMISO

Me encanta la historia del granjero que había sufrido varios malos años y fue a visitar al gerente del banco: «Tengo buenas y malas noticias para usted», le dijo al banquero, «¿Cuáles quiere oír primero?»

«¿Por qué no me dice las malas noticias primero y así acabamos con ellas?», le contestó el banquero.

«Muy bien, debido a la mala sequía y a la inflación, no podré pagarle la hipoteca este año; ni los intereses siquiera».

«Caramba, eso está muy mal», le respondió el banquero.

«Eso no es todo. Tampoco podré pagarle nada del préstamo que hice por la maquinaria».

«Eso es terrible».

«Más que eso» continuó diciendo el granjero. «¿Recuerda que también pedí prestado para comprar semillas y fertilizantes y otros suministros? Tampoco puedo pagar ese préstamo».

«¡Eso es horrible! Dígame ahora cuáles son las buenas noticias», le rogó el banquero.

«Las buenas noticias», le respondió el granjero con una sonrisa, «son que deseo seguir haciendo negocios con usted».[2]

Aunque la historia sea graciosa, es cierto que la gente admira a las personas que exhiben un gran compromiso. Piense en algunos de los líderes que usted admira. Cuando pienso en líderes como Winston Churchill, Martin Luther King Jr. y John Wesley, una de las primeras cualidades que viene a mi mente es su compromiso. Ellos dieron todo lo que podían para dirigir de acuerdo a sus principios.

Hace varios años escribí junto con Jim Dornan, un libro llamado *Seamos personas de influencia*. Muchas personas dicen que de todos mis libros, ese es su favorito. ¿Por qué? Creo que es porque es un libro acerca del liderazgo para personas que no tienen posición de liderazgo. Es muy popular entre las personas que están involucradas en la mercadotecnia, porque su negocio se basa completamente en la influencia. El libro está basado en el siguiente bosquejo que describe las cualidades de una persona con influencia y que son fáciles de recordar:

Una persona con influencia tiene…

Integridad con las personas

No deja de enseñar a los demás

Fe en las personas

Logra escuchar a los demás

Un buen comprendedor de las personas

Elige desarrollar a las personas

Naturalmente guía a otros

Consigue relacionarse con las personas

Impulsa y faculta a los demás

Apoya y reproduce otros líderes.

Si usted se esfuerza en hacer estas cosas con las personas de su organización, usted vencerá el desafío de la influencia. El secreto es pensar en la *influencia*, no en la *posición*. De eso se trata de liderazgo. Si usted comienza a practicar las cualidades de una persona con influencia, usted estará preparado para enfrentar las tareas más difíciles de los *líderes de 360°*: dirigir a los líderes que los supervisan. Ese es el tema de la siguiente sección de este libro.

Repaso de la sección II
Los desafíos que los líderes de
360° enfrentan

Lo siguiente es un breve repaso de los desafíos que cada líder intermedio enfrenta:

1. El desafío de la tensión: La presión de quedar atrapado en la mitad de la escalera.

2. El desafío de la frustración: Seguir a un líder ineficiente.

3. El desafío orquesta: Un solo músico... muchos instrumentos.

4. El desafío del ego: Con frecuencia está escondido cuando está en un nivel intermedio.

5. El desafío de la realización: A los líderes les gusta estar al frente y no en el medio.

6. El desafío de la visión: Apoyar la visión es más difícil cuando usted no la presentó.

7. El desafío de la influencia: Dirigir a los demás más allá de su posición no es fácil.

Si estos desafíos le suenan comunes, significa que usted necesita mejorar su liderazgo intermedio para que pueda manejarlos de manera más efectiva. ¿Qué tan bien le va ahora? Una forma de medir su capacidad es tomar la evaluación del *liderazgo de 360°*, que se ofrece gratuitamente a las personas que compraron este libro.

Vaya a liderlatino.com para obtener más información.

SECCIÓN III

LOS PRINCIPIOS QUE LOS LÍDERES DE 360° PRACTICAN PARA DIRIGIR A LOS LÍDERES QUE LOS SUPERVISAN

«Sígame, estoy detrás suyo».

Si usted está intentando causar un impacto en la parte interna de una organización, es muy probable que se relacione con los mitos y los desafíos presentados en las primeras secciones de este libro. Es muy probable que usted tenga que lidiar con uno o más de ellos cada día. Entonces, ¿Cómo se mantiene a flote mientras vence los desafíos y evita los mitos? Usted desarrolla la habilidad de ser un *líder de 360°* aprendiendo a dirigir a los líderes que lo supervisan, liderando lateralmente a sus compañeros, y guiando a sus subordinados.

Cada una de estas cosas se inspira en diferentes principios y requiere de diferentes habilidades.

Dirigir a los líderes que lo supervisan es el mayor desafío de

> *«Si usted desea avanzar, dirigir a los líderes que lo supervisan es mucho mejor que tratar de quedar bien».*
> —DAN REILAND

un *líder de 360°*. La mayoría de los líderes desean dirigir, no ser dirigidos, pero la mayoría de los líderes también desean tener más valor. Si toma la perspectiva de añadirle valor a los que están por encima suyo, usted tendrá una mayor probabilidad de influir en ellos. Dan Reiland dijo mientras hablábamos sobre este libro: «Si usted desea avanzar, dirigir a los líderes que lo supervisan es mucho mejor que tratar de quedar bien».

En el otoño de 2004, pude observar un mundo que era totalmente nuevo para mí. En «Exchange», un evento para ejecutivos que hago cada año, invité a los asistentes a experimentar una presentación hecha por el director de la filarmónica de Boston, Benjamín Zander. Fue una experiencia de líderazgo interactiva donde pudimos sentarnos junto a los músicos de la orquesta mientras ensayaban, y el director nos mostró una perspectiva fresca sobre la comunicación, el liderazgo, y el seguimiento dentro de un equipo de artistas de categoría mundial. Fue increíble.

Aquella experiencia me incitó a leer el libro que Zander escribió con su esposa, Rosamund Stone Zander, llamado *el Arte de la posibilidad*. Allí, cuentan una historia que ilustra maravillosamente el valor de la dirección y cómo esto puede añadir valor a un líder y a una organización. Benjamin Zander escribió:

> Uno de los artistas más dotados y consumados que he conocido se sentó durante varias décadas en la posición modesta de la sección de viola de una de las orquestas principales de Estados Unidos. Eugene Lehner había tocado la viola con el legendario Cuarteto Kolisch, había entrenado al distinguido Cuarteto de Cuerdas Juilliard así como otros innumerables conjuntos... Con qué frecuencia lo he consultado sobre puntos difíciles de una interpretación, y él me quita el velo de los ojos debido a su perspicacia incandescente de la música.

Zander continuó diciendo que él se preguntaba si los otros directores, quienes tienen una reputación de ser egoístas, lo han consultado o han usado su inmenso conocimiento y experiencia como artista y líder. La siguiente es la respuesta de Lehner:

> Un día, durante mi primer año tocando con la orquesta, recuerdo una ocasión cuando Koussevitsky conducía una obra de Bach y parecía tener un poco de dificultad en obtener los resultados que deseaba, simplemente no se oía bien. Lo bueno es que su amiga, la gran pedagoga y conductora francesa Nadia Boulanger, se encontraba en la ciudad y estaba escuchando el

ensayo. Koussevitsky usó esa oportunidad para desenredarse de una situación torpe y embarazosa. La llamó: «Nadia, por favor, ¿puedes subir y dirigir un momento? Quiero ir a la parte del fondo para ver como suena». Mademoiselle Boulanger se levantó, hizo unos comentarios a los músicos, y dirgió sin problemas. Desde ese momento, en cada ensayo, he estado esperando que el director dijera: «Lehrer, suba aquí y dirija, quiero oír como suena». Han pasado cuarenta y tres años desde que esto pasó, y cada vez es menos probable que me lo pida.[1]

Estoy seguro que usted no quiere esperar cuarenta y tres años para tener la oportunidad de dirigir ya que desea ser una persona de influencia desde hoy. Influir en su líder no es algo que usted puede hacer de un día para el otro. De hecho, ya que no tiene ningún control en los líderes encima de usted en el organigrama, ellos pueden rechazar estar bajo su inflluencia o la de cualquiera que esté por debajo de ellos. Así que hay una posibilidad de que usted nunca pueda ser visto por ellos como un líder, pero usted puede aumentar enormemente las probabilidades del éxito si practica los principios en esta sección del libro. Su estrategia subyacente debería ser apoyar a su líder, añadirle valor a la organización, y distinguirse de los demás haciendo un trabajo con excelencia. Si usted hace estas cosas constantemente, entonces con el tiempo, su líder superior puede aprender a confiar en usted, contar con usted, y hasta pedirle consejo. Con cada paso, su influencia aumentará, y usted tendrá cada vez más oportunidades de dirigir.

DIRÍJASE A USTED MISMO
EXCEPCIONALMENTE BIEN

De vez en cuando en una conferencia, los jóvenes se me acercan y me dicen cuánto desean convertirse en grandes líderes y cómo se esfuerzan por aprender y crecer, pero se lamentan diciendo: «No tengo a nadie a quien dirigir».

Les respondo diciendo: «Diríjase a usted mismo, así se empieza. Además, si usted no se sigue a sí mismo, ¿Por qué entonces lo debería hacer alguien más?»

¿Ha trabajado alguna vez para alguien que no se dirigía correctamente? O peor aún ¿Ha trabajado alguna vez para personas en posiciones de mando que no saben dirigirse correctamente? ¿Qué hacen ellos además de dar un mal ejemplo? Se parecen al cuervo que leí en una fábula. El cuervo se sentaba en un árbol sin hacer nada todo el día. Un pequeño conejo vio al cuervo y le preguntó: «¿puedo también yo sentarme contigo y no hacer nada todo el día?» «Claro», contestó el cuervo, «¿Por qué no?» Entonces el conejo se sentó en la tierra debajo del cuervo, siguiendo su ejemplo. De repente un zorro apareció, se echó encima del conejo, y se lo comió.

La moraleja de la fábula es que si usted va a holgazanear no haciendo nada todo el día, usted debería estar en lo alto, pero si usted está abajo donde se encuentra la acción, usted no puede ponerse a holgazanear. La clave para dirigirse bien a sí mismo es aprender la auto administración. He observado que la mayor parte de las personas ponen demasiado énfasis en la toma de decisiones pero muy poco énfasis en la administración de esa decisión. Por consiguiente, ellos carecen de enfoque, disciplina, intencionalidad, y propósito.

Creo esto tan firmemente que hasta escribí un libro al respecto. Se titula *Lo que importa es el hoy*. La tesis del libro es que la gente que triunfa toma decisiones acertadas al principio de un proceso y administra esas decisiones diariamente. A menudo pensamos que dirigirse a sí mismo tiene que ver con tomar buenas decisiones cada día, cuando la realidad consiste en que necesitamos tomar unas cuantas decisiones críticas en las áreas principales de la vida para después poder administrar esas decisiones día a día.

> *La clave para dirigirse bien a sí mismo es aprender la auto administración.*

Aquí está un ejemplo clásico de lo que quiero decir. ¿Se ha hecho alguna vez la resolución en el año nuevo de ponerse en forma? Usted probablemente ya sabe que el ejercicio es importante. Tomar la decisión de hacerlo no es difícil, lo difícil es llevarlo a cabo de manera constante. Digamos, por ejemplo, que usted se mete al gimnasio en la primera semana de enero. Usted está emocionado de saber que va a empezar, pero la primera vez que usted llega al gimnasio, hay demasiada gente. Hay tantos autos que la policía tiene que dirigir el tráfico. Usted conduce por unos quince minutos, y finalmente encuentra un estacionamiento a cuatro cuadras del gimnasio. Pero no hay problema, usted está allí para el ejercicio de todos modos, entonces usted camina hasta el gimnasio. Después, cuando entra en el edificio, usted tiene que esperar solo para usar uno de los vestidores. Aun así usted piensa, *No hay problema. Quiero ponerme en forma. Esto va a ser genial*. Usted piensa eso hasta que finalmente descubre que todas las máquinas están siendo utilizadas. Otra vez tiene que esperar. Finalmente, usted se sube a una máquina —no es la que realmente quería, pero que más da— y hace ejercicios por veinte minutos. Cuando ve la fila para la ducha, usted decide no darse ninguna, toma su ropa, y se marcha a casa. A la salida, usted ve al gerente del gimnasio y se queja por la gran cantidad de personas. Él le dice: «No se preocupe por eso. Vuelva en tres semanas, y tendrá el estacionamiento más cercano y todas las máquinas que quiera. ¡Para ese entonces, el noventa y ocho por ciento de la gente que está hoy en el gimnasio lo habrán abandonado!»

Una cosa es decidir hacer ejercicios, otra es hacerlos realmente. Ya que todos los demás se irán, usted tendrá que decidir si también se marchará como todos ellos o si usted se quedará en el gimnasio. Y esa es la auto administración.

Nada hará una mejor impresión sobre su líder que su capacidad de administrarse a sí mismo. Si su líder debe ocupar toda su energía dirigiéndolo a usted, entonces la percepción acerca de usted es de una persona difícil. Sin embargo, si usted se dirige bien a sí mismo, su jefe le verá como alguien que utiliza sus oportunidades al máximo y que es un gran apoyo. Esto hará que el líder se vuelva a usted cuando se sienta presionado o necesitado de ayuda.

LO QUE UN LÍDER DEBE ADMINISTRAR EN SÍ MISMO

Si usted quiere ganarse la credibilidad de su jefe y de otros, enfóquese en mantenerse al tanto de estas seis áreas:

1. MANEJE SUS EMOCIONES

Una vez oí que la gente con problemas emocionales tienen el ciento cuarenta y cuatro por ciento más de probabilidades de sufrir un accidente que aquellos que no los tienen. El mismo estudio claramente encontró que una de cada cinco víctimas en accidentes fatales había estado en una pelea con otra persona en un período no mayor de seis horas antes del accidente. Es importante saber controlar nuestras emociones. A nadie le gusta pasar el tiempo junto a una bomba de tiempo emocional que puede «explotar» en cualquier momento. Pero es especialmente vital que los líderes controlen sus emociones porque sus acciones afectan a muchas otras personas.

Los buenos líderes saben cuando mostrar sus emociones y cuando guardarlas. A veces ellos las muestran de modo que su gente pueda sentir lo que ellos sienten. Esto los impacta. ¿Es eso algo manipulador?

Creo que no, mientras los líderes lo hagan para el bien del equipo y no para su propia ganancia. Como los líderes ven más que otros y más allá que otros, ellos a menudo experimentan las emociones primero. Decirle al equipo lo que usted siente, es una magnifica manera de ayudarles a ver lo que usted ve.

En otros momentos, los líderes tienen que guardar sus sentimientos. En su libro, *Soldado estadounidense*, el general Tommy Franks escribe sobre un incidente devastador que ocurrió en Vietnam cuando él era un oficial de menor rango y el ejemplo que le dio el teniente coronel Eric Antilla, quien puso a los hombres que él mandaba antes que a sus propias necesidades emocionales:

> *Los buenos líderes saben cuando mostrar sus emociones y cuando guardarlas.*

> Estudié los ojos de Eric Antilla. Yo sabía que él estaba sobrecogido por la angustia, pero nunca lo mostró. Estábamos en la guerra; él mandaba tropas al combate. Y su resolución tranquila al enfrentarse con esta catástrofe nos dio a todos la fuerza que necesitábamos. Él se enfrentaría con el dolor en una hora, pero ahora era el momento de ser firme. En la guerra, es necesario que los comandantes sean capaces de detener sus emociones hasta que ellos puedan desahogarse con tranquilidad.[1]

Cuando digo que los líderes deberían detener sus emociones, no sugiero que ellos las nieguen o las sepulten. El punto fundamental en la dirección de sus emociones es que usted debería darle prioridad a otros, antes que a usted. El hecho de que usted detenga o demuestre sus emociones no debería ser para su propia gratificación. Usted debería preguntarse, *¿Qué necesita el equipo?* y no, *¿Qué me hará sentirme mejor?*

2. ADMINISTRE SU TIEMPO

Las cuestiones de administración del tiempo son muy difíciles para la gente en la zona intermedia. Los líderes superiores pueden delegar. Los trabajadores en la parte inferior tienen un horario definido. Les pagan un salario por hora, y ellos hacen lo que ellos pueden mientras están dentro de ese horario. Los líderes intermedios, mientras tanto, sienten el desafío de la tensión, y se les estimula —y a menudo se espera— que trabajen horas extras para realizar el trabajo.

El tiempo es valioso. El psiquiatra y autor M. Scott Peck dijo: «Hasta que usted se valore, usted no valorará su tiempo. Hasta que usted valore su tiempo, usted no hará nada con él». En *What to Do Between Birth and Death* (*Qué hacer entre el nacimiento y la muerte*), Charles Spezzano dice que la gente no paga por las cosas con dinero; ellos las pagan con el tiempo. Si usted se dice a sí mismo, *En cinco años, habré ahorrado lo suficiente para comprar aquella casa de vacaciones*, entonces lo que usted dice realmente es que la casa le costará cinco años. «La frase ocupar su tiempo no es una metáfora», dice Spezzano. «Es la forma real en que la vida funciona».

> «Hasta que usted se valore, usted no valorará su tiempo».
> —M. SCOTT PECK

En vez de pensar sobre lo que usted hace o lo que usted compra en términos de dinero, piense en ellos en términos de tiempo. Piénselo. ¿A qué vale la pena dedicar su vida? Ver su trabajo a través de esa perspectiva puede que cambie el modo en que usted administra su tiempo.

3. MANEJE SUS PRIORIDADES

Los mejores *líderes de 360°* son generalistas. Ellos saben mucho sobre muchas cosas. A menudo no tienen ninguna opción debido al desafío orquesta, pero al mismo tiempo, el viejo proverbio es verdadero: Si usted persigue a dos conejos, ambos se escaparán.

¿Qué debe hacer un líder intermedio? Ya que usted no es el líder superior, usted no tiene control sobre su lista de responsabilidades o su horario. Usted debería tratar de llegar al punto donde usted puede manejar sus prioridades y enfocar su tiempo de esta manera:

El 80 por ciento del tiempo: trabaje en su área fuerte.

El 15 por ciento del tiempo: trabaje en lo que está aprendiendo.

El 5 por ciento del tiempo: trabaje en otras áreas de necesidad.

Puede que esto no sea fácil de conseguir, pero debería esforzarse por lograrlo. Si usted tiene gente trabajando para usted, trate de darles las cosas que usted no hace bien pero que ellos sí. O de ser posible, intercambie algunas tareas con sus colegas de modo que cada uno de ustedes utilce sus áreas fuertes. Recuerde, el único modo de subir cuando uno está en la zona intermedia es cambiar gradualmente de generalista a especialista, de alguien que hace muchas cosas bien a alguien que se concentra en unas cosas que hace excepcionalmente bien. El secreto para hacer ese cambio es, a menudo, la disciplina. En *Good to Great (Bueno a grandioso)*, Jim Collins escribe:

> La mayor parte de nosotros tiene vidas muy ocupadas, pero muy indisciplinadas. Tenemos listas de «cosas que hacer» que siempre crecen, tratando de crear un impulso haciendo, haciendo, y haciendo más. Y esto rara vez funciona. Sin embargo, aquellos que desarrollan grandiosas compañías, utilizan las listas de «dejar de hacer» como las «de hacer» de la misma forma. Ellos demuestran una cantidad notable de disciplina para deshacerse de toda clase de basura extra.[2]

Usted debe ser despiadado en su juicio de lo que no debería hacer. Sólo porque le gusta hacer algo no significa que eso debería ser parte de su lista de quehaceres. Si esto le ayuda a crecer, hágalo. Si su líder le dice a usted que debería manejarlo personalmente, hágalo. Cualquier otra cosa pertenece a su lista de «dejar de hacer».

4. ADMINISTRE SU ENERGÍA

Algunas personas tienen que racionar su energía de modo que no se les acabe. Hasta hace unos años, yo no era así. Cuando la gente me preguntaba como lograba realizar tantas cosas, mi respuesta era siempre: «Mucha energía , poco coeficiente intelectual». Desde que era un niño, siempre me estaba moviendo. Yo tenía seis años cuando me di cuenta que mi nombre no era «Calma».

Ahora que tengo cincuenta y ocho años, tengo que cuidar mi nivel de energía. En *Piense para un cambio (Thinking for a Change)*, compartí una de mis estrategias para administrar mi energía. Cuando veo mi agenda cada mañana, me pregunto, *¿Cuál es el acontecimiento principal?* Ese es el asunto al que le tengo que dar lo mejor de mí. Puede ser mi familia, mis empleados, un amigo, mi editor, el patrocinador de un compromiso, o mi tiempo para escribir. Siempre me aseguro de tener la energía de hacerlo con excelencia. Incluso la gente con mucha energía puede perderla durante circunstancias difíciles. He observado

> *El mayor enemigo de los buenos pensamientos es la ocupación.*

que los líderes en zonas intermedias de una organización a menudo tienen que tratar con lo que llamo "El ABC del drenaje de energía».

Actividad sin dirección: hacer cosas que no parecen importantes.

Bastante carga sin acción: no poder hacer las cosas que realmente importan.

Conflicto sin resolución: no poder lidiar con lo que sucede.

Si usted se encuentra en una organización donde a menudo debe tratar con estos abeces, entonces usted tendrá que esforzarse aun más para manejar su energía correctamente. Puede hacer esto o si no, buscar un nuevo lugar para trabajar.

5. ADMINISTRE SUS PENSAMIENTOS

El poeta y novelista James Joyce dijo: «Su mente le devolverá exactamente lo que usted pone en ella». El mayor enemigo de los buenos pensamientos es la ocupación, y los líderes intermedios son por lo general la gente más ocupada en una organización. Si usted encuentra que el ritmo de vida que lleva no le permite detenerse a pensar, hágase el hábito de escribir al menos tres o cuatro cosas que requieren tiempo para planear. Saque un tiempo después para pensar en esas cosas. Quizás treinta minutos cuando se encuentre en casa, tal vez puede guardar una lista que pueda analizar el fin de semana. Eso si, no deje que la lista se haga tan larga que lo desaliente o lo intimide.

Estimulé a mis lectores del libro *Piense para un cambio (Thinking for a Change)*, a escoger un lugar para pensar, y les hablé de mi «silla de meditación» que tengo en mi oficina. No uso esa silla para nada más que no sea pensar. He descubierto desde la publicación del libro que no expliqué lo suficientemente bien cómo usar correctamente la silla de meditación. Gente en mis conferencias se me acercan y me dicen que ellos se sentaron en sus propias sillas de meditación y nada sucedió. Les explico que no me siento en aquella silla de meditación sin una agenda, como si creyera que una idea me va a caer del cielo. Lo que hago por lo general, es pensar en las cosas que he apuntado ya y que no pude reflexionar en ellas debido a lo ocupado del día. Tomo la lista, la pongo delante de mí, y dedico un buen rato a meditar en cada uno de los asuntos de esa lista. A veces evalúo una decisión que he hecho. A veces estudio detenidamente una decisión que tendré que hacer. A veces desarrollo una estrategia. En otros momentos trato de ser creativo para desarrollar una idea.

> *Un minuto de meditación es, a menudo, más valioso que una hora de conversación o de trabajo inesperado.*

Quiero animarle a tratar de administrar su manera de pensar de esta manera. Si usted nunca lo ha hecho antes, usted se asombrará de los resultados. Y recuerde: Un minuto > una hora. Un minuto de meditación es, a menudo, más valioso que una hora de conversación o de trabajo inesperado.

6. ADMINISTRE SUS PALABRAS

El legendario entrenador de baloncesto John Wooden dijo: «Muéstreme lo que usted puede hacer, no me lo diga». Pienso que casi todo líder ha dicho, o al menos pensado en esa frase en algún momento con respecto a sus empleados. Los líderes valoran la acción, y si ellos van a detener lo que están haciendo para escucharlo, las palabras que escuchen deben tener valor. Que valga la pena el tiempo ocupado.

En *The Forbes Scrapbook of Thoughts on the Business Life* (*Cuaderno de pensamientos sobre el mundo de los negocios de Forbes*), Emile de Girardin escribe: «El poder de las palabras es inmenso. Una palabra acertada puede detener un ejército, cambiar el fracaso en la victoria, y salvar un imperio». Si usted desea asegurarse que sus palabras lleven peso, entonces péselas bien. Las buenas noticias son que si usted administra su manera de pensar y aprovecha el tiempo, usted también verá una mejoría en el área de como administra sus palabras.

David McKinley, un *líder de 360°* de una gran organización en Plano, Texas, me contó sobre algo que le pasó en su primer trabajo después de graduarse de la Universidad. Él se disponía a hacer una visita importante y pensó que sería bueno que su jefe estuviera con él. Cuando ellos llegaron allí, David, en su entusiasmo, no dejó de hablar. Él no le dio a su líder ninguna posiblidad de hablar. Cuando regresaron al auto, el jefe de David le dijo: «Pude haberme quedado en la oficina». David me dijo:

«Aprendí una enorme lección ese día acerca de "mantenerme dentro de los límites" cuando estaba con mi jefe. Su consejo honesto y su corrección reforzaron nuestra relación y me han servido bien en muchas áreas de mi vida». Si usted tiene algo que vale la pena decir, dígalo brevemente y bien. Si no, a veces es mejor quedarse callado.

7. ADMINISTRE SU VIDA PERSONAL

Usted puede hacer todo lo correcto en el trabajo y dirigirse bien allí, pero si su vida personal es un lío, finalmente todo lo demás se echará a perder. ¿De qué le sirve a un líder subir a la cumbre del organigrama, pero perder un matrimonio o aislar a los niños? Hablándole como consejero de experiencia, puedo decirle que ningún éxito es más valioso que la familia.

> *Éxito significa que los más cercanos a mí sean los que me aman y respetan más.*

Durante años, una de mis definiciones del *éxito* ha sido: que los más cercanos a mí sean los que me aman y respetan más. Eso es lo más importante. Me interesa más el amor y el respeto de mi esposa, mis hijos, y mis nietos antes que el de cualquiera en mi trabajo. No me malentienda. Quiero que la gente que trabaja conmigo me respete también, pero no a costa de mi familia. Si fracaso en administrarme en mi casa, entonces el impacto negativo se desbordará en cada área de mi vida, incluso en el trabajo.

Si usted quiere dirigir a sus superiores, usted primero debe liderarse a sí mismo. Si usted no puede hacerlo, no tendrá ninguna credibilidad. He descubierto lo siguiente:

Si no puedo liderarme correctamente, los demás no me seguirán.

Si no puedo liderarme, los demás no me respetarán.

Si no puedo liderarme, los demás no se asociarán conmigo.

Eso aplica en cualquier momento sin importar si usted desea influir en las personas que están por encima de usted, a su lado, o debajo de usted. Entre más se asegure de que está haciendo lo que debe, mejor oportunidad tendrá de causar un impacto en los demás.

*Principio # 2 para dirigir a los líderes
que lo supervisan:*

ALIGERE LA CARGA DE SU LÍDER

Quizás haya escuchado el dicho en inglés: «Pass the Buck» (pasar la pelota), que significa evadir la responsabilidad. Una fuente dice que la expresión surge de cuando se jugaban naipes en el viejo oeste y se utilizaba un cuchillo de ciervo para repartir las cartas. Si alguien no quería repartirlas, él pasaba ese cuchillo de ciervo (Buck, en inglés) a otra persona.

Cuando Harry Truman fue presidente de los Estados Unidos, solía tener un letrero en su escritorio que decía «la responsabilidad es mía». Lo que él quería dar a entender es que sin importar cuántas personas trataran de evadir la responsabilidad en su cadena de mando, él sí aceptaría la responsabilidad. En un discurso en el National War College (*Colegio Nacional de Guerra*) el 19 de diciembre de 1952, Truman dijo: «Saben, es fácil para un mariscal de campo decir un lunes por la mañana lo que el entrenador debería haber hecho, después de que el juego ha terminado. Pero cuando la decisión está enfrente de ustedes, y en mi escritorio yo tengo un lema que dice: «la responsabilidad es mía», hay que tomar una decisión». En otra ocasión él dijo: «El presidente, quienquiera que sea, tiene que decidir. Él no puede pasar esa responsabilidad a nadie más. Nadie más puede hacer sus decisiones. Ese es su trabajo».[1]

La responsabilidad tiene mucho peso sobre los líderes. Entre más alto se encuentren en una organización, mayor responsabilidad tienen.

Como presidente de los Estados Unidos, Truman llevó el peso de la nación entera en sus hombros. Los líderes pueden dejar muchas cosas; pueden delegar muchas cosas. Lo único que un líder no puede hacer es no aceptar la responsabilidad final.

CÓMO LEVANTAR A SU LÍDER LO LEVANTA A USTED TAMBIÉN

Como empleado, usted puede hacer un par de cosas para su líder, puede hacer que la carga sea más ligera, o puede hacérsela más pesada. Es similar al principio del ascensor que menciono en el libro *Cómo ganarse a la gente*, y que dice: «Podemos elevar a los demás o llevarlos al suelo en nuestras relaciones». Si usted ayuda a levantar la carga, usted hará que su líder triunfe; cuando su jefe triunfa, la organización también lo hace. De la misma forma, es casi imposible que usted gane si su jefe fracasa.

> *Los líderes pueden dejar muchas cosas; pueden delegar muchas cosas. Lo único que un líder no puede hacer es no aceptar la responsabilidad final.*

Debo mencionar que los motivos realmente importan cuando se trata de llevar la carga de su jefe. Le estoy recomendando que le ayude a llevarla, no que la absorba completamente. Eso no quiere decir que las personas que son buenas con el jefe y esperan que eso les ayude en sus carreras tengan malos motivos o un carácter débil. Sólo significa que no han utilizado bien sus energías. Y un buen líder conoce la diferencia entre alguien que realmente desea ayudar y alguien que está tratando de quedar bien.

Hay muchos beneficios positivos al ayudar a levantar la carga de su líder. Aquí están algunos de ellos:

AYUDAR CON LA CARGA MUESTRA QUE USTED ES UN JUGADOR DE EQUIPO

Cuando pienso en un jugador de equipo consumado, pienso en Kirk Nowery, presidente de Injoy Stewardship Services. Cuando Kirk comenzó a trabajar con ISS, él era uno de nuestros «guerreros del camino». Él asesoraba iglesias y presentaba información de ISS a los pastores y a los líderes laicos, pero cada vez que yo veía a Kirk, solía hacerme la misma pregunta: «John, ¿hay algo que pueda hacer por ti?» Era su forma de decirme que él era un jugador de equipo, dispuesto a hacer lo que se necesitara para que ISS tuviera éxito. Ahora, Kirk está encargado de la compañía, y me sigue haciendo la misma pregunta cada vez que nos vemos. Y si le pido que haga algo, sea una gran meta para la compañía o que me ayude con algo personal, él realiza la tarea con excelencia.

AYUDAR CON LA CARGA DEMUESTRA UNA GRATITUD DE ESTAR EN EL EQUIPO

Un proverbio chino dice: «Aquellos que toman del agua, deben recordar a quienes hicieron el pozo». La gratitud es uno de los atributos personales más atractivos; algunas veces pienso que es uno de los que menos se practica. Tengo que decir que las personas que trabajan conmigo no son negligentes en esa área, continuamente muestran su gratitud al ayudarme con mi carga y quitarme peso de mis hombros; y como ellos me cuidan, yo trato de cuidarlos a ellos.

LO HACE PARTE DE ALGO MÁS GRANDE

En febrero del 2005, varios miembros del personal de EQUIP, varios entrenadores voluntarios de liderazgo y algunos donantes actuales y potenciales hicieron un viaje a Europa para lanzar allí el proyecto de *Un millón de líderes*. Reunirnos con líderes nacionales del Reino Unido, Alemania, Ucrania y Rusia fue una experiencia asombrosa.

Es verdad que cuando usted le ayuda a alguien superior a usted, eso lo hace a usted parte de algo más grande.

Hicimos mucho en 10 días. Con frecuencia volamos a un país en la mañana, visitamos algunos lugares en la tarde, y nos reunimos con líderes claves en la noche o al siguiente día. Entretanto que íbamos de lugar a lugar y viajábamos juntos en autobuses del aeropuerto al hotel o al salón de reuniones, Doug Carter, vicepresidente de EQUIP, nos recordaba continuamente la visión de EQUP y del proyecto *Un millón de líderes*, que consiste en entrenar y capacitar para ejercer su liderazgo espiritual a un millón de personas en seis continentes.

Doug es un gran líder. Él nos recordaba que lo que estábamos haciendo era parte de algo más grande que los eventos a los que íbamos. Es verdad que cuando usted le ayuda a alguien superior a usted, eso lo hace a usted parte de algo más grande. ¿Acaso no todos deseamos ser parte de algo significativo? Hay también otro beneficio de ser parte de algo mucho mayor, y es que lo hace a usted mucho mejor. Uno no puede contribuir en algo significativo sin que haya un cambio personal. Si usted quiere ser mejor de lo que es, sea parte de algo más grande que usted.

AYUDAR CON LA CARGA HACE QUE LO RECONOZCAN

Cuando usted le ayuda con la carga a alguien, se va a notar. Aun cuando otros no se den cuenta de lo que usted está haciendo, la persona a la que usted está ayudando, sí se dará cuenta. Por supuesto que ayudar a los demás no es algo de una sola vez. Usted no puede añadirles valor a las personas si les ayuda sólo una vez. Se necesita de un proceso continuo si usted desea que el valor que usted añade regrese a usted.

CON QUÉ FRECUENCIA USTED AYUDA	CÓMO REACCIONA EL LÍDER
Una o dos veces	«Gracias»
Muchas veces	«Te necesito»
Continuamente	«Permíteme ayudarte»

Si usted ayuda continuamente a los demás, entonces los demás le ayudarán más adelante. Aun si el líder a quien usted le está ayudando nunca se vuelve para ayudarle a usted, alguien que lo ha visto haciéndolo, le dará una mano. Recuerde, *no importa qué tan pesada es la carga, sino cómo ayuda usted a cargarla.*

AYUDAR CON LA CARGA AUMENTA SU VALOR Y SU INFLUENCIA

¿Tiene usted un amigo o un familiar que siempre hace que las cosas sean más fáciles para usted, que parece añadirle valor cada vez que usted y esa persona están juntos? Si lo tiene, le aseguro que esa persona tiene un lugar muy especial en su corazón. De la misma manera, los que ayudan con la carga tienen un lugar especial en los corazones de sus líderes.

Desde la perspectiva de un líder en la cima, la pregunta obligada es: «¿Me va mejor porque están ellos conmigo en el equipo?» Eso es lo que más le importa a un líder. Si usted hace que sus líderes se sientan que son mejores porque usted es parte del equipo, entonces su valor aumenta y lo mismo le pasa a su influencia. Yo me hago esa pregunta cada dos años después de contratar a alguien. Soy optimista por naturaleza, así que necesito tanto tiempo para que mi entusiasmo por ellos se atenúe y así mirar su desempeño de manera realista. Otros líderes quizás puedan hacer una evaluación justa en menos tiempo, pero también le recomiendo a los pesimistas que esperen dos años (que se deshagan de su escepticismo).

> *La ayuda que usted le da al líder, por lo general hace que el líder le ayude a usted.*

Cuando usted le ayuda a levantar la carga a un líder, su carga con certeza se vuelve más pesada. Está cargando con más cuando su liderazgo es intermedio y es ya difícil en sí. Sin embargo, esa ayuda que usted le da al líder, por lo general hace que el líder le ayude a usted.

CÓMO AYUDAR CON LA CARGA DEL LÍDER

Al ir leyendo acerca de las varias formas en que se le puede ayudar al líder con la carga y cómo esto le puede ayudar a usted, probablemente varias otras formas vengan a su mente. Le recomiendo que siga sus instintos, pero sólo en caso de que usted no esté seguro donde empezar, permítame darle unas sugerencias.

1. PRIMERO HAGA BIEN SU TRABAJO

El jugador de béisbol del salón de la fama Willie Mays dijo: «No es difícil ser bueno de vez en cuando en los deportes. Lo que es difícil es ser bueno todos los días». Cuando usted es bueno todos los días, usted da el primer paso para levantar la carga de su líder, está previniendo para que no tenga que levantar la suya.

Una vez tuve un empleado que me decía continuamente que me quería ayudar. Al principio pensé, ¡caramba, qué actitud! pero luego comencé a notar algo. A pesar de sus constantes peticiones para ayudarme, parecía nunca poder hacer bien su trabajo. Después de ver que esto era un patrón, me senté con él y le dije que la mejor forma de ayudarme era si él hacia su trabajo. Pero adivine. Siguió preguntando cómo ayudarme pero sin lograr hacer bien su propio trabajo. Finalmente entendí que lo que deseaba era pasar más tiempo conmigo y no era ayudarme. Con el tiempo tuve que despedirlo.

2. CUANDO ENCUENTRE UN PROBLEMA, PROVEA LA SOLUCIÓN

Me encanta la tira cómica de Peanuts cuando Lucy se acerca a Charlie Brown, quien está apoyado en una pared escondiendo su cabeza dentro de sus manos. Ella lo ve y le dice: «¿Desanimado de nuevo, Charlie Brown?»

«¿Sabes cuál es tu problema?» le dice cuando él no responde. «¡El problema es que tú eres tú!»

«Y entonces, ¿qué puedo hacer?» Le responde exasperado.

Lucy le contesta: «No estoy aquí para aconsejarte sino para señalar el problema».

Los que ayudan a levantar la carga no siguen el camino de Lucy. Son más bien como Henry Ford, que dijo: «No busque la falla, busque el remedio».

> «No es difícil ser bueno de vez en cuando en los deportes. Lo que es difícil es ser bueno todos los días».
> —WILLIE MAYS

En una organización que dirigí yo hace muchos años, me parecía tener muchos «Lucys» trabajando para mí, ya que constantemente me presentaban problemas y luego se iban para buscar más problemas. Decidí poner una regla. Cualquiera que trajera un problema y quisiera que yo le ayudara, debía traerme también tres soluciones potenciales antes de venir a verme. ¿Usted cree que hice eso porque no quería ayudarle a nadie? No, lo hice porque quería que aprendieran a ayudarse a sí mismos. Pronto se volvieron creativos e ingeniosos. Con el tiempo necesitaban menos ayuda, y se convirtieron en mejores líderes que tomaban decisiones.

3. Dígale a los líderes lo que necesitan oír, no lo que quieren oír

Debido a su intuición, los buenos líderes con frecuencia ven más que los demás, y ven antes que otros. ¿Por qué? Porque todo lo ven desde una perspectiva de liderazgo. Pero si la organización que dirigen se hace más grande, con frecuencia pierden esa perspectiva. En otras palabras, se desconectan. ¿Cuál sería el remedio para ese problema? Les piden a las personas de su círculo íntimo que vean cosas por ellos.

La mayoría de los buenos líderes desean la perspectiva que sus personas de confianza ven. El experto en ventas Burton Bigelow dijo: «Muy pocos ejecutivos grandes desean estar rodeados de personas que sólo saben decir "Si". Su más grande debilidad es el hecho de que esas personas construyen una pared ficticia alrededor del ejecutivo, cuando él sólo desea la verdad».

> «Muy pocos ejecutivos grandes desean estar rodeados de personas que sólo saben decir "Si"».
> —BURTON BIGELOW

Una de las formas para convertirse en una persona en la que los líderes confían es decir la verdad. Uno de las personas que me ayuda a llevar mi carga es Linda Eggers, mi asistente. Cada vez que me reúno con Linda, le pido que me mantenga al tanto. Y créame, confío totalmente en ella. Tener a Linda trabajando a mi lado, es como tener un cerebro extra.

Al principio de nuestra relación de trabajo, le pedí a Linda que fuera honesta conmigo cuando tenía que darme malas noticias. No quería que ella se anduviera por las ramas, si iba a tener malas noticias, las quería de manera directa. Le prometí a Linda que no me desquitaría con ella. Si usted habla con ella, creo que ella confirmaría que he mantenido esa promesa.

Si usted nunca les ha hablado a sus líderes ni les ha dicho lo que ellos necesitan escuchar, va a necesitar de mucho valor. Tal como lo hizo el general y luego presidente Dwight D. Eisenhower en la Segunda Guerra Mundial al decir: «Un corazón audaz ya ha ganado la mitad de la batalla». Si está dispuesto a hablar, usted puede ayudarles a sus líderes y a usted mismo. Comience con algo pequeño y sea diplomático. Si su líder es receptivo, sea más franco con él cada vez. Si usted nota que su líder no sólo está dispuesto a escucharlo sino que desea su perspectiva, entonces siga el ejemplo de Rod Loy.

Antes que Rod fuera el líder principal de su organización, con frecuencia se recordaba a sí mismo que él era un embudo, no un filtro, en lo que respecta a darle información a su líder. Se puso una meta de reducir la información hasta la esencia, de tal forma que pudiera ahorrarle tiempo a su líder, pero estaba consciente de que no iba a «colorear la situación» de manera que el impacto fuera menor. Él sabía que su líder deseaba la verdad de él. Si usted trabaja con buenos líderes, también es eso lo que ellos desean de usted.

4. DÉ UN PASO MÁS

El experto en ventas y conferencista motivador Zig Ziglar dijo: «Si uno va un kilómetro más, allí no hay congestionamientos». Cuando usted hace más de lo que le piden, con seguridad usted sobresaldrá de los demás. Cuando usted tiene una actitud de esfuerzo total a ayudar a la organización, usted emergerá como un jugador ofensivo. (Hablaré más de esto en el capítulo 8). Las personas que sobresalen de la multitud se convierten generalmente en parte el círculo íntimo del líder.

> *«Si uno va un kilómetro más, allí no hay congestionamientos».*
> —ZIG ZIGLAR

Los líderes esperan más de su círculo íntimo. Esperan una actitud mental de dar un paso más. Esperan el esfuerzo extra, la responsabilidad extra, y el pensamiento extra, pero los buenos líderes también dan un paso más a cambio.

5. APOYE A SU LÍDER CADA VEZ QUE PUEDA

Ayudar a su líder significa apoyarlo y defenderlo cuando sea necesario. El antiguo general del ejército y ex secretario de estado Colin Powel dijo: «Cuando estamos debatiendo algo, la lealtad significa darme su opinión honesta, sin pensar si me gustará o no. El desacuerdo en ese momento me estimula, pero una vez que una decisión ha sido tomada, el debate acabó. De allí en adelante, la lealtad significa ejecutar la decisión como si fuera la suya».

6. SUSTITUYA A SU LÍDER CUANDO PUEDA

Cada empleado en una organización es un representante de esa organización. Y los individuos de todos los niveles también representan a los líderes para quienes trabajan. Por eso, ellos pueden decidir dar un paso al frente y sustituir a sus líderes, representándolos bien y sirviendo a la organización.

Hace varios años, solía decirles a los nuevos líderes que contrataba que cada persona en nuestra organización caminaba con dos cubetas. Una cubeta contenía agua y la otra contenía gasolina. Como líderes, ellos continuamente verían pequeños incendios, y podían echarle agua o gasolina al fuego. Era su decisión.

Por supuesto, sustituir a su jefe no significa encargarse de las cosas negativas solamente. Rod Loy, quien era un excelente sustituto de su jefe cuando era un líder intermedio de una organización, solía decirle a su jefe: «Si alguien le agradece y usted no sabe de qué habla, sólo dígale: «de nada». ¿Por qué decía eso Roy? Porque cada vez que él veía a alguien que estaba haciendo algo bien en la organización, él le enviaba flores, un regalo, o una nota de agradecimiento en nombre del jefe. Rod le llamaba: «Apreciando al empleado». Él sabía que una palabra positiva de parte del líder superior significaba más para las personas que una palabra positiva de parte de él. Esa es la clase de valor añadido que ningún líder puede resistir.

7. PREGÚNTELE A SU LÍDER COMO PUEDE AYUDARLE A LLEVAR LA CARGA

Es bueno anticipar lo que su líder quiere o necesita, pero es aun mejor ir y preguntarle. Si usted está haciendo su propio trabajo y lo hace bien, es muy probable que su líder disfrute al decirle cómo puede usted ayudarle.

Por muchos años he trabajado como asesor y conferencista y he descubierto que hay dos instancias que las personas en esos ámbitos toman. Un tipo de asesor entra en una organización y dice: «Esto es lo que yo sé; siéntense y escuchen». Otro dice: «¿qué necesito saber? Trabajaremos juntos en esto». De la misma forma, algunos conferencistas llegan a sus compromisos con la idea que ese es su momento de lucimiento, y pueden decirle rápidamente en que puede usted ayudarles.

Otros conferencistas reconocen que es el momento para añadir valor al líder que los invitó.

Conforme he crecido en madurez y experiencia, he tratado de convertirme en un comunicador del segundo grupo. Al igual que muchos líderes, al principio me enfocaba en mí mismo, pero con el tiempo logré reconocer que cuando me invitaban a hablar, estaba allí para servir a los líderes que me invitaron. Quería añadirles valor a ellos, ayudarles a levantar su carga si podía. Para hacer eso les hacía tres preguntas:

- «¿Puedo decir algo que usted ya *haya dicho* antes de tal forma que pueda ser otra voz?»

- ¿Puedo decir algo que a usted *le gustaría decir pero que no puede* de tal forma que yo pueda ser una voz que necesita?»

- ¿Puedo decir algo que usted *no haya dicho* antes de tal forma que sea la primera voz?

La mayoría del tiempo, los buenos líderes dicen sí a esas peticiones. Siempre están pensando en el futuro, pensando a donde llevar a la organización y cómo hacerlo. Cuando alguien les pregunta cómo puede ayudar, esos líderes están encantados. Lo único que se necesita es que alguien les pregunte.

Principio # 3 para dirigir a los líderes
que lo supervisan:

ESTÉ DISPUESTO A HACER LO QUE OTROS NO HARÁN

«Las personas exitosas hacen cosas que las personas que no
tienen éxito no están dispuestas a hacer».
—JOHN C. MAXWELL

S e dice que un grupo de ayuda en África del sur le escribió una vez al misionero y explorador David Livingstone preguntándole: «¿Ha encontrado un buen camino hasta donde usted está? Si es así, deseamos enviarle otras personas para que le ayuden».

Livingstone respondió: «Si tienen hombres que sólo vendrán si existe un buen camino, no los necesito. Necesito hombres que vengan aunque no exista ningún camino».

> *Son pocas cosas las que un líder superior aprecia más que un empleado con una actitud de apoyo total.*

Eso es lo que los líderes principales desean de las personas que trabajan con ellos: necesitan individuos que estén dispuestos a hacer lo que otros no hacen.

Son pocas cosas las que un líder superior aprecia más que un empleado con una actitud de apoyo total. Eso es lo que los *líderes de 360°* deben tener. Deben estar dispuestos a pensar más allá de su descripción de trabajo, deben estar dispuestos de encargarse de la clase de trabajos que otros no quieren hacer. Esas cosas son las que con frecuencia diferencian a los *líderes de 360°* de sus compañeros de trabajo. Y recuerde, darse a notar es uno de los primeros pasos para influir en la persona que está por encima de usted.

LO QUE SIGNIFICA HACER LO QUE OTROS NO HARÁN

Quizás usted posea una mentalidad de apoyo total, y si la tarea es honesta, ética y beneficiosa, usted está dispuesto a hacerla. Si es así, ¡lo felicito! Ahora lo que necesita es saber cómo dirigir esa actitud y convertirla en acción para que pueda causar el mayor impacto e influir en los demás. Le recomiendo las siguientes diez cosas para convertirse en un *líder de 360°* que dirige a los líderes que lo supervisan.

1. UN LÍDER DE 360° SE ENCARGA DE LOS TRABAJOS DIFÍCILES

La capacidad para lograr las tareas difíciles se gana el respeto de los demás rápidamente. En *Desarrolle el líder que está en usted*, señalo que una de las formas más rápidas de obtener liderazgo es resolviendo problemas.

Los problemas surgen continuamente en el trabajo, en el hogar y en la vida en general. He observado que a la gente no le gustan los problemas, se cansa pronto de ellos, y hará todo lo posible para librarse de los mismos. Esto provoca que otros pongan las riendas del liderazgo en sus manos, *si* usted está dispuesto y puede atacar los problemas de otros, o capacitarlos para resolverlos. Sus habilidades para resolver problemas serán siempre necesarias, pues la gente siempre tiene problemas.[1]

No sólo el tomar los trabajos difíciles le da respeto, sino que también le ayuda a ser un mejor líder. Usted aprende resistencia y tenacidad durante los trabajos difíciles, no con los fáciles. Cuando se tienen que tomar decisiones difíciles y los resultados no se logran con facilidad, es cuando se forjan los líderes.

> *Usted aprende resistencia y tenacidad durante los trabajos difíciles, no con los fáciles. Cuando se tienen que tomar decisiones difíciles y los resultados no se logran con facilidad, es cuando se forjan los líderes.*

2. EL LÍDER DE 360° PAGA SUS CUOTAS

El ex senador de los Estados Unidos, Sam Nunn dijo: «Usted tiene que pagar el precio. Usted se da cuenta que todo en esta vida tiene un precio y tendrá que decidir si ese precio vale la pena». Para convertirse en un *líder de 360°*, usted tiene que pagar un precio. Tendrá que ceder otras oportunidades para poder dirigir. Tendrá que sacrificar algunas metas personales por amor a los demás. Tendrá que salirse de su zona de comodidad y hacer cosas que nunca había hecho antes. Tendrá que seguir creciendo y aprendiendo aunque no lo desee. Tendrá que poner a otros antes que usted constantemente. Y si usted desea ser un buen líder, tendrá que hacer estas cosas sin fanfarria y sin quejas. Pero recuerde, tal como lo dijo la leyenda de fútbol americano George Halas: «Nadie que alguna vez haya dado lo mejor de sí, se ha arrepentido de ello».

3. EL LÍDER DE 360° TRABAJA EN EL ANONIMATO

Tengo en alta estima la importancia del liderazgo. Creo que eso es obvio para alguien que tiene el lema: «Todo se levanta o recae en el liderazgo». Ocasionalmente alguien me preguntará cómo encaja el ego en la ecuación del liderazgo. Quieren saber lo que hace que un líder no tenga un gran ego. Creo que la respuesta yace en el sendero que el líder ha tomado hacia el liderazgo. Si las personas han pagado sus cuotas y dan lo mejor de sí en el anonimato, el ego generalmente no es un problema.

Uno de mis ejemplos favoritos ocurrió en la vida de Moisés en el Antiguo Testamento. Aunque nació siendo hebreo, vivió una vida de privilegios en el palacio de Egipto hasta que tenía 40 años. Pero luego de matar a un egipcio, fue exiliado al desierto por otros 40 años. Dios lo utilizo allí como pastor y como padre, y luego de cuatro décadas de servicio fiel en el anonimato, Moisés fue llamado al liderazgo. La Escritura nos dice que para ese momento era el hombre más manso en la Tierra. Bill Purvis, pastor de una gran iglesia en Columbus, Georgia dijo: «Si usted hace lo que puede, con lo que tiene, donde se encuentre, entonces Dios no lo dejará donde se encuentra y aumentará lo que usted tiene».

La escritora, novelista y poeta Emily Bronte dijo: «Si pudiera trabajaría siempre en silencio y en anonimato para que mis esfuerzos sean conocidos por los resultados». No todos quieren estar fuera de la «cámara», como ella. Pero es importante que un líder aprenda a trabajar en el anonimato ya que es una prueba de integridad personal. La clave es estar dispuesto a hacer algo porque es importante, no porque usted será notado.

4. EL LÍDER DE 360° TRIUNFA HASTA CON PERSONAS DIFÍCILES

Las personas que trabajan en la parte inferior de una organización por lo general no deciden con quien trabajan. Como resultado, con frecuencia tienen que trabajar con personas difíciles. En contraste, las personas en la parte superior casi nunca tienen que trabajar con personas difíciles porque pueden escoger con quien trabajar. Si alguien con quien trabajan se pone difícil, lo despiden o lo cambian de posición.

Para los líderes intermedios, el camino es diferente. En parte pueden escoger, pero no tiene el control total. Tal vez no tengan la posibilidad de deshacerse de las personas difíciles pero pueden evitar trabajar con ellas. Pero los buenos líderes, aquellos que aprenden a *dirigir a los líderes que los supervisan, que lideran lateralmente a sus compañeros, y que guían a sus subordinados*, encuentran

> *Usted no tiene derecho de poner a la organización en peligro... Si va a tomar un riesgo, usted debe ponerse en la línea de ataque.*

la forma de triunfar con las personas con las que es difícil trabajar. ¿Por qué lo hacen? Porque beneficia a la organización. ¿Cómo lo hacen? Se esfuerzan en encontrar un común denominador y en comunicarse con ellos. Y en lugar de poner a esas personas difíciles en su lugar, tratan de ponerse a sí mismos en el lugar de ellos.

5. EL LÍDER DE 360° SE PONE EN LA LÍNEA DE ATAQUE

Mencioné previamente que si usted quiere dirigir a los líderes que lo supervisan, usted debe distinguirse de sus colegas. ¿Cómo puede hacer eso, especialmente si está pagando el precio, o si está trabajando en el anonimato? Una forma es tomando el riesgo. Usted no puede tratar de ir a la segura y sobresalir al mismo tiempo.

Esto es lo delicado de tomar riesgos en el liderazgo intermedio de la organización. No tome a la ligera arriesgar lo que no es suyo. Yo le llamo a eso: «apostar con dinero ajeno». Usted no tiene derecho de poner a la organización en peligro. Tampoco tiene derecho de crear un riesgo alto para los demás de la organización. Si va a tomar un riesgo, *usted* debe ponerse en la línea de ataque. Sea inteligente, pero arriésguese.

6. EL LÍDER DE 360° ADMITE LAS FALLAS PERO NO DA EXCUSAS

Es más fácil ir del fracaso al éxito que de las excusas al éxito. Y usted tendrá una mayor credibilidad con su líder si admite sus defectos y no da excusas. Le garantizo eso. Por supuesto, eso no significa que no necesita producir resultados. El entrenador de béisbol McDonald Valentine dijo:

«Entre más alto sea el nivel de juego, menos excusas existen».

La parte intermedia de una organización es un buen lugar para descubrir su identidad y para resolver problemas. Allí puede descubrir cuáles son sus puntos fuertes del liderazgo. Si se equivoca en un área, puede esforzarse para dejar de cometer esos errores. Si sigue equivocándose de la misma manera, debe aprender entonces cómo vencer ese obstáculo, o puede descubrir un área de debilidad donde necesitará colaborar con los demás. Pero sin importar la circunstancia, no utilice excusas. Steven Brown, presidente del grupo Fortune, lo resumió de esta forma: «Existen, esencialmente, dos acciones en la vida: El desempeño y las excusas. Decida cuál será la suya».

> *Es más fácil ir del fracaso al éxito que de las excusas al éxito.*

7. EL LÍDER DE 360° HACE MÁS DE LO QUE SE ESPERA

Las expectativas son altas para las personas que están en la cima. Y desafortunadamente, en muchas organizaciones las expectativas de las personas en la parte inferior son bajas, pero las expectativas en la parte intermedia están mezcladas. Así que si usted hace más de lo que se espera, usted sobresaldrá y con frecuencia los resultados serán maravillosos y se darán por sí mismos.

Chris Hodges, pastor titular quien es además donante y entrenador voluntario de EQUIP, trabajaba como miembro del personal de una gran iglesia en Baton Rouge, cuando su jefe, Larry Stockstill, tuvo la oportunidad de convertirse en el anfitrión de un programa de televisión en vivo. Chris no tenía responsabilidades relacionadas con el programa y de hecho, tampoco en la jerarquía de la organización, pero sabía que el programa era importante para Larry, así que Chris decidió ir al estudio para ver la primera grabación. Sucedió que él era el único miembro del personal que estaba allí.

Había una gran emoción en el estudio al irse acercando la hora del primer programa. Esa emoción pronto se convirtió en pánico cuando el invitado que iba a aparecer en el programa llamó diciendo que iba a llegar retrasado. El invitado no se sentía preocupado, porque pensaba que ellos podrían comenzar la grabación más tarde. Él no sabía que el programa iba a salir en vivo.

En ese momento, Larry miró a su alrededor, vio a Chris y le dijo: «Hoy vas a ser nuestro invitado». El personal de la televisora se apresuró, le puso un micrófono a Chris, un poco de maquillaje en el rostro y lo sentaron en la silla junto a Larry. Entonces, para asombro de Chris, cuando las luces se encendieron y las cámaras comenzaron a filmar, Larry presentó a Chris como su co anfitrión.

Chris se convirtió en el co anfitrión del programa junto con Larry por dos años y medio. La experiencia lo cambió para siempre. No sólo desarrolló una relación con su líder, sino que también lo hizo famoso en la comunidad. Más importante aún, aprendió a pensar y a ser un mejor comunicador, habilidades que le han ayudado toda su vida. Y todo sucedió porque él decidió hacer más de lo que se esperaba de él.

8. EL LÍDER DE 360° DA EL PRIMER PASO Y AYUDA

En el libro *25 Maneras de ganarse a la gente*, señalé que ser el primero en ayudar a los demás es una manera grandiosa de hacerle sentirse muy valioso. Les hace saber que usted se preocupa por ellos. La clase de influencia que usted tiene al ayudar a sus compañeros de trabajo también la tiene con su líder cuando usted da el primer paso y ayuda a los demás. ¿No le parece cierto todo lo siguiente?

- La primera persona en ser voluntaria es un héroe y se le da el tratamiento de «10».

- La segunda persona se le considera un ayudante y se le ve como alguien un poco mayor al promedio.

- La tercera persona, junto con los demás, se le ve como seguidor y es ignorada.

No importa a quien esté usted ayudando, sea su jefe, un compañero de trabajo o alguien que trabaja para usted, cuando ayuda a alguien en su equipo, le ayuda a todo el equipo. Y cuando le ayuda al equipo, usted está ayudando a sus líderes. Y eso les da razones para que lo aprecien y lo noten.

9. EL LÍDER DE 360° DESEMPEÑA LAS TAREAS QUE «NO SON SU TRABAJO»

Hay pocas cosas más frustrantes para un líder que tener a alguien que rechace hacer una tarea porque «no es su trabajo». (En momentos así, la mayoría de los líderes principales que conozco se sienten tentados a dejar sin trabajo a tales personas.) Los buenos líderes no piensan en esos términos. Ellos comprenden la ley del cuadro completo que aparece en *Las 17 leyes incuestionables del trabajo en equipo: «La meta es más importante que la participación individual».*

El objetivo de un *líder de 360°* es realizar el trabajo, desarrollar la visión de la organización y de su líder. Con frecuencia eso significa hacer lo que sea. Entre más «asciende» un líder principal, con más frecuencia significa contratar a alguien más para que lo realice, pero los líderes intermedios no tienen esa opción. Por eso, ellos tienen que hacerlo por sí mismos.

10. EL LÍDER DE 360° SE RESPONSABILIZA POR SUS ACCIONES

Recientemente vi una caricatura donde un padre está leyéndole un libro a su hijo a la hora de dormir. El título del libro decía: La historia de Job, y el niño le preguntaba a su padre: «¿Por qué no demandó a nadie?»

¿No es esa la forma en que muchas personas piensan ahora? La reacción común hacia la adversidad es culpar a alguien más. Esto no sucede con los *líderes de 360°*. Ellos aceptan sus responsabilidades al 100%.

La falta de responsabilidad puede ser la ruptura de un acuerdo para los que trabajan conmigo. Si mis empleados no hacen su trabajo, ciertamente me decepciono. Pero estoy dispuesto a trabajar con ellos y ayudarles a progresar, si ellos se responsabilizan de sí mismos. Sé que harán un mejor trabajo si se sienten parte de la organización y tienen espíritus deseosos de aprender. No existe un lugar para comenzar en lo que respecta al progreso, si ellos no realizan su trabajo y no se responsabilizan. En tales casos, es momento de buscar a alguien para que tome su lugar.

J. C. Penney decía: «A menos que usted esté dispuesto a emparparse de su trabajo más allá de la persona promedio, usted no estará listo para estar en posiciones altas». Yo diría que tampoco está preparado para tener un liderazgo intermedio. Las personas que desean ser eficaces están dispuestas a hacer lo que los demás no hacen. Y por eso sus líderes están dispuestos a capacitarlos, promoverlos y ser influidos por ellos.

NO ADMINISTRE SOLAMENTE ¡DIRIJA TAMBIÉN!

L as personas a veces me piden que les explique la diferencia entre administración y liderazgo.

En pocas palabras es: Los administradores trabajan con el proceso, los líderes trabajan con las personas. Ambos son necesarios para hacer que una organización vaya sobre ruedas, pero tienen diferentes funciones.

Para entender lo que digo, piense en algunas de las cosas que deben suceder en un barco militar para que funcione adecuadamente. El barco debe navegarse, debe tener gasolina y suministros. Tiene varios sistemas de armas que deben mantenerse bajo control. El mantenimiento rutinario del barco es interminable y existen docenas de procesos relacionados al personal que trabaja a bordo del barco.

Todos estos procesos deben ser supervisados. Existen procedimientos que deben ser seguidos, horarios que deben ser creados, inventarios que deben ser mantenidos. Estas cosas nunca sucederán si no hay personas que las administren. Y si no son administradas, el barco nunca podrá cumplir su propósito.

Entonces, ¿Cuál es el papel de un líder? Los líderes dirigen a las personas que administran los procesos. Si todo el trabajo de una organización fuera desempeñado por máquinas, y los procesos fueran monitoreados y controlados por computadoras, esa organización no necesitaría líderes. Pero las personas realizan el trabajo y administran los procesos. Y las personas no funcionan como las máquinas. Tienen sentimientos. Piensan. Tienen problemas, esperanzas y sueños. Aunque las personas pudieran ser administradas, ellas prefieren ser dirigidas. Y cuando son dirigidas, se desempeñan a un nivel más alto.

Todavía no he conocido un líder que no sea también un buen administrador. Comienzan administrándose a ellos mismos. Una vez que hacen eso bien, aprenden a administrar dentro de su área de experiencia. Luego añaden eso a las habilidades necesarias para trabajar e influir en otros. Aprenden a comprender las dinámicas de liderazgo. Tal como lo dijo Tom Mullins: «Los líderes deben ser buenos administradores, pero la mayoría de los administradores no necesariamente son buenos líderes».

> *«Los líderes deben ser buenos administradores, pero la mayoría de los administradores no necesariamente son buenos líderes».*
> —Tom Mullins

El liderazgo es algo más que la administración. El liderazgo es:

- Personas más que proyectos.
- Movimiento más que mantenimiento.
- Arte más que ciencia.
- Intuición más que fórmula.
- Visión más que procedimiento.
- Riesgo más que precaución.
- Acción más que reacción.
- Relación más que reglas.

Quién es usted es más importante que lo que hace.
Si usted desea influir en los demás, debe aprender a dirigir.

Ir más allá de la administración

Si usted es bueno para hacer su trabajo y para administrar los procesos, usted va en camino hacia el liderazgo. Pero para ir más allá de la administración hacia el liderazgo, usted necesita ampliar su mentalidad y empezar a pensar como un líder. Si usted ya está dirigiendo bien, entonces utilice esta lista para ver en qué necesita crecer.

1. LOS LÍDERES PIENSAN A LARGO PLAZO

Muchas personas en las organizaciones no miran hacia el futuro. Son como la persona que decía: «Mi departamento tiene un plan a corto plazo y un plan a largo plazo. Nuestro plan a corto plazo es mantenernos a flote lo suficiente como para poder empezar a realizar nuestro plan a largo plazo». Pero un *líder de 360°* se enfoca en más que en la tarea que tiene enfrente y se fija en algo más que lo que sucede en el momento. Ellos miran hacia adelante, sea por unas pocas horas, unos pocos días o unos pocos años.

La mayoría de las personas evalúan los eventos en sus vidas según la forma en que sean afectados de manera personal. Los líderes piensan en un contexto más amplio.

Por necesidad, los administradores tienen que vivir en el momento. Trabajan para mantener las cosas sobre ruedas. Alguien dijo una vez que los administradores son personas que hacen las cosas bien, mientras que los líderes son personas que hacen lo correcto. En otras palabras, los líderes tienen la responsabilidad de asegurarse que las cosas correctas se hagan bien para que la organización se esfuerce mañana tanto como lo hizo hoy.

Eso requiere de un pensamiento a largo plazo. Aunque los buenos administradores pueden mantener la producción funcionando a bajo costo y eficientemente, de nada serviría si esa producción siguiera creando teléfonos de disco.

2. LOS LÍDERES VEN DENTRO DE UN CONTEXTO MÁS AMPLIO

La mayoría de las personas evalúan los eventos en sus vidas según la forma en que sean afectadas de manera personal. Los líderes piensan en un contexto más amplio. Comienzan preguntándose: ¿Cómo impactará esto a mi personal? Pero también se fijan en cómo impactar a los que están arriba y al lado de ellos. Tratan de ver todo en términos de la organización y más allá.

Los líderes efectivos saben dar respuestas a las siguientes preguntas:

- ¿Cómo encajo en mi área o departamento?
- ¿Cómo encajan todos los departamentos en la organización?
- ¿Cómo encaja nuestra organización en el mercado?
- ¿Cómo se relaciona nuestro mercado con respecto a las otras industrias y a la economía?

Y entre tanto que las industrias en nuestra economía se hacen más globales, muchos líderes buenos siguen pensando aun ¡más ampliamente!

Usted no tiene que convertirse en un ecónomo global para dirigir efectivamente desde la parte intermedia de su organización. El punto es que los *líderes de 360°* ven su área como parte de un proceso más grande, comprenden como las piezas del rompecabezas se deben acomodar. Si usted desea ser mejor líder, entonces amplíe su mentalidad y mire las cosas desde una perspectiva más amplia.

3. Los líderes sobrepasan los límites

Las personas están entrenadas a seguir reglas desde que son niños: Haga fila. Haga la tarea. Levante la mano para hacer una pregunta. La mayoría de las reglas son buenas porque nos ayudan a no vivir en un caos. Y la mayoría de los procesos son gobernados con reglas. Si usted deja caer un ladrillo de un segundo piso, usted sabe que va caer al suelo. Si usted olvida hacer la orden por más suministros, se le van a acabar las grapas. Causa y efecto, ni más ni menos.

Los administradores con frecuencia se apoyan en reglas para asegurarse que los procesos que supervisan se mantengan en línea. De hecho, la auto administración, de la que hablé en el principio # 1 de esta sección, es básicamente tener la disciplina de seguir la reglas que uno se pone a sí mismo. Pero para ir más allá de la administración, tiene que aprender a pensar fuera de los límites.

Los líderes sobrepasan los límites. Ellos desean encontrar una mejor manera. Desean hacer mejoras. Quieren ver progreso. Todas estas cosas significan hacer cambios, abandonar viejas reglas, inventar nuevos procedimientos. Los líderes están constantemente preguntándose:

«¿Por qué lo hacemos de esta forma?» O «intentemos esto». Los líderes desean alcanzar nuevos territorios, y eso significa cruzar los límites.

4. LOS LÍDERES PONEN EL ÉNFASIS EN LAS COSAS INTANGIBLES

Las cosas que las personas pueden administrar son generalmente tangibles y medibles. Proveen una evidencia concreta. Usted puede evaluarlas de manera lógica antes de tomar decisiones. El liderazgo realmente es un juego de intangibles. ¿Qué podría ser más intangible que la influencia? Los líderes tratan con cosas como la moral, la motivación, el ímpetu, las emociones, las actitudes, la atmósfera, y el tiempo. ¿Cómo mide usted el tiempo antes de hacer algo? ¿Cómo sabe dónde está el ímpetu? Es algo muy intuitivo. Para medir tales cosas, uno tiene que analizarlas. Los líderes tienen que estar cómodos, más que eso, confiados, al tratar con tales cosas.

Muchas veces los problemas que los líderes enfrentan en las organizaciones no son los verdaderos problemas. Por ejemplo, digamos que un departamento ha sobrepasado su presupuesto en más de $100.000 al final de un trimestre. Su problema no es un problema de dinero. El déficit es sólo la evidencia del problema. El verdadero problema puede estar en la moral del equipo de ventas, o el tiempo de lanzamiento de un producto, o en la actitud del líder del departamento. Un líder necesita aprender a enfocarse en tales cosas.

Me encanta la forma en que el general del ejército ya pensionado, Tommy Franks se ha disciplinado para mirar las cosas intangibles y prepararse para ellas. Cada día de su carrera desde el 23 de febrero de 1988, ha ido a su trabajo pensando en lo que sucederá en su día. En la mañana, coloca una tarjeta en blanco cerca de su calendario y escribe a un lado la fecha y las palabras: «Los retos más grandes que puedo enfrentar hoy». Debajo escribe los cinco problemas más importantes que puede enfrentar. En la parte de atrás escribe: «Las oportunidades que pueden aparecer hoy» y las pone en una lista.

Franks dice: «Cada mañana desde ese jueves en febrero de 1988, anotaba los retos y las oportunidades que podían ocurrir ese día. Más de cinco mil tarjetas después, todavía lo hago. La tarjeta por sí misma no es importante; prepararme para cada día sí lo es».

5. LOS LÍDERES APRENDEN A CONFIAR EN SU INTUICIÓN
¿Cómo aprenden los líderes a trabajar con intangibles? Ellos aprenden a confiar en su intuición. Me encanta lo que la psicóloga Joyce Brothers dijo: «Confía en tus corazonadas porque usualmente están basadas en hechos archivados debajo del nivel subconsciente». Entre más se enfoque usted en las cosas intangibles, en los principios más que en las prácticas, más información estará usted archivando para un uso futuro, y su intuición será más aguda. La intuición por sí sola no puede ser suficiente, pero no se debe ignorar la intuición.

El profesor de negocios, asesor y experto en liderazgo Warren Bennis dijo: «Una parte de una mentalidad completa incluye aprender a confiar en lo que Emerson llama "el impulso bendito", la corazonada, la visión que te muestra en un instante lo absolutamente correcto por hacer. Todos tienen esas visiones; los líderes aprenden a confiar en ellas».

> *«Confía en tus corazonadas porque usualmente están basadas en hechos archivados debajo del nivel subconsciente».*
> —JOYCE BROTHERS

6. LOS LÍDERES DAN PODER A LOS DEMÁS
La administración tiene que ver con el control frecuentemente. Los administradores tienen que controlar los costos, la calidad, la eficiencia. Esa es una razón por la cual hay buenos administradores que tienen dificultad para hacer el cambio hacia el liderazgo. El liderazgo no tiene nada que ver con controlar, sino con liberar.

Los buenos líderes ceden su poder. Buscan buenas personas, y les dan autoridad hasta el punto donde ellos pueden ser liberados para desempeñarse. Ese proceso no es fácil. Con frecuencia es desordenado, y no puede ser controlado. Entre mejor sean los líderes, más encantados están de ver a los miembros del equipo realizar las cosas por sí mismos. Y en el caso de los mejores líderes... si alguien sobrepasa al líder que les ha dado la autoridad, los líderes se sienten mejor.

7. Los líderes se ven a sí mismos como agentes de cambio

El psicólogo y autor Charles Garfield dijo:

«Trabajadores con un desempeño alto... no ven los logros como un estado fijo, ni como un refugio seguro en el cual el individuo está amarrado, completo y terminado. Nunca he escuchado a un trabajador de desempeño alto hablar del fin de un reto, de una emoción, de una curiosidad o de una maravilla. Al contrario. Una de las características más especiales es su talento infeccioso para moverse al futuro; generando nuevos retos, viviendo con un sentido de «más trabajo que hacer».[2]

Lo mismo se puede decir de los líderes. No desean que las cosas se mantengan igual. Desean la innovación. Les encantan los nuevos cambios. Desean más que sólo ver el progreso, desean hacer que suceda.

El liderazgo es un blanco en movimiento, y siempre lo será. Si usted desea convertirse en un mejor líder, debe sentirse cómodo con el cambio. Si usted desea dirigir a los líderes que lo supervisan, aprenda a pensar como líder. Piense en las personas, piense en el progreso, piense en intangibles.

Principio # 5 para dirigir a los líderes que lo supervisan:

INVIERTA EN LA QUÍMICA DE LAS RELACIONES

Todo buen liderazgo está basado en las relaciones. Las personas no irán con usted si no se llevan bien con usted. Eso es cierto en cualquier caso, sea que usted dirija a los líderes que lo supervisan, lidere lateralmente a sus compañeros, o guíe a sus subordinados. La clave para desarrollar la química con sus líderes es desarrollar una relación con ellos. Si usted puede aprender a adaptarse a la personalidad de su jefe sin dejar de ser usted mismo y mantiene su integridad, usted podrá dirigir al líder que lo supervisa.

Con frecuencia les enseño a los líderes que es su trabajo comunicarse con las personas que ellos dirigen. En un mundo ideal, esa sería la forma de hacerlo. La realidad es que algunos líderes hacen muy poco para comunicarse con sus seguidores. Como *líder de 360°*, usted debe comunicarse no sólo con las personas que usted dirige, sino también con las personas que lo dirigen a usted. Si usted quiere dirigir al líder que lo supervisa, usted debe tomar la responsabilidad de comunicarse con él. Lo siguiente le ayudará a comenzar:

> *Las personas no irán con usted si no se llevan bien con usted.*

1. Escuche el palpitar de su líder

Al igual que un doctor escucha el latido de alguien para saber cómo está la condición física de la persona, usted necesita escuchar el palpitar de su líder para comprender qué lo hace respirar. Eso puede significar poner atención durante reuniones informales, como las conversaciones de los pasillos, en el almuerzo, una conversación de manera informal antes o después de una reunión. Si usted conoce bien a su líder y siente que su relación es sólida, es posible que pueda ser más directo y que le pregunte acerca de lo que más le interesa a él a nivel emocional.

Si usted no está seguro qué buscar, enfóquese en estas tres áreas:

- ¿Qué lo hace reír? Estas son las cosas que hacen que una persona disfrute al máximo.

- ¿Qué lo hace llorar? Esto es lo que impacta el corazón de una persona a nivel emocional.

- ¿Qué lo hace cantar? Estas son las cosas que le traen una profunda realización.

Todas las personas tienen sueños, asuntos, o causas con las cuales se relacionan. Esas cosas son como llaves a sus vidas. Piénselo desde su propio punto de vista. ¿Está usted consciente de las cosas que le impactan a un nivel emocional profundo? ¿Cuáles son las señales que le «comunican» algo a usted? ¿Ve esas señales en su líder? Búsquelas y probablemente las encontrará.

Muchos líderes son muy cautelosos para mostrar a las personas que trabajan para ellos la llave a sus corazones porque sienten que eso los hará vulnerables. Así que no lo tome de manera casual y nunca trate el tema con ligereza. Si lo hace así violaría la confianza. Y nunca trate de «abrir la llave» para obtener una ganancia personal.

2. Conozca las prioridades de su líder

El palpitar de los líderes es lo que ellos disfrutan hacer. Las prioridades de los líderes son lo que tienen que hacer, y lo que quiero decir con esto es algo más que sus listas rutinarias. Todos los líderes tienen actividades que deben completar para no fracasar en su responsabilidad. Es esa lista que el jefe de su jefe llamaría lista obligada de la posición. Haga que su meta sea aprender cuáles son esas prioridades. Entre mejor las conozca, mejor podrá comunicarse y comprender a su líder.

3. ATRAPE EL ENTUSIASMO DE SU LÍDER

Es más fácil trabajar para alguien cuando usted comparte ese entusiasmo. Cuando usted y un amigo están emocionados acerca de algo, por ejemplo un entretenimiento, ¿no es cierto que uno pierde la realidad del tiempo cuando uno está en eso? Usted puede pasarse horas hablando de ello y nunca cansarse. Si usted puede lograr el entusiasmo de su líder, tendrá un efecto similar en usted. Y creará una unión entre usted y su líder. Si usted puede compartir ese entusiasmo, usted lo pasará porque no puede contenerlo.

4. APOYE LA VISIÓN DE SU LÍDER

Cuando los líderes superiores oyen que otros articulan la visión que ellos han dado a la organización, sus corazones cantan. Es muy gratificante. Representa una clase de aliciente, usando las palabras del autor Malcom Gladwell. Indica un nivel de apropiación por parte de los demás en la organización que augura el cumplimiento de la visión.

Los líderes intermedios de la organización que apoyan la visión se convierten en personas de alta estima para el líder superior. Ellos la comprenden, están de acuerdo con ella, y tienen gran valor. Cada vez que una persona de la organización apoya la visión y la comparte, es como si la visión tuviera «vida». En otras palabras, cuando la visión se pasa, la siguiente persona puede correr con ella.

Usted no debe subestimar el poder del apoyo verbal de la visión hecho por una persona de influencia. La misma clase de poder puede ser vista en el mundo de los negocios. Por

> *Cada vez que una persona de la organización apoya la visión y la comparte, es como si la visión tuviera «vida».*

ejemplo, yo he observado que en la mayoría de los libros, las ventas que ocurren durante los primeros seis meses después de su publicación, son debido al mercadeo, la distribución y la promoción hecha por la casa editorial (y a veces por el autor). Después de eso, las ventas son un resultado completo de la publicidad individual. Si las personas aprecian el libro, ellas les dirán a otros. Ellos están, en esencia, pasando la visión del autor y testificando del valor del libro.

Como líder intermedio, si usted no está seguro acerca de la visión de su líder, hable con él. Haga preguntas. Una vez que usted la comprenda, repítasela a su líder en situaciones donde sea apropiado para asegurarse que usted esté en el mismo ritmo. Si usted la entiende bien, usted podrá verla en el rostro de su líder. Entonces comience a compartirla con las personas en su círculo de influencia. Será bueno para la organización, para las personas, para sus líderes y para usted. Promocione los sueños de su líder y él lo promocionará a usted.

> *Promocione los sueños de su líder y él lo promocionará a usted.*

5. HAGA UNA CONEXIÓN CON LOS INTERESES DE SU LÍDER

Una de las claves para desarrollar una química de relaciones es saber y tener una conexión con los intereses de su líder. ¿Ha identificado usted los proyectos que más le interesan a su líder en el trabajo? Si es así, ¿qué tal los intereses fuera del trabajo? ¿Puede usted decir cuáles son?

Es importante saber lo suficiente acerca de su líder para poder relacionarse con él más allá del trabajo. Si su jefe juega golf, es probable que quiera aprender a jugarlo, o al menos aprender algunas cosas al respecto. Si colecciona libros o arte, dedique un tiempo en la Internet para averiguar acerca de esos entretenimientos. Si le gusta hacer muebles los fines de semana, suscríbase a una revista de carpintería. Usted no tiene que participar en ese entretenimiento o convertirse en un experto. Sólo aprenda lo suficiente para relacionarse con su jefe y para hablar de manera inteligente acerca de ese tema.

Los líderes a veces se sienten aislados y a veces se preguntan ¿alguien me entiende? Aunque usted no pueda comprender el trabajo de su jefe, al menos puede comprender hasta cierto nivel. Cuando los líderes que se sienten aislados experimentan una conexión genuina con alguien «debajo» de ellos, generalmente lo encuentra muy gratificante.

Y si usted se siente aislado en la sección intermedia, esa conexión puede que sea gratificante para usted también.

6. COMPRENDA LA PERSONALIDAD DE SU LÍDER

Dos miembros del personal estaban hablando acerca del presidente de su compañía y uno de ellos dijo: «Sabes, el tipo le cae bien a todo el mundo».

El otro le respondió: «claro, si no, te despide».

Los líderes están acostumbrados a que otros se adapten a sus personalidades. Al guiar a sus «subordinados» desde la parte intermedia de la organización, ¿no espera usted que otros se amolden a su personalidad? No hablo de una forma irracional, en otras palabras no estoy diciendo que usted va a despedir a alguien que no le guste. Si usted sencillamente está siendo usted mismo, espera que las personas que trabajen *para* usted, trabajen *con* usted. Pero cuando está dirigiendo a su líder superior, es usted el que debe amoldarse a la personalidad de su líder. Es muy raro ver a un gran líder que se amolde de acuerdo a las personas que trabajan para él.

Es sabio comprender cuál es el estilo de su líder y cómo su tipo de personalidad interactúa con la suya. Si usted estudia algunos de los materiales diseñados para revelar la personalidad, tales como DISC, Myers Briggs y Littuaer's Personality Plus, usted comprenderá mejor cómo piensa y trabaja su líder. La mayoría del tiempo, los opuestos en personalidad se llevan bien, siempre y cuando sus valores y sus metas sean similares. Los de personalidad colérica trabajan bien con los de personalidad flemática; los de personalidad sanguínea con los de personalidad melancólica. El problema comienza cuando las personas de la misma personalidad trabajan juntas. Si usted encuentra que su personalidad es similar a la de su jefe, recuerde entonces que usted debe ser flexible. Eso puede ser un reto si usted no tiene una personalidad flexible.

7. GÁNESE LA CONFIANZA DE SU LÍDER

Cuando usted se toma el tiempo en invertir en la química de las relaciones con su líder, el resultado eventual será la confianza. En otras palabras, una ganancia relacional. Por años he enseñado el concepto de «cambio en su bolsillo». Cuando usted hace cosas que añaden a la relación, usted aumenta el cambio en su bolsillo. Cuando usted hace cosas negativas, usted gasta el cambio. Si usted sigue cometiendo errores, de manera profesional o personal, usted daña la relación y eventualmente se quedará sin cambio y con una relación en bancarrota.

Las personas que tienen mucha historia porque han invertido en una química de relaciones tienen mucho cambio en su bolsillo. Como resultado, la relación puede aguantar muchos problemas o errores. Por ejemplo, Doug Carter, vicepresidente de EQUIP, constantemente me dirige a los donadores potenciales de la organización. Doug y yo tenemos una química de relaciones muy grande. Lo he conocido por mucho tiempo, hemos trabajado juntos por años, y es un profesional en el trabajo. Cuando en algún momento, comete un error al evaluar las personas y me pide que dedique mucho tiempo a una persona que no está realmente interesada en EQUIP, nuestra relación no se daña; Doug tiene una gran cantidad de cambio relacional «en el banco» conmigo.

> «La lealtad en público resultará en una "palanca" o influencia en privado».
> —ANDY STANLEY

Andy Stanley, quien es un fantástico *líder de 360°*, dijo: «La lealtad en público resultará en una "palanca" o influencia en privado». Si con el tiempo usted se gana la confianza de su líder dándole un apoyo público, usted ganará cambio en el bolsillo con él en privado. Y tendrá más oportunidades para dirigirlo.

8. APRENDA A TRABAJAR CON LAS DEBILIDADES DE SU LÍDER

El experto en ventas y escritor Les Giblin dijo: «Usted no pueda hacer que los demás se sientan importantes en su presencia si usted se siente que es un don nadie en lo secreto». De la misma manera, usted no puede desarrollar una relación positiva con su jefe si en secreto no lo respeta debido a sus debilidades. Ya que todos tenemos puntos débiles, ¿por qué no aprender a trabajar con ellos? Intente enfocarse en los puntos positivos y luego trabaje los negativos. Hacer otra cosa más sería hacer daño.

9. RESPETE A LA FAMILIA DE SU LÍDER

Estoy casi renuente a introducir el concepto de la familia en el contexto de dirigir a su líder superior, pero pienso que vale la pena mencionarlo. Si usted hace todo lo demás que le he recomendado, pero la esposa de su jefe no lo aprecia ni confía en usted, la relación entre ambos siempre será tensa. Usted, por supuesto, no tiene ningún control sobre esto. Lo mejor que usted puede hacer es ser amable y respetuoso con la familia de su jefe y tratar de hacer una conexión con ellos de manera apropiada. Eso sí, debe estar consciente que si los miembros claves de la familia de su jefe no lo aprecian, aunque no sea algo que usted ha causado, eso puede disminuir su influencia y hasta poner en peligro su carrera.

La tesis de *Cómo ganarse a la gente* es que las personas pueden generalmente encontrar la causa de sus triunfos y fracasos en las relaciones de sus vidas. Lo mismo es cierto en lo que respecta al liderazgo. La calidad de la relación que usted tiene con su líder causará un impacto en su triunfo o su fracaso. Vale la pena invertir en ello.

*Principio # 6 para dirigir a los líderes
que lo supervisan:*

ESTÉ PREPARADO CADA VEZ QUE USTED OCUPA EL TIEMPO DE SU LÍDER

M ientras escribo este capítulo, tengo en mi escritorio una edición reciente de la revista Time con un artículo acerca de Bill Gates y los sistemas de videojuegos Xbox 360 que la compañía Microsoft representa.

No soy un jugador de videojuegos, y por eso no me interesa mucho el tema. No obstante, las primeras oraciones del artículo acerca de Gates captaron mi atención porque enfatizaban la importancia del tiempo de un líder.

> El tiempo de Bill Gates es valioso. Existen empleados de Microsoft que esperan toda su carrera para poder estar con Gates a solas por cuarenta y cinco minutos. Siendo el hombre más rico del mundo y quizás el más grande filántropo de la historia, Gates pudiera y tal vez debiera estar alimentando al hambriento o curando a alguien de una enfermedad terrible.[1]

Todo líder valora el tiempo. El escritor británico William Hazlitt escribió: «Entre más avanzamos en la vida, adquirimos un sentido más agudo del valor del tiempo. Ninguna otra cosa parece tener una mayor consecuencia, y nos convertimos en mezquinos al respecto». Pero lo que hace que el tiempo de Gates, un hombre relativamente joven, sea valioso es que él es un líder que puede estar usando su tiempo en hacer cosas que pueden cambiar la vida de miles de personas.

Para todos los líderes, el tiempo es algo precioso. El tiempo es una materia prima que no puede ser incrementada, sin importar lo que el líder haga. Y es un componente necesario para que el líder haga cualquier cosa. Por esa razón, usted debe siempre estar preparado cuando utilice el tiempo de su jefe. Aun cuando se tenga una latitud en la forma de ocupar el tiempo de sus empleados o sus compañeros de trabajo, cuando tiene que ver con las personas que están por encima de usted, la cantidad de tiempo que tiene es limitada. Si usted desea dirigir a los líderes superiores, actúe de manera acorde.

Espero que no tenga que pasarse toda una vida para tener unos pocos minutos con su jefe, como algunas personas aparentemente lo tienen que hacer en Microsoft. Pero sea que tenga acceso ilimitado a su jefe o unos pocos minutos en raras ocasiones, usted necesita seguir las siguientes directrices:

1. Invierta diez veces

Usted demuestra su valor cuando valora el tiempo de su líder. La mejor forma de hacerlo es dedicar diez minutos preparándose por cada minuto de tiempo que va a ocupar con el líder. El autor de la administración Charles C. Gibbons confirmó esto cuando dijo: «Una de las mejores formas de ahorrar tiempo es pensar y planear con anticipación; cinco minutos de planeación pueden ahorrar una hora de trabajo».

En mi libro *Today Matters*, (Lo que importa es el hoy) escribí sobre el almuerzo que tuve con John Wooden, ex entrenador legendario del equipo de baloncesto de los Bruins de UCLA. Siempre trato de poner en mi agenda un almuerzo de aprendizaje con un líder cada dos mes. Antes de hacerlo, dedico varias horas para preparar mis preguntas. Si el líder es un autor, leo o vuelvo a leer sus libros. Pienso cuidadosamente en las preguntas que quiero hacerle.

> *«Una de las mejores formas de ahorrar tiempo es pensar y planear con anticipación; cinco minutos de planeación pueden ahorrar una hora de trabajo».*
> —Charles C. Gibbons

No sé si siempre invierto diez horas por cada hora, pero creo que ando cerca.

Permítame decirle algo más acerca de la preparación antes de utilizar el tiempo de su líder. La mayoría de los líderes en la cima saben tomar buenas decisiones (si no fuera así, rara vez tendrían la oportunidad de dirigir desde la cima de una organización). Pero muchas de las veces en las que no pueden tomar decisiones, es porque no tienen suficiente información. Al menos eso me pasa a mí. Cuando mi asistente no puede obtener una respuesta mía rápida acerca de un asunto, generalmente es porque ella no ha hecho la suficiente investigación. No quiero decir que eso sucede muy frecuentemente. Linda es asombrosa y noventa y nueve por ciento del tiempo no me hace ninguna pregunta hasta que ella tenga todos los datos. Ella invierte diez veces, utilizando diez minutos de preparación por cada minuto de mi tiempo.

Entre menos sea la conexión de relación que usted tenga con sus líderes, más tiempo deberá usted dedicar para prepararse. Entre menos le conozcan sus líderes, menos tiempo tendrá para probar quién es. Pero si usted se prepara bien, es probable que tenga otras oportunidades. El primer ministro británico Benjamín Disraeli dijo: «El secreto del éxito en la vida es estar listo para cuando llegue su tiempo».

2. No haga que su jefe piense por usted

No todos los jefes son inaccesibles. Como líder, usted puede tener una política de puerta abierta que hace posible que su gente venga a usted con preguntas. Pero ¿alguna vez ha tenido un empleado que hace preguntas constantemente sin haber tomado el tiempo para pensar cuál es la solución? Puede ser muy frustrante, ¿no es cierto?

En una sesión de preguntas y respuestas, Jack Welch, habló acerca de la importancia de que las personas comiencen siendo buenos pensadores. Él dijo que esa es una de las cosas que distingue una persona de los demás.

Los líderes intermedios deben hacerles preguntas a sus jefes sólo cuando ellos no puedan responder esas preguntas. Esta es la forma en que los líderes de la cima piensan cuando reciben preguntas de los líderes intermedios:

- *Si hacen preguntas porque no pueden pensar, entonces estamos en problemas.*
- *Si hacen preguntas porque son perezosos, entonces ellos están en problemas.*
- *Si hacen preguntas para que todos puedan moverse más rápido, entonces vamos camino al éxito.*

Ya que las malas preguntas tienen un impacto negativo, las buenas preguntas traen cosas positivas: clarifican los objetivos, aceleran el proceso para terminar, y estimulan el pensamiento. Todas estas cosas beneficiarán a la organización y le ayudarán de una manera positiva con su líder.

3. Traiga algo a la mesa de conversación

Por años he usado la expresión «traer algo a la mesa» para describir la habilidad de una persona para contribuir a una conversación o para añadir valor a los demás en una reunión. No todos lo pueden hacer. En la vida, algunas personas siempre quieren ser «invitados». Vayan donde vayan, desean que les sirvan, que llenen sus necesidades, ser receptores. Ya que poseen esa actitud, nunca traen nada a la mesa para nadie más. Después de un rato, eso puede cansar al anfitrión.

Las personas que se convierten en *líderes de 360°* no trabajan así. Tienen una mentalidad completamente diferente. Están constantemente buscando formas de traer algo a la mesa de conversación para sus líderes, sus compañeros de trabajo y sus empleados, ya sean estas cosas recursos, ideas u oportunidades. Reconocen la sabiduría del proverbio: «Un regalo abre el camino del dadivoso y le lleva a la presencia del grande».[2]

Como líder de una organización, siempre busco personas que traigan algo a la mesa de conversación en lo referente a ideas. Si son creativos y generan ideas, eso es asombroso. Pero también valoro mucho a las personas constructivas, que toman una idea y la mejoran. Por lo general la diferencia entre una buena idea y una gran idea es el valor añadido durante el proceso de colaboración de pensamiento.

Algunos líderes no tienen mucho tacto para decirles a los demás que no les están añadiendo valor de la forma en que ellos lo desean.

Hace varios años visité el castillo Hearst, casa del magnate de los medios de comunicación, William Randolph Hearst en San Simeón, California. Hearst era bien conocido por las celebridades que llevaba a su casa, pero una vez que él se aburría de un invitado, le decía que se fuera. Los invitados a los que se les pedía que se fueran encontraban una nota en su cuarto que decía que había sido bonito tenerlos como visitantes.

Si usted siempre trata de traer algo valioso a la mesa de conversación cuando se reúne con su jefe, es probable que evite un destino similar en el trabajo. Si no lo hace, al final del día es probable que tenga una nota de su jefe, pero una nota de despido.

4. Cuando se le pida que hable, no improvise

Admiro a las personas que pueden pensar y manejar situaciones difíciles, pero no tengo mucho respeto para el que no se prepara. Me he dado cuenta que la primera vez que una persona improvisa, la mayoría de la gente no puede saberlo, pero para la tercera o cuarta vez que lo hace, todos se dan cuenta. ¿Por qué? Porque empieza a sonar igual todo el tiempo. Si la persona tiene un poco de profundidad profesional, utiliza todo lo que sabe al improvisar. La siguiente vez que lo hace, usted escucha las mismas cosas que escuchó la última vez. Después de un poco de tiempo, pierde toda credibilidad.

El ex campeón mundial de boxeo Joe Frazier dijo: «Uno puede planear una lucha o la vida misma, pero cuando empieza la acción, usted depende de sus reflejos. Allí se muestra su entrenamiento. Si hizo trampa en la oscuridad de la mañana, lo descubrirán a la luz del día».[3] Si no se esfuerza, al final lo descubrirán.

5. Aprenda a hablar el lenguaje de su jefe

Cuando Charlie Wetzel, mi escritor, y yo comenzamos a trabajar juntos en 1994, dediqué mucho tiempo para ayudarlo a comprender como pienso y escribo. Charlie tenía su maestría en inglés y era un buen escritor, pero no estaba todavía en mi frecuencia. Lo primero que hice fue darle las grabaciones de las primeras quinientas lecciones de liderazgo que había enseñado para que así tuviera un mejor concepto de mi comunicación.

Después, lo llevé conmigo durante mis conferencias. Después de una presentación, cuando estábamos en el avión o cenando, le pedía que identificara cuáles partes de la sesión funcionaron con el público y cuáles pensaba él que fueron los mejores puntos. Conversábamos y así me daba cuenta si él entendía mi labor. De vez en cuando le entregaba una gran cantidad de citas e ilustraciones y le pedía que me señalara cuáles eran las buenas. Luego comparábamos notas.

Todo lo que hice con Charlie era ayudarle a que aprendiera a hablar mi idioma. Eso era vital si él iba a escribir por mí, pero también es importante para cualquier empleado y especialmente importante para un *líder de 360°* en la parte intermedia de una organización. Aprender el idioma de su jefe le ayudará no sólo a comunicarse con su jefe, sino también a comunicarse con los demás de parte de su jefe. El objetivo no es convertirse en un hipócrita, sino tener la posibilidad de comunicarse correctamente.

6. Vaya al grano

El escritor Víctor Hugo decía: «La vida es corta, y la hacemos aun más corta cuando desperdiciamos el tiempo». Todavía no conozco un líder que no quiera saber cuál es el tema principal de una conversación. ¿Por qué? Porque desean resultados. Su lema es: «Muéstreme el bebé, no la partera».

Cuando usted comience a trabajar con un líder, tal vez necesite tiempo para explicar las ideas y el proceso de cómo llegó a una decisión. Desde el principio de la relación, usted tiene que ganarse la credibilidad. Pero con el tiempo y una mejor relación, dedíquese a ir al grano. El hecho de que tenga toda la información necesaria para explicar lo que hace, no significa que tenga que compartirla. Si su líder necesita más detalles o desea saber cuál es el proceso, él mismo se lo pedirá.

7. De rendimiento a cambio de la inversión de su líder

Si usted está preparado cada vez que se reúne con su líder, hay una gran oportunidad de que vea que el tiempo con usted es una inversión. Y nada es más gratificante para los líderes que invertir en aquellos que devuelven un buen rendimiento.

Rod Loy comprende esto. Cada año escribe una lista de cosas que su líder le enseñó durante el año anterior y se las da en una lista. Rod decía que eso es «para documentar mi aprecio y hacerle saber que su tiempo fue valioso e hizo que creciera. He aprendido que cuando soy abierto acerca de mi crecimiento y aprendizaje, las personas están dispuestas a invertir más tiempo en ayudarme a crecer y aprender».

Yo soy el mentor de una media docena de personas en mis más de 30 años de experiencia de liderazgo. Una de las personas con las que disfruto ocupar mi tiempo es Courtney McBath, pastor de una iglesia en Norfolk, Virginia. Cada vez que me reúno con él, de una u otra manera me dice:

Esto fue lo que me dijiste la última vez que nos reunimos.
Esto fue lo que aprendí.
Esto fue lo que hice.
¿Lo hice correctamente?
¿Puedo hacerte más preguntas?

¿Existe algún líder a quien no le guste eso?

Recientemente recibí el siguiente correo electrónico de Courtney:

Dr. Maxwell:

Usted ha comentado con frecuencia que el gusto más grande de un líder o maestro es ver que sus estudiantes utilicen lo que han aprendido. Anoche tuve el honor de hablar ante una sinagoga judía ortodoxa durante su celebración del Día de Reposo. Yo fui el primer cristiano afroamericano que lo hacía y fue una experiencia y un éxito tremendo. Una pareja de judíos se me acercó y me dijo que les gustaría que yo fuera a sus seminarios y le enseñara a sus rabinos jóvenes como comunicarse.

Su inversión en mí me ha enseñado tanto acerca de los límites sociales, religiosos y culturales, y a comunicar la verdad a todas las personas. Dios fue glorificado anoche y usted fue una parte significativa de ello. Gracias por ser mi líder y mi amigo.

Le aprecio de corazón, y no sólo soy un mejor líder, soy un mejor hombre gracias a usted.

Gracias
Courtney

Courtney no sólo está preparado cada vez que nos reunimos, sino que también acepta el consejo que le doy y lo pone en práctica. Que gusto es pasar tiempo con él. Y déjeme decirle algo más. Ya que él es tan bueno cuando habla, yo lo escucho. Él está dirigiendo a su líder y nuestra relación es tal que nos añadimos valor mutuamente y de eso se trata el *liderazgo de 360°*.

*Principio # 7 para dirigir a los líderes
que lo supervisan:*

RECONOZCA CUANDO PRESIONAR
Y CUANDO RETROCEDER

*«Hacer heno cuando el sol brilla, eso es inteligente;
ir de pesca durante la cosecha, eso es tonto».*
—EL MENSAJE

En febrero de 2005, visité Kiev, Ucrania, para conducir un seminario de liderazgo, para visitar y enseñar en una de las iglesias más grandes de Europa y para lanzar el proyecto *Un millón de líderes* de EQUIP en ese país. Una de las cosas más emocionantes que hice mientras estaba allí fue caminar hacia la plaza de la independencia de la ciudad, el sitio de la Revolución Anaranjada que había ocurrido a menos de tres meses de mi estadía.

Mientras caminábamos por el boulevard, nuestra guía, Tatiana, nos contó la reacción de las personas acerca de la noticia de los resultados de la elección para mantener al candidato Víctor Yanukovych en el poder. Las personas comenzaron a acercarse al centro de la ciudad y empezaron una protesta pacífica en la plaza. Pusieron un gran toldo y rehusaron irse hasta que el gobierno transigiera y ordenara una nueva elección justa.

Más tarde, conversé con Steve Weber, coordinador de EQUIP para Ucrania, acerca de los eventos que ocurrieron en Kiev y que llevaron a la elección del reformador Víctor Yushchenko a ser presidente de la nación. En años pasados, tal demostración hubiera sido aplastada y quizás hubiera sido igual en ésta también si no fuera por la conducta de las personas en Ucrania. A continuación un resumen de los eventos que me dio Steve:

La revolución anaranjada fue un momento increíble en la historia del pueblo ucraniano. Las masas se juntaron, sin saber lo que encontrarían en el centro de la ciudad... creció el ímpetu cuando las multitudes venían no sólo para ver sino para participar en la protesta. Las organizaciones estudiantiles fueron firmes y cientos decidieron colocar tiendas hasta que se reconociera la verdad. Aun en el frío del clima, el corazón de Ucrania revivió...

La amabilidad y la buena voluntad expresada durante esa revolución fueron especiales y nunca había sido experimentada antes por la mayoría de los ucranianos. Los ciudadanos comunes daban un apoyo incondicional sin precedente a los que protestaban. Agua, alimentos, bebidas calientes, botas de invierno, abrigos, toda clase de recursos llegaban al centro de la ciudad. Esta actitud no era muy conocida en el pasado. «¿Dar a los demás? ¿Por qué? Yo también tengo necesidad» era la norma, pero en esa plaza una mejor nación estaba naciendo en los corazones de la gente. Hasta personas de otras ciudades que vinieron a apoyar al otro candidato, no pudieron aguantar el ímpetu de esa revolución. Cuando llegaron, se encontraron con la amistad y la generosidad de sus compatriotas. Algo que no esperaban. ¿Podría realmente esto ser la Ucrania que ellos conocían? ¿Sería posible vivir en un país donde todos fueran respetados y valorados?... las personas estaban sencillamente creyendo, esperando y deseando un mejor país.

El candidato del gobierno estaba patrocinado fuertemente por el régimen actual y empezaron a lanzar intimidaciones. La nación despertó y dijo «¡basta! Ya no queremos vivir más en esta clase de país», y su clamor fue escuchado.

La conciencia de la nación hizo que el pueblo votará por un cambio... el alma del ucraniano se levantó de la corrupción a un lugar de dignidad y libertad y ahora el país mira hacia el futuro con una esperanza nueva.

Las personas de Ucrania, los que están en la parte más baja de la sociedad, dirigieron y tomaron a la nación con ellos. Y decidieron hacerlo en un momento único de la historia, un tiempo cuando ellos pudieron presionar gracias a los avances de las comunicaciones modernas. Steve me dijo: «Al principio, la televisión nacional rehusaba a reconocer la protesta masiva que se estaba dando, pero pronto no pudieron ignorarla, porque las noticias avanzaban más rápido. No consideraron la nueva tecnología y las comunicaciones».

Las personas de Ucrania se influyeron mutuamente, influyeron al gobierno que intentaba manipular tanto a las personas como al proceso político, e influyeron hasta al líder de la oposición. Cuando las nuevas elecciones terminaron, durante su discurso de victoria, Yushchenko reconoció sabiamente el liderazgo de las personas y hasta les hizo una reverencia a manera de respeto y agradecimiento.

¿CUÁNDO DEBO PRESIONAR?

El tiempo es algo vital en el liderazgo. Si las personas de Ucrania no hubieran reconocido que era el momento de presionar para tener elecciones honestas, es probable que siguieran viviendo bajo la misma clase de gobierno corrupto dirigido por Yanukovych. Y si hubieran intentado buscar elecciones libres hace treinta años bajo el gobierno comunista, probablemente hubieran sido aplastados. Para tener éxito, usted debe saber cuando presionar y cuando retroceder.

En lo que respecta a influir en su jefe, el tiempo es igual de importante. El poeta Ralph Waldo Emerson dijo: «Sólo hay diez minutos en la vida de una pera cuando está perfecta para que se la coman». Es sabio esperar el momento correcto para hablar. Una buena idea en un mal momento será recibida como una mala idea. Por supuesto, hay momentos en los que usted debe hablar, aunque el momento no sea el ideal. El truco es saber cual es cual.

Hágase las siguientes cuatro preguntas para determinar si es momento de presionar:

1. ¿SÉ ALGO QUE MI JEFE NO SABE PERO QUE NECESITA SABER?

Todo líder intermedio sabe cosas que su jefe no sabe. No solamente es normal, sino que también es bueno. Hay momentos cuando usted sabe algo que su jefe no sabe, pero necesita comunicárselo por el bien de la organización.

> *«Sólo hay diez minutos en la vida de una pera cuando está perfecta para que se la coman».*
> —RALPH WALDO EMERSON

Mi hermano Larry, un líder excelente y hombre de negocios muy exitoso, le dice a su personal que necesita ser informado cuando existan dos clases de situaciones: cuando hay un gran problema o cuando hay una gran oportunidad. Él desea saber sobre los grandes problemas por el impacto negativo potencial que puede traer a su organización. Y quiere saber acerca de las grandes oportunidades por razones similares, ya que pueden impactar a la organización pero en una dirección positiva. De cualquier manera, él desea estar involucrado en cómo la organización y sus líderes resuelven esas situaciones.

¿Cómo sabe si debe decirle algo a su jefe? Sólo conozco dos formas de averiguarlo. Puede hacer preguntas directas, solicitándole a su líder que le aclare lo que necesita, tal como Larry lo ha hecho, o puede ir probando, usando su mejor táctica y continuando la comunicación hasta que los asuntos sean identificados.

2. ¿SE ACABA EL TIEMPO?

Hay un viejo dicho que dice: «es mejor la palabra a tiempo que dos después del suceso». Si era cierto en la antigüedad, lo es más en nuestra sociedad actual donde la información y los mercados se mueven muy rápido.

Constantine Nicandros, presidente de Conoco, dijo: «El mercado competitivo está lleno de buenas ideas que vinieron y se fueron porque no se le dio la atención adecuada al hecho de moverse rápidamente y apuntarle a una ventana de oportunidad abierta. El mismo mercado está tapizado de vidrios rotos, resultado de las ventanas de oportunidades a las que se les apuntó después de que se cerraron».

Si esperar hará que sea imposible que una organización tome una oportunidad, arriésguese y presione. Su líder siempre puede decidir no tomar su consejo, pero ningún líder quiere escuchar: «¿sabes?, creí que eso iba a pasar» después que ya es muy tarde. Déle a su líder la oportunidad de decidir.

3. ¿ESTÁN MIS RESPONSABILIDADES EN RIESGO?

Cuando su líder le confía alguna tarea, usted tiene la responsabilidad de realizarla. Si usted está teniendo dificultades con eso, la mayoría de los líderes que conozco preferiría saberlo y tener una oportunidad para ayudarle a lograrla más que dejarlo trabajar solo y que fracase.

Este es un asunto en el cual tuve que lidiar con Charlie Wetzel. La mayoría de las veces Charlie es una estrella. Durante los once años que llevamos trabajando juntos, hemos escrito más de 30 libros. Una de las debilidades de Charlie es que le cuesta pedir ayuda. Si tiene un problema cuando está escribiendo, toma demasiado tiempo para tratar de resolverlo por sí mismo en lugar de tomar el teléfono y pedirme que le ayude. Sus intenciones son buenas; él desea aligerar mi carga. Y tiene un gran sentido de responsabilidad (uno de sus puntos fuertes de acuerdo con la autoevaluación creada por la organización Gallup). Pero esa responsabilidad a veces le afecta. Yo no quiero que sea perfecto. Yo quiero que él tenga efectividad.

4. ¿PUEDO AYUDARLE A MI JEFE A TRIUNFAR?

Los líderes exitosos toman las decisiones correctas en el momento exacto con el motivo correcto. Habrá momentos cuando usted reconozca oportunidades que harán que su líder triunfe. Cuando ese es el caso, es momento de presionar. ¿Cómo sabe usted lo que su jefe considera que es un triunfo? Recuerde lo que aprendió acerca del palpitar de su líder y de sus prioridades. Si usted encuentra la forma de que su líder logre algo que está relacionado con alguna de esas cosas, usted puede estar seguro que su líder lo considerará un triunfo.

¿CUÁNDO DEBO RETROCEDER?

Saber cuando presionar es importante, ya que usted quiere crear los triunfos y evitar las pérdidas. Posiblemente es más importante saber cuándo retroceder. Los líderes pueden a veces no estar conscientes de una oportunidad que se pierde porque usted no presionó, pero con seguridad notan si usted debe retroceder y no lo está haciendo. Si usted presiona a su

> *Los líderes exitosos toman las decisiones correctas en el momento exacto con el motivo correcto.*

jefe muchas veces de manera inapropiada, es probable que su jefe lo presione fuera de su empleo.

Si usted no está seguro si es tiempo de retroceder, hágase las siguientes preguntas:

1. ¿ESTOY PROMOVIENDO MI AGENDA PERSONAL?

Desde la perspectiva de los líderes en la cima, las organizaciones tienen dos clases de líderes intermedios: los que preguntan «¿qué puede hacer usted por mí?», y los que preguntan «¿qué puedo hacer yo por usted?» Los primeros están tratando de utilizar a sus líderes y a cualquier colega o empleado que los pueda llevar a la cima. Los segundos están tratando de llevar la organización, junto con sus líderes y aquellos a quienes puedan ayudar, a la cima.

Así como hay algunos líderes egoístas en la cima de una organización, los cuales escribí en el desafío de la frustración, también hay líderes egoístas en el nivel intermedio. Todo lo ven a la luz de su agenda personal en lugar de sus responsabilidades profesionales.

En contraste, un *líder de 360°* retrocede si se da cuenta que está empezando a promover su propia agenda en lugar de lo que es bueno para la organización. No sólo eso, sino que está dispuesto a sacrificar sus propios recursos por un bienestar mayor de la organización cuando sea necesario.

2. ¿HE DADO A ENTENDER MI PUNTO?

El experto en la inversión Warren Buffet dijo: «Algunas veces no es tan importante que tan fuerte usted reme el bote, sino que tan rápida es la corriente». Cuando usted está tratando con su líder, necesita poner atención al flujo de la corriente.

Es muy importante aprender a comunicar su punto de vista claramente a su líder. Es su responsabilidad comunicar lo que usted sabe y darle una perspectiva a cada asunto. Pero una cosa es comunicar y otra es coaccionar a su líder. La decisión que su líder tome no es su responsabilidad. Además, si usted ya presentó su punto claramente, es muy poco probable que pueda defender su causa si continúa presionando a su líder. El presidente Dwight D. Eisenhower decía: «Uno no dirige golpeando a las personas en la cabeza, eso no es dirección, eso es un asalto». Si usted sigue repitiendo una y otra vez su punto, sólo está tratando de que hagan las cosas a su manera.

> «Algunas veces no es tan importante que tan fuerte usted reme el bote, sino que tan rápida es la corriente».
> —WARREN BUFFET

David Branker, director ejecutivo de una gran organización dijo que a él le costó mucho aprender la lección de cuándo retroceder, pero hacerlo fue bueno para su liderazgo.

Él decía:

Aprender a retroceder cuando uno ha presentado su punto puede hacer que la persona más ilusa parezca sabia. Cuando era un líder novato tuve dificultad en aprender esto. Mi jefe en ese tiempo se enojaba conmigo cuando yo no retrocedía, especialmente si estaba en desacuerdo con mi punto de vista y no podía comprender por que no dejaba el asunto en el pasado. Fui ayudado en este asunto por un colega que tenía más tiempo en el liderazgo. Él me dijo: «Yo te avisaré cuando necesites dejar de hablar de un tema al bajar mi vista al suelo». Gracias a él y a su idea creativa, aprendí a conocer cuándo debía dejar un asunto atrás y esperar un momento más oportuno.

La próxima vez que usted esté en una reunión con su jefe, ponga atención a la forma en que usted presenta su punto de vista. ¿Lo presenta como una contribución a la discusión, o lo sigue presionando para tratar de «ganar»? Tratar de hacer que su punto de vista gane a toda costa es como tratar de hacer lo mismo con su cónyuge. Aunque usted gane, realmente usted pierde.

3. ¿DEBEN TOMAR EL RIESGO TODOS MENOS YO?

Tal como lo mencioné antes, es más fácil arriesgar los recursos de alguien más que los suyos. Y si usted sigue presionando sin arriesgarse, inevitablemente usted alejará a las personas que si se están arriesgando. Las personas no quieren asociarse con alguien cuando sólo ellos tienen que arriesgarse.

Las personas no quieren asociarse con alguien cuando sólo ellos tienen que arriesgarse.

Los líderes intermedios que se distinguen a sí mismos generalmente lo hacen porque tienen «parte en el juego». Si están dispuestos a arriesgar sus recursos, las oportunidades y el éxito, entonces se ganan el respeto de sus líderes.

4. ¿EL AMBIENTE LE DICE «NO»?

Kathy Wheat, una ex empleada de Walt Disney World, dijo que los empleados de Disney son entrenados para ser sensibles a la atmósfera emocional y a la dinámica de los invitados en el parque. Una de las cosas que aprenden los empleados es nunca acercarse a una familia que está discutiendo. Tiene sentido.

El *líder de 360°* efectivo es como un meteorólogo. Puede analizar la atmósfera de su lugar de trabajo y especialmente la de sus jefes. Observe esta «tabla del clima» para los líderes intermedios de una organización.

Obviamente, me estoy divirtiendo con esto, pero en realidad es importante que usted analice lo que está sucediendo a su alrededor y ponga atención al carácter de su jefe. No deje que una gran idea se moje sólo porque usted decidió escoger un mal día para presentarla.

PREDICCIÓN	PERSPECTIVA	ACCIÓN
Soleado	Visibilidad clara y el sol brilla	Avance
Con neblina	No se pueden analizar las condiciones del clima	Espere que la niebla se disipe
Parcialmente nublado	Soleado en un momento, nublado en el siguiente	Espere el momento correcto
Lluvioso	Lluvia constante sin truenos ni rayos	Avance sólo en caso de emergencia
Tormenta	Rayos en cualquier lugar	Espere a que pase la tormenta
Huracán	Gran fuerza del viento, el daño es inevitable	Huya

5. ¿Es el momento correcto sólo para mí?

El emperador Adrián dijo: «Tener la razón demasiado rápido es estar equivocado». Seamos realistas. Los líderes intermedios se encuentran en un lugar difícil en lo que respecta al tiempo. Las personas en la cima con frecuencia pueden escoger el tiempo para lo que hacen. Quizá no sea tan simple como decir «vamos», porque tienen que preparar a las personas para que se movilicen, pero tienen la posibilidad de decidir cuando es el momento correcto. Por otro lado, las personas en la parte inferior, casi no tiene ninguna decisión sobre cuándo movilizarse. O se mantienen con el grupo, o se quedan atrás. La persona en la zona intermedia tiene que tratar de adivinar cual es el tiempo correcto.

> *El líder de 360° efectivo es como un meteorólogo. Puede analizar la atmósfera de su lugar de trabajo.*

Cuando Tito era el emperador de Roma, él hizo que las monedas del imperio tuviera la imagen de un delfín alrededor de un ancla. En ese tiempo, el delfín era considerado el más rápido y juguetón de los animales marinos. El ancla representaba la estabilidad y la convicción inamovible. Juntos simbolizaban el balance entre la iniciativa, la sabiduría, el progreso y la precaución. Un escudo familiar años más tarde utilizó el mismo símbolo con el lema «*festina lente*», que quiere decir «apurarse lentamente».

Eso es lo que un *líder de 360°* debe hacer. Debe apurarse lentamente. Si el momento es el oportuno para todos, entonces deberá avanzar, pero si el momento es sólo oportuno para él, deberá moverse más lentamente.

6. ¿Mi petición excede nuestra relación?

Una de mis historias favoritas del Antiguo Testamento es la historia de Ester. Es una tremenda lección de liderazgo. Cuando Artajerjes era el gobernador de Persia, un día llamó a su reina, Vasti, pero ella rehusó venir lo cual era inimaginable en esos tiempos. Como resultado, Artajerjes le quitó su posición y le prohibió que lo volviera a ver de nuevo. Mientras tanto, empezó a buscar a alguien que ocupara su lugar, y después de un proceso elaborado y largo, Ester, una judía, se convirtió en reina.

Todo iba bien hasta que un miembro de la corte de Artajerjes convenció al gobernador de que todos los judíos en el reino fueran ejecutados. Ester se enfrentó a un dilema. Aún cuando su vida probablemente no hubiera sufrido daños, ¿podría ella quedarse callada y mirar cómo sus compatriotas hebreos morían? Si ella se acercaba a Artajerjes para pedirle que no dañara al pueblo hebreo, cuando él no había mandado llamar, él podía ordenar que ella fuera ejecutada. Su relación con Artajerjes era poco firme y ella lo sabía. Si su petición excedía esa relación, ese sería su fin.

Al final, con valor y fe, Ester se acercó al rey, su petición fue concedida y los judíos fueron salvados. Era un gran desafío para esta líder intermedia, pero ella tuvo éxito al dirigir a su líder superior.

Los líderes intermedios de una organización no tienen mucha autoridad, ni control. Con frecuencia su único «as» es la relación que tienen con los líderes superiores. Deben jugar ese as muy cuidadosamente. Si presionan y su petición excede la relación, perderán esa jugada.

Usted puede saber mucho del carácter y los motivos de las personas en la zona intermedia de una organización observándolos cuando presionan o cuando retroceden. Mi esposa, Margaret, y yo disfrutamos visitando las bibliotecas presidenciales. Recientemente mientras visitábamos el museo George W. Bush, leímos la historia de las acciones que el vicepresidente George H.W. Bush tomó cuando el presidente Ronald Reagan había sufrido un intento de asesinato en 1981. Bush dijo que cuando escuchó las noticias, el peso del incidente cayó sobre él, y allí mismo oró por el presidente.

Ya que Reagan estaba siendo operado, Bush tuvo que tomar el liderazgo de la nación, pero deliberadamente retrocedió para asegurarse que nadie pensara que él estaba tratando de desafiar o usurpar la posición de presidente. Por ejemplo, cuando Bush fue a la Casa Blanca, el rehusó aterrizar en la parte sur, ya que la tradición indica que los presidentes aterrizan allí. Y a las siete de la noche cuando Bush presidía una reunión de emergencia del gabinete, se sentó en la silla de siempre y no en la del presidente.

Reagan, por supuesto, se recuperó, y volvió a sus actividades, para luego volver a ser reelegido presidente en 1984. Bush estaba contento de mantenerse atrás, sirviendo a su líder y a su país, hasta que el momento correcto llegara y el pueblo estadounidense lo eligiera como líder.

Principio # 8 para dirigir a los líderes que lo supervisan:

CONVIÉRTASE EN UN JUGADOR DE ACCIÓN

S i usted se encontrara en una situación en el trabajo donde usted tuviera una fecha límite y estuviera tratando de terminar un proyecto que es vital para el éxito de la organización, y de pronto, sin casi ningún tiempo más, recibiera otra tarea crítica que tuviera que ser completada al mismo tiempo, ¿qué haría? En este caso, imaginémonos que retrasar la fecha límite más allá de hoy no es una posibilidad. Es un asunto de hacerlo o morir. ¿Cómo respondería? Si usted es como la mayoría de los buenos líderes, usted delegaría una de esas tareas a un jugador de acción.

La ley del catalizador en el libro *Las 17 leyes incuestionables del trabajo en equipo* dice que los equipos triunfantes tienen jugadores que hacen que las cosas sucedan. Eso es muy cierto, sea en los deportes, los negocios, el gobierno, o cualquier otra área. Esos miembros del equipo que pueden realizar las tareas son los jugadores de acción. Ellos demuestran constante capacidad, responsabilidad y confiabilidad.

Si eso es lo que usted haría a la hora de la verdad, si confía en uno de sus jugadores porque siempre lo logra, entonces ¿por qué sus líderes no iban a hacer lo mismo? Todos los líderes están buscando personas que puedan dar un paso al frente y marcar la diferencia en un momento importante. Cuando encuentran a ese tipo de personas, empiezan a apoyarse en ellos y son influidos por ellos.

LOS JUGADORES DE ACCIÓN PRODUCEN CUANDO...

Pocas cosas elevan a una persona más allá de sus compañeros que convertirse en un jugador de acción. Todos admiramos a los jugadores de acción y nos fijamos en ellos cuando las cosas se ponen difíciles, y no sólo sus líderes, sino también sus seguidores y sus compañeros de trabajo. Cuando pienso en jugadores de acción, me refiero a personas que siempre producen.

1. LOS JUGADORES DE ACCIÓN PRODUCEN CUANDO LA PRESIÓN ESTÁ SOBRE ELLOS

Hay muchas diferentes clases de personas en el lugar de trabajo y usted puede medirlos de acuerdo a lo que hacen por la organización

LO QUE HACEN	TIPO DE JUGADOR
Nunca finalizan algo	Perjudicial
De vez en cuando realizan algo	Promedio
Siempre realizan su trabajo dentro de su zona de comodidad	Valioso
Siempre realizan algo sin importar la situación	Invaluable

Los jugadores de acción son personas que encuentran una forma para que las cosas se realicen sin importar las circunstancias. No tienen que estar en un ambiente que les sea familiar. No tienen que estar en sus zonas de comodidad. Las circunstancias no tienen que ser justas o favorables. La presión no los obstaculiza. De hecho, entre más presión sienten, más les gusta. Siempre producen cuando hay presión.

> *Los jugadores de acción son personas que encuentran una forma para que las cosas se realicen sin importar las circunstancias. No tienen que estar en un ambiente que les sea familiar. No tienen que estar en sus zonas de comodidad.*

2. LOS JUGADORES DE ACCIÓN PRODUCEN AUNQUE LOS RECURSOS SEAN POCOS

En el año 2004, cuando el libro *Today Matters* (*Lo que importa es el hoy*) salió y me invitaban a hablar sobre tema, recuerdo una vez en que tuve unas sesiones seguidas en Little Rock Arkansas. Después de la primera sesión, se nos acabaron los libros. Cuando el líder de la organización para la que estaba hablando se dio cuenta de ello, movilizó a alguna de su gente y los envió a las librerías del pueblo para que compraran más copias de libro y de esa forma las personas que llegaban a la conferencia tuvieran acceso a ellos. Creo que compró todas las copias que había en ese pueblo.

Lo que me encantó fue que él deseaba que su gente se beneficiara del libro, y sabía que si no lo tenía disponible a la venta una vez que yo terminara mi conferencia, probablemente no lo comprarían después. Así que él decidió arriesgarse, aunque tuvo que comprar los libros al precio normal y volverlos a vender al mismo costo, lo hizo para servir a su gente. ¡Eso es un líder!

3. LOS JUGADORES DE ACCIÓN PRODUCEN CUANDO EL IMPULSO ES BAJO

Las organizaciones sólo tienen tres clases de personas en lo que respecta al impulso. Existen los rompedores de impulso, las personas que sabotean al líder de la organización y minan el impulso como consecuencia. Estas personas tienen actitudes terribles y representan el diez por ciento de la organización (en General Electric, Jack Welch se hizo la meta de identificar y despedir a esa clase de personas). El segundo grupo se compone de los interesados en el impulso, las personas que simplemente toman las cosas como vienen. Ni crean ni disminuyen el impulso, simplemente le siguen la corriente. Esas personas representan el ochenta por ciento.

El grupo final son los creadores de impulso, las personas que movilizan las cosas y crean ímpetu. Son los líderes de la organización y componen un diez por ciento. Estos creadores de impulso progresan, vencen obstáculos, ayudan a los demás, crean una energía en la organización cuando el resto del equipo se siente cansado o desanimado.

4. LOS JUGADORES DE ACCIÓN PRODUCEN CUANDO LA CARGA ES PESADA

Los buenos empleados siempre tienen el deseo de ser útiles a sus líderes. He trabajado con muchos de ellos durante muchos años. Aprecio siempre cuando alguien que trabaja para mí me dice: «Terminé mi trabajo ¿puedo hacer algo por usted?» Pero hay otro nivel de juego donde los jugadores de acción brillan y usted puede notarlo en su habilidad de llevar una carga pesada cuando su líder lo necesita. Ellos no ayudan al líder con una carga pesada cuando la suya es liviana, lo hacen todas las veces que la carga del líder es pesada.

Linda Eggers, Tim Elmore y Dan Reiland son ejemplos de apoyo cuando tengo una carga muy pesada. Durante años, cuando me he sentido presionado, ellos han tomado algunas tareas y las han terminado con excelencia. Dan Reiland es tan fabuloso en esta área que continúa haciéndolo aun cuando ya no trabaja para mí. Lo hace como un amigo.

Si usted tiene la disposición y la capacidad de levantar la carga de su líder cuando éste lo necesite, usted podrá influir en él.

Las claves para convertirse en esta clase de jugador son la disponibilidad y la responsabilidad. Ser un apoyo para alguien que tiene la carga pesada es realmente un asunto de actitud, no de posición. Si usted tiene la disposición y la capacidad de levantar la carga de su líder cuando éste lo necesite, usted podrá influir en él.

5. LOS JUGADORES DE ACCIÓN PRODUCEN CUANDO EL LÍDER ESTÁ AUSENTE

La oportunidad más grande para un líder intermedio de una organización para distinguirse es cuando el líder está ausente. Es en esos momentos que un vacío del liderazgo se ve en el camino y los líderes pueden tomar la decisión de llenarla. Cuando los líderes saben que estarán ausentes, generalmente designan a otro líder para que los represente. Pero aun así, existen oportunidades para que las personas den un paso al frente, tomen la responsabilidad y brillen.

Si usted da un paso al frente para dirigir cuando existe un vacío del liderazgo, hay una gran probabilidad de que usted se distinga. También debe saber, sin embargo, que cuando las personas dan un paso al frente para llenar ese vacío, casi siempre exponen sus motivos reales. Si sus motivos son buenos, y desean dirigir por el bien de la organización, se notará. Si están intentando usurpar el poder para ganancia personal, también se notará.

6. Los jugadores de acción producen cuando el tiempo es limitado

Me encantó un letrero que vi en un pequeño negocio titulado: «Las 57 reglas para entregar las mercancías». Debajo del título dice:

Regla 1: Entregue las mercancías.
Regla 2: Las otras 56 no importan.

Esa es la filosofía de los jugadores de acción. Ellos cumplen sin importar que tan difícil sea la situación.

Mientras escribía este capítulo, Rod Loy me contó una historia de cuando él era un líder intermedio de una organización. En una reunión, su líder anunció un nuevo programa. Roy escuchó con interés, porque no lo conocía. Sonaba muy bien, hasta que su líder anunció que Rod estaría dirigiendo ese programa y cualquiera que estaba interesado podía hablar con él después de la reunión.

Rod no había sido informado de su papel en este programa., pero eso no le importaba. Durante el resto de la reunión mientras que su líder hablaba, Rod tomaba notas, bosquejando y diseñando un plan de acción para el programa. Cuando la reunión acabó y las personas se le acercaron, Rod les comunicó su plan y lo iniciaron. Rod dijo que tal vez no era su mejor trabajo, pero era bastante bueno bajo las circunstancias. Logró un triunfo para su organización, preservó la credibilidad de su líder y le sirvió a su gente.

Es probable que usted nunca se encuentre en la misma situación de Rod. Sin embargo, si usted adopta la actitud positiva y la tenacidad de un jugador de acción, y utiliza cada oportunidad para realizar las cosas, probablemente se desempeñará muy bien en circunstancias similares. Si lo hace, su líder empezará a apoyarse en usted, y las personas en las que nos apoyamos aumentan su influencia y credibilidad cada día que trabajamos con ellas.

Principio # 9 para dirigir a los líderes
que lo supervisan:

SEA MEJOR MAÑANA DE LO QUE ES USTED HOY

U n pavo estaba conversando con un toro: «Me gustaría subirme a aquel árbol», suspiró el pavo, «pero no tengo energía».
   «Pues bien», replicó el toro, «¿por qué no te comes un poco de mi excremento? Tiene muchos nutrientes».
   El pavo comió un trozo y se dio cuenta que le dio la suficiente fuerza como para llegar a la rama más baja del árbol. El siguiente día, después de comer un poco más, logró llegar a la segunda rama. Finalmente, después de la cuarta noche, él se encontraba en la cima del árbol. Sin embargo pronto fue visto por un cazador que le disparó y cayó del árbol.
   La moraleja de la historia: El excremento puede llevarte a la cima, pero no te mantendrá allí.

CÓMO LE AYUDA EL CRECIMIENTO A DIRIGIR A LOS LÍDERES QUE LO SUPERVISAN

Me he encontrado con muchas personas que tienen la enfermedad del destino. Piensan que han «llegado» allí por medio de la posición que obtuvieron o por alcanzar un cierto nivel en una organización. Cuando llegan al lugar deseado, no se esfuerzan por seguir desarrollándose. ¡Qué desperdicio de potencial!

Ciertamente no hay nada de malo con el deseo de progresar en su carrera, pero nunca trate de «llegar». Más bien, que su intención sea que la jornada sea a campo abierto. La mayoría de las personas no tienen idea hasta dónde llegarán en la vida. Muchas veces apuntan muy bajo. Lo sé porque lo hice cuando empecé, pero mi vida cambió cuando dejé de ponerme metas a dónde quería estar y comencé a moverme hacia lo que quería ser. He descubierto que la clave para el desarrollo personal es estar más orientado en el *crecimiento* que en la *meta*.

No existe ningún defecto en hacer que su desarrollo sea su meta. Si usted sigue aprendiendo, será mejor mañana que hoy y esto pueda significar tantas cosas para usted.

> *La clave para el desarrollo personal es estar más orientado en el crecimiento que en la meta.*

Entre mejor sea usted, la gente le escuchará más

Si usted tuviera un interés culinario, ¿con quién preferiría pasar el tiempo, con Mario Batali, chef, autor de libros de cocina, dueño del restaurante Babbo y otros restaurantes en la ciudad de Nueva York, además de anfitrión de los programas de televisión en el canal de Food Network o con su vecino que disfruta cocinar y lo hace de vez en cuando? O si usted es un estudiante de liderazgo, como lo soy yo, ¿preferiría pasar una hora con el presidente de los Estados Unidos o con la persona que administra el supermercado de la esquina? No hay comparación. ¿Por qué? Porque usted respeta más y puede aprender más de la persona con una gran capacidad y experiencia.

La capacidad es la clave de la credibilidad, y la credibilidad es la clave para influir en los demás. Si las personas lo respetan, lo escucharán. El presidente Abraham Lincoln dijo: «No tengo mucho respeto por el hombre que no es más sabio hoy de lo que era ayer». Al enfocarse en el desarrollo, usted se hace más sabio cada día.

Entre mejor sea usted, su valor también lo será

Si usted fuera a plantar frutas y árboles de nuez en su patio, ¿cuándo cree que podría cosecharlos? ¡Le sorprendería saber que tendría que esperar años, de tres a siete años en el caso de los árboles frutales y de cinco a quince años en el de los árboles de nueces? Si usted desea que un árbol produzca, primero debe dejarlo que crezca. Entre más ha crecido el árbol y ha afirmado sus raíces, más producirá. De hecho, se dice que un árbol sigue creciendo durante toda su vida. Me gustaría vivir de tal manera que lo mismo dijeran de mí: «Siguió creciendo hasta el día que murió».

Me encanta esta cita de Elbert Hubbard: «Si lo que hizo ayer todavía le parece mucho hoy, usted no ha hecho nada hoy». Si usted mira a los logros pasados y no se le hacen pequeños ahora, entonces usted no se ha desarrollado mucho desde que los logró. Si usted se fija en un trabajo que hizo hace varios años, y no piensa que puede hacerlo mejor ahora, eso muestra que necesita progresar en esa área de su vida.

Si usted no está avanzando como aprendiz, usted está retrocediendo como líder.

Si usted no está creciendo continuamente, entonces probablemente está dañando su habilidad de liderazgo. Warren Bennis y Bert Nanus, autores del libro *Leaders: The Strategies for Taking Charge*, dijeron: «Es la capacidad para desarrollarse y mejorar sus habilidades lo que hace que los líderes se distingan de los seguidores». Si usted no está avanzando como aprendiz, usted está retrocediendo como líder.

ENTRE MEJOR SEA USTED, MAYOR SERÁ SU POTENCIAL PARA EL MAÑANA

¿Quiénes son las personas más difíciles de enseñar? Las personas que no tratan de aprender. Hacerlos que acepten una nueva idea es cómo tratar de trasplantar una planta de tomate en un suelo de cemento. Aún si logra hacer que llegue hasta debajo de cemento, usted sabe que no va a sobrevivir de ninguna forma. Entre más aprenda y crezca, mayor será su capacidad para seguir aprendiendo, y eso hace que su potencial sea mayor y su valor más alto el día de mañana.

El reformador hindú Mahatma Gandhi dijo: «La diferencia entre lo que hacemos y lo que podemos hacer sería suficiente para resolver la mayor parte de los problemas del mundo». Así de grande es nuestro potencial. Todo lo que tenemos que hacer es seguir luchando para aprender más, crecer más, convertirnos en alguien mejor.

Entrevisté a un líder para este libro que me contó que en su primer trabajo, su jefe se sentaba con él y le explicaba si él había cometido un error. Cada vez que acababa una de esas reuniones, su jefe le preguntaba: «¿Aprendiste algo de esto?» Y le pedía que lo explicara. En ese momento, ese joven líder pensaba que su jefe se estaba portando muy exigente con él, pero al ir progresando en su carrera, descubrió que muchos de sus éxitos surgieron de seguir las prácticas que él adoptó como resultado de esas conversaciones. Tuvo un impacto positivo muy grande porque lo hacía ser mejor cada vez. Si usted quiere influir en las personas que están encima de usted en la organización y seguir influyéndolas, usted debe seguir mejorando. Una inversión en su crecimiento es una inversión en su habilidad, su adaptación y su promoción. No importa cuánto le cueste seguir creciendo y aprendiendo, el costo de no hacer nada es mayor.

CÓMO SER MEJOR EL DÍA DE MAÑANA

El estadounidense y padre de su patria, Benjamín Franklin, decía: «Si usted mejora, el mundo mejora. No tenga miedo de crecer lentamente, tenga miedo de mantenerse en el mismo lugar. Olvide sus errores pero recuerde lo que aprendió de ellos». Entonces, ¿cómo puede ser mejor mañana? Siendo mejor hoy. El secreto de su éxito se encuentra en su agenda diaria. Le sugiero lo siguiente para que siga desarrollándose y dirigiendo a los líderes que lo supervisan:

1. APRENDA SU PROFESIÓN HOY

En la pared de una oficina se encuentra un letrero que dice: «El mejor momento para plantar un árbol es hace veinticinco años. El siguiente mejor momento es hoy». No existe tiempo como el presente para convertirse en un experto en su profesión. Quizás hubiera deseado haber empezado antes. O quizás usted hubiera deseado haber encontrado un mejor maestro o mentor antes. Nada de eso importa. Mirar el pasado y lamentarse no le ayudará a avanzar.

Un amigo del poeta Longfellow le preguntó cuál era el secreto de su continuo interés en la vida. Señalando un árbol de manzana que estaba cerca de allí, Longfellow le contestó: «El propósito de ese árbol de manzana es crecer un poquito más cada año. Eso es lo que yo también planeo hacer». Un sentimiento similar está en uno de los poemas de Longfellow:

No es la satisfacción ni el sufrimiento
el fin de nuestro destino.
Es saber que cada mañana
nos encuentre mejores de lo que somos hoy.

Es probable que usted no esté donde se supondría. Puede que usted no sea lo que quisiera ser. Usted no tiene que ser lo que solía y no tiene que llegar alguna vez. Usted sólo necesita aprender a ser lo mejor que pueda ser el día de hoy. Tal como Napoleón Hill lo dijo: «Usted no puede cambiar donde comenzó, pero sí puede cambiar la dirección hacia dónde va. No es lo que va a hacer, sino lo que está haciendo ahora lo que cuenta».

> «Usted no puede cambiar donde comenzó, pero sí puede cambiar la dirección hacia dónde va. No es lo que va a hacer, sino lo que está haciendo ahora lo que cuenta».
> —NAPOLEÓN HILL

2. CONVERSE DE SU PROFESIÓN HOY

Cuando alcance un grado de eficiencia en su profesión, una de las mejores cosas que puede hacer por sí mismo es conversar de ella con los demás en su mismo nivel o en niveles más altos que el suyo. Muchas personas hacen esto naturalmente. Los guitarristas hablan acerca de las guitarras, los padres hablan acerca de criar niños, los jugadores de golf hablan de golf. Lo hacen porque lo disfrutan, los llena de pasión, les enseña nuevas habilidades y perspectivas y los prepara para actuar.

Hablar con los compañeros es maravilloso, pero si no se esfuerza en hablar de su profesión con las personas que están por encima suyo en términos de experiencia y habilidad, entonces en realidad se está perdiendo de grandes oportunidades. Douglas Randlett se reúne normalmente con un grupo de multimillonarios pensionados para aprender de ellos. Antes de que se retirara, el jugador de las Grandes Ligas Tony

Gwynn era reconocido por hablar del juego con cualquiera que tuviera conocimiento. Cada vez que veía a Ted Williams hablaban de béisbol. A mí me encanta hablar todo el tiempo de liderazgo con buenos líderes. De hecho, pongo en mi agenda al menos seis veces al año, un almuerzo de aprendizaje con alguien que admiro. Antes de ir al almuerzo, los estudio leyendo sus libros, estudiando sus lecciones, escuchando sus conferencias, o lo que necesite hacer. Mi meta es aprender lo suficiente de ellos y de su «lado amable» para poder hacerles las preguntas adecuadas. Si hago eso, puedo entonces aprender de sus fortalezas, aunque no sea ese mi objetivo mayor. Mi objetivo es aprender lo que puedo transferir de su zona de fortaleza a la mía. De allí vendrá mi crecimiento, no de lo que ellos hacen. Tengo que aplicar a mi situación lo que aprendo.

El secreto de una gran entrevista es escuchar. Es la conexión entre aprender de ellos y aprender de uno mismo. Y ese debe ser su objetivo.

3. PRACTIQUE SU PROFESIÓN HOY

William Osler, el doctor que escribió *The Principles and Practice of Medicine* en 1892, le dijo una vez a un grupo de estudiantes:

> Exilien el futuro. Vivan sólo el momento y su trabajo. No piensen en la cantidad que debe ser completada, las dificultades que deben sobrepasarse, o el final que se desea, sino más bien dedíquense a la pequeña tarea que tienen a mano, que eso sea suficiente para el día, porque ciertamente nuestra actividad es, tal como lo dice Carlyle: «No lo que se ve a lo lejos, sino lo que se ve exactamente al frente de nosotros».

La única forma de mejorar es practicar su profesión hasta que la conozca completamente. Al principio, usted hace lo que sabe hacer. Entre más practica su profesión, más la conoce, pero entre más la conoce, descubrirá también que además se puede hacer de manera diferente. En ese momento se tiene que tomar la decisión: ¿hará lo que siempre ha hecho o intentará hacer más de lo que piensa que usted debe hacer? La única forma de mejorar es salirse de su área de comodidad e intentar cosas nuevas.

Las personas me preguntan con frecuencia: «¿Cómo puedo ampliar mi negocio?» o «¿cómo puedo hacer que mi departamento sea mejor?» La respuesta es que crezca usted de manera personal. La única forma de que su organización crezca es que los líderes que la dirigen también crezcan. Entre mejor sea usted, los demás también serán mejores. El director ejecutivo de General Electric que ahora está pensionado, Jack Welch dijo: «Antes de que usted sea un líder, el éxito tiene que ver con desarrollarse a sí mismo. Cuando usted se convierte en un líder, el éxito tiene que ver con desarrollar a los demás».[1] Y el momento de empezar es ahora.

Repaso de la sección III
Los principios que un líder de 360° necesita para dirigir a los líderes que lo supervisan

Antes de comenzar a aprender lo que se necesita para liderar lateralmente a sus compañeros, repase los nueve principios que usted necesita aprender a la perfección para poder dirigir a los líderes que lo supervisan:

1. Diríjase a usted mismo excepcionalmente bien.

2. Aligere la carga de su líder.

3. Esté dispuesto a hacer lo que otros no harán.

4. No administre solamente. Dirija también.

5. Invierta en la química de las relaciones.

6. Esté preparado cada vez que usted ocupa el tiempo de su líder.

7. Reconozca cuando presionar y cuándo retroceder.

8. Conviértase en un jugador de acción.

9. Sea mejor mañana de lo que es usted hoy.

¿Cómo le va con estas nueve cosas? Si usted no está seguro en donde se encuentra, tome la evaluación del *líder de 360°* que se ofrece de manera gratuita a los que han comprado este libro.

Vaya a liderlatino.com para mayor información.

SECCIÓN IV

LOS PRINCIPIOS QUE LOS *LÍDERES* DE *360°* PRACTICAN PARA LIDERAR LATERALMENTE A SUS COMPAÑEROS

«Sígame, caminaré con usted».

¿Qué es lo que distingue a un líder aceptablemente bueno de uno que avanza hasta el siguiente nivel? Los líderes aceptablemente buenos pueden dirigir seguidores. Pueden encontrarlos, buscarlos, reclutarlos y enlistarlos. No es una tarea fácil, pero un líder que puede dirigir sólo seguidores está limitado. Para ir al siguiente nivel de liderazgo, un líder debe poder dirigir a otros líderes, no sólo los que están debajo de él, sino también a los que están por encima y al lado de él.

Los líderes que se esfuerzan y exhiben una gran capacidad pueden influir en sus jefes. En ese respecto, se han convertido en líderes de líderes, pero dirigir a sus propios compañeros es otra clase de reto. De hecho, las personas altamente productivas que crean sentimientos de celos o resentimiento por su relación con sus jefes, tienen dificultad para dirigir a sus compañeros. Si los líderes intermedios que dirigen a los líderes que los supervisan son vistos como personas políticas o personas que sólo quieren quedar bien, es probable que sus compañeros rechacen sus iniciativas para liderarlos.

Para tener éxito como un *líder de 360°* que dirige a sus compañeros, usted tiene que trabajar en darles razones a sus colegas para que lo respeten y lo sigan. ¿Cómo lo puede hacer? Haciendo que sus compañeros triunfen. Si usted puede ayudarles a triunfar, no solamente ayudará a la organización, sino también a sí mismo.

Las personas que encuentran que es muy difícil liderar lateralmente a sus compañeros son las que no pueden sobresalir en desarrollar relaciones. Si usted se fija en los cinco niveles de liderazgo descritos en «el mito de la posición», usted notará que después del primer nivel, que es la posición, el segundo y el tercer nivel son el permiso y la producción respectivamente. Los líderes que sobresalen en la producción pero ignoran el permiso puede que influyan en sus jefes, pero les costará mucho tratar de influir en sus compañeros. Si quiere liderar lateralmente, usted necesita esforzarse y ganarse el permiso de sus compañeros. Eso puede ser un gran desafío, pero vale la pena aceptarlo.

COMPRENDA, PRACTIQUE Y COMPLEMENTE EL CÍRCULO DEL LIDERAZGO

Muchas personas tienen dificultad en liderar lateralmente a sus compañeros porque su manera de acercarse a ellos es muy estrecha. Tratan de obtener influencia demasiado rápido. Dirigir no es un evento de una sola vez, es un proceso continuo que toma tiempo, especialmente con los compañeros.

Si usted desea obtener influencia y credibilidad con las personas que trabajan junto a usted, no trate de tomar atajos o de hacer trampa en el proceso. Más bien, aprenda a comprender, practicar y complementar el círculo del liderazgo con ellos.

EL CÍRCULO DEL LIDERAZGO

Observe la siguiente gráfica, que le dará una idea de cómo es el círculo del liderazgo.

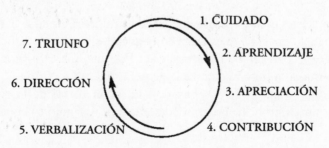

1. CUIDADO
2. APRENDIZAJE
3. APRECIACIÓN
4. CONTRIBUCIÓN
5. VERBALIZACIÓN
6. DIRECCIÓN
7. TRIUNFO

Usted puede ver que es un ciclo que comienza con el cuidado y termina con el éxito. Estos pasos funcionan de la siguiente forma:

1. CUIDADO. INTERÉSESE POR LAS PERSONAS

Puede que esto le suene muy simple, pero en realidad todo comienza aquí. Usted tiene que mostrarles a las personas que usted se preocupa por ellas. Hágalo interesándose en ellas. Muchos líderes están tan orientados a la acción y a sus agendas que no hacen que las personas se conviertan en una alta prioridad. Si eso lo describe a usted, debe cambiarlo.

No quiero sonar grosero, pero ayuda mucho si a usted le gusta la gente. Si usted no es sociable, ese es el primer paso que debe dar. Busque el valor en cada persona. Póngase en los zapatos de los demás. Encuentre razones para que lo aprecien. Usted nunca se interesa en las personas si en realidad no se preocupa por ellas. Y si usted no se preocupa por ellas, ese defecto se convertirá en obstáculo en su habilidad para dirigir a las personas.

Las personas siempre se acercan a aquellos que los valoran y se alejan de aquellos que los denigran.

Si ésta es un área de desafío para usted, quizás quiera leer el libro *25 maneras de ganarse a la gente: Cómo hacer que los demás se sientan valiosos*, el cual escribí junto a Les Parrot; o tal vez quiera leer el clásico: *Cómo ganar amigos e influir en los demás*, escrito por Dale Carniege. Sea cual sea la forma de desarrollar ese don de gente, recuerde que las personas siempre se acercan a aquellos que los valoran y se alejan de aquellos que los denigran.

2. APRENDIZAJE. CONOZCA A LAS PERSONAS

Mostrarles a las personas que usted se interesa en ellas siempre es algo bueno, pero si no se esfuerza en conocerlas como individuos, corre el riesgo de parecerse al personaje de Peanuts, Charlie Brown, que dijo: «Amo a la humanidad. Es la gente lo que no soporto».

Dedique tiempo para hablar con sus compañeros de la organización, conozca sus historias. Trate de descubrir sus mejores habilidades.

Aprenda a apreciar sus diferencias. Pida sus opiniones en asuntos de trabajo. Y en tanto que pueda, trate de ponerse en sus zapatos.

Por supuesto, existen formas estructuradas para aprender de sus compañeros de trabajo. Frecuentemente doy conferencias por parte de Maximun Impact (*Máximo Impacto*), una compañía que fundé pero que ahora es propiedad de Todd Duncan. Uno de los ejercicios de la organización son las Tarjetas de Valores. A los participantes se les pide que escojan entre un mazo de más de cuarenta tarjetas, cada una de ellas con un valor impreso, como integridad, compromiso, riqueza, fe, creatividad, familia, etc. Se les pide que escojan los seis valores más importantes para ellos, aquellos que consideran que no son negociables. Luego se les pide que eliminen dos cartas, luego otras dos. Eso hace que tengan que sopesar lo que importa y que tomen decisiones muy difíciles.

Recientemente Rick Packer, un consultor corporativo, me envió un correo electrónico que había recibido de John Farrell de Printing House Press. En ese correo el escribía entusiasmado acerca de la experiencia de las tarjetas de valores y cómo las utilizó para conocer mejor a las personas de su organización. John dijo:

> Unas semanas después de haber regresado de la conferencia, me senté con cada uno de mis veinticinco empleados, para que realizaran el ejercicio de las tarjetas de valores de Máximo Impacto. Les dije que pensaba que sería una gran experiencia y que podría encontrar algo más acerca de ellos mismos. Fue genial. Cada uno de los veinticinco empleados lo disfrutó tanto que me pidieron que mostrará públicamente los valores de cada uno de sus compañeros de trabajo. Por voto unánime, hice que mi diseñador gráfico creara e imprimiera un cartel que mostrara los tres valores principales. Actualmente se encuentra en nuestra oficina y todos lo pueden ver.

John siguió diciendo que la camaradería que ya existía dentro de su personal aumentó.

No sólo conoce mejor a su personal, sino que también ellos están en una mejor posición de conocer, apreciar e influirse mutuamente.

3. Apreciación. Respete a las personas

Tendemos a apreciar a las personas que hacen cosas que admiramos. Es natural. Pero si sólo apreciamos a las personas que son como nosotros, nos estamos perdiendo de mucho. Debemos esforzarnos para ver las experiencias y las habilidades únicas de los demás como un recurso y tratar de aprender de ellos.

Dennis Bakke, director ejecutivo de AES, tiene una perspectiva muy interesante acerca de esto. De manera intencional supone cosas positivas de las personas y se esfuerza por hacerlas realidad en su deseo de respetarlas. Lo siguiente resume algunas de sus creencias acerca de la gente:

- Las personas son seres creativos y dignos, capaces de pensar, razonar, aprender y tomar decisiones.

- Las personas son responsables de sus ideas y sus acciones.

- Las personas son únicas, tanto en dones como en necesidades.

- Las personas son falibles. Todos cometemos errores, algunas veces a propósito.

- Las personas desean ser parte de un grupo que tiene una causa y que realiza una contribución positiva al mundo.

Si usted trata a sus compañeros (y a sus empleados) con esta clase de respeto, si los aprecia por quienes son, es muy probable que ellos lo respeten y lo escuchen a usted en respuesta.

4. Contribución. Añada valor a las personas

Pocas cosas aumentan más la credibilidad de los líderes que añadir valor a las personas a su alrededor. Eso es especialmente cierto cuando ellos no están obligados a hacerlo ni van a recibir ninguna clase de beneficio directo por ello. Cuando usted da un paso más para añadirle valor a sus compañeros, ellos comprenden que usted desea ayudarles a triunfar sin ninguna agenda secreta.

Las siguientes son unas sugerencias que le ayudarán a empezar:

No se guarde lo mejor para usted mismo. Nuestra tendencia natural es proteger lo que es nuestro, sea esto el territorio, nuestras ideas o nuestros recursos, pero si usted comparte lo que tiene cuando puede ayudar a los demás, realmente envía un mensaje positivo a las personas que trabajan con usted.

> *Pocas cosas aumentan más la credibilidad de los líderes que añadir valor a las personas a su alrededor.*

Rellene las brechas. Me encanta la película Rocky, de Silvester Stallone, cuando el personaje habla de su novia diciendo: «Yo tengo brechas, ella tiene brechas, pero juntos no tenemos ninguna brecha». También podríamos decir lo mismo de nuestros compañeros de trabajo. En lugar de aprovechar las brechas de los demás para avanzar a causa de ello, ¿por qué no rellenar nuestras mutuas brechas y que ambos avancemos?

Invierta en su crecimiento. Le sugerí en un capítulo anterior que comparta sus recursos con su líder. ¿Por qué no hacer lo mismo con sus compañeros? Tal como lo dice el dicho, cuando usted enciende la vela del otro, no pierde nada en la suya. Solamente produce más luz.

Llévelos con usted. Muchas veces cuando tenemos una oportunidad de hacer algo emocionante o especial, disfrutamos la experiencia, pero nos la guardamos para nosotros mismos. El *líder de 360°* siempre piensa en términos de llevar a alguien consigo durante esos momentos. Si usted desea influir en sus compañeros, comparta las cosas buenas que está haciendo con ellos.

Al principio puede sentirse un poco extraño dar valor a las personas de su propio nivel. Si usted trabaja en un ambiente competitivo u hostil, sus compañeros sospecharán de usted, pero persevere. Si usted da sin esperar nada a cambio y trata de ayudar a los demás a triunfar, con el tiempo comenzarán a confiar en usted.

5. Expresión. Afirme a las personas

Dedique un momento a pensar acerca de los maestros que usted ha tenido en su vida. ¿Quiénes fueron sus favoritos? ¿Por qué los prefiere más que los demás? Si usted es como la mayoría de las personas, usted los aprecia porque ellos lo afirmaron y lo hicieron sentirse bien.

Pocas cosas pueden desarrollar la persona más que la afirmación. Según el Diccionario de la Lengua Española, la palabra afirmar viene del latín *ad firmare* y significa «Poner firme, dar firmeza». Así que cuando usted afirma a alguien, usted hace que las cosas que ve en ellos sean firmes. Hágalo frecuentemente y la creencia que solidifica en ellos se hará más fuerte que las dudas que tienen de sí mismos.

Si usted desea influir en sus compañeros, conviértase en su mejor porrista. Elogie sus puntos fuertes, reconozca sus logros, diga cosas positivas acerca de ellos, felicítelos sinceramente cada vez que pueda, y algún día usted tendrá la oportunidad de influir en ellos.

6. Dirección. Influya en las personas

Después de haber tomado los cinco pasos anteriores: cuidado, aprendizaje, apreciación, contribución y expresión, ahora está finalmente listo para comenzar a dirigir a sus compañeros. Las cosas que ha hecho hasta ahora le han servido para desarrollar su relación con ellos, le dan credibilidad y muestran que sus motivos son buenos. Con esa clase de referencia, usted se ha ganado la oportunidad de influir en ellos.

Algunos líderes tienen la posibilidad de ir por todos los pasos rápidamente, mientras que otros necesitan más tiempo para completarlos. Entre mayor sea su liderazgo natural, más rápido podrá hacerlo, pero influir en los demás no es el fin del camino. Si su motivación es solamente hacer que las personas lo escuchen o hacer lo que usted desea, entonces no ha entendido el concepto. Si usted desea convertirse en un *líder de 360°*, necesita dar el siguiente paso. ¡Necesita ayudarlos a triunfar!

7. Éxito. Triunfe con las personas

Sé que usted tiene el deseo de dirigir a los demás, o no hubiera llegado hasta aquí en el libro. Pero no sé si ha meditado el por qué quiere dirigir. Creo que los buenos líderes equilibran dos motivaciones muy importantes. La primera es cumplir su visión. Todos los líderes tienen un sueño por dentro, una visión que quieren ver que fructifique. Para algunos es algo modesto, para otros es algo gigantesco. La segunda motivación es ver que los demás tengan éxito. Los grandes líderes no usan a las personas para triunfar. Ellos dirigen a las personas para que todos juntos puedan triunfar. Si esa es su motivación verdadera, usted puede convertirse en la clase de persona que otros quieren seguir, sea al lado suyo, por encima suyo o debajo suyo en la jerarquía organizacional.

> *Los grandes líderes no usan a las personas para triunfar. Ellos dirigen a las personas para que todos juntos puedan triunfar.*

Lo maravilloso de ayudar a otros a triunfar es que eso le da más oportunidades de ayudar a un número mayor de personas. ¿No lo ha notado en todas las áreas de la vida? Un entrenador exitoso o un líder de negocios tienen más facilidad para reclutar jugadores potenciales que alguien que no tenga un registro de triunfos. Una vez que los líderes prueban que pueden realizar los sueños de las personas, otros los buscan, para que les ayuden a triunfar.

Y eso es lo que hace que el ciclo comience de nuevo. Si usted le ayuda a los demás a tener éxito, más personas vendrán a su vida a quienes tendrá la oportunidad de ayudar a triunfar. Cada vez que eso sucede, usted debe escoger si desea pasar por el mismo proceso de nuevo, empezando con el cuidado y terminando con el éxito. Usted no puede tomar atajos. Si le ayuda a los demás a triunfar de manera constante por mucho tiempo, ellos le ayudarán a realizar el proceso más rápidamente con ellos, pero aun así tiene que dar cada paso.

Cuando Lou Holts era el entrenador del equipo de fútbol de Notre Dame, se le oyó decir: «¡Hagan lo correcto! haga lo mejor que pueden y traten a los demás de la misma forma en que desea que los traten, porque ellos harán tres preguntas: 1. ¿Puedo confiar en ti? 2. ¿Crees en

esto? ¿Estás comprometido con esto? ¿Tienes una pasión para esto? 3.
¿Te intereso como persona?» Si las personas a su alrededor pueden responder afirmativamente a esas preguntas, entonces usted tiene
muchas probabilidades de causar impacto en sus vidas.

COMPLEMENTE A SUS COMPAÑEROS LÍDERES EN LUGAR DE COMPETIR CON ELLOS

C hris Hodges, un gran líder nativo de Baton Rouge, es famoso por decir chistes Boudreaux, un tipo de humor popular en Louisiana. Me contó recientemente el siguiente chiste durante un viaje de Equip: (Trataré de escribirlo como lo hablarían para conservar la gracia).

Un grupo de hombres estaba sentado fanfarroneando de lo exitosos que ellos eran. Thibideaux dice: «Acabo de comprarme un bote camaronero y tengo una tripulación de diez hombres trabajando pa' mí».

«Eso no e' nada», respondió Landry, «me promovieron en la refinería y ahora tengo cincuenta hombres trabajando pa' mí».

Boudreux escuchó esto y como no quería verse mal ante sus amigos, les dijo: «pue' yo tengo trescientas personas debajo de mí».

Thibideaux replicó: «¿de qué tú habla? Te la pasa' manejando una cortadora de césped todo el día».

«Eso e' cierto», dijo Boudreux, «pero ahora 'toy cortando césped en el cementerio, y tengo trescientas personas debajo de mí».

No hay nada de malo en competir. El problema radica en que muchos líderes terminan compitiendo contra sus colegas en su organización de tal forma que dañan al equipo y a sí mismos. Todo depende de cómo usted maneja la competencia y cómo la canaliza.

Ganar a toda costa afectará su relación con sus compañeros.

En ambientes de trabajo saludables, existe la competencia y el trabajo en equipo. El asunto de saber cuándo es apropiado uno o el otro. Con respecto a sus compañeros de equipo, usted debe competir de tal forma que en lugar de obstaculizarlos, los complete. Esas son dos mentalidades totalmente diferentes.

Competir versus complementar

Competir	Complementar
Mentalidad escasa	Mentalidad abundante
Yo primero	La organización primero
La confianza se destruye	La confianza se desarrolla
Unos ganan y otros pierden	Ambos ganan
Pensamiento individualista (mis buenas ideas)	Pensamiento colectivo (nuestras grandiosas ideas)
Exclusión de los demás	Inclusión de los demás

Ganar a toda costa afectará su relación con sus compañeros. Si su objetivo es ganarle a sus compañeros, entonces nunca podrá liderarlos lateralmente.

CÓMO BALANCEAR COMPETIR CON COMPLEMENTAR

Lo importante es que el éxito de todo el equipo debe ser más importante que cualquier triunfo individual. Las organizaciones necesitan la competencia y el trabajo en equipo para triunfar. Cuando existen esos dos elementos en el balance adecuado, el resultado es una gran química de equipo.

Entonces, ¿cómo balancear competir con complementar? ¿Cómo aprende a intercambiarse entre uno y el otro? Le recomiendo lo siguiente:

1. Reconozca su deseo natural de competir

Cuatro o cinco años después de que me gradué de la universidad, regresé a jugar un juego de baloncesto contra el equipo actual de esa universidad. Cuando jugaba para ese equipo, mi posición era guardia de rebote, pero esta vez me asignaron a cubrir al puntero del equipo. Mientras lo observaba en los calentamientos, me di cuenta que íbamos a tener problemas. Él era mucho más rápido que yo, así que desarrollé una estrategia.

La primera vez que intenté quitarle la pelota cerca del aro, cometí una falta. No fue una falta pequeña. Cometí una falta muy grave. Cojeando, el puntero se fue a la línea de tiro libre para cobrar sus tiros y falló los dos lanzamientos. Hasta el momento no estaba tan mal.

La siguiente vez que su equipo intentó hacer un tiro desde afuera del área, volví a cometer una falta contra él. Refunfuñaba mientras se levantaba.

Un poco después, cuándo vi una pelota suelta, me aseguré de caer encima de él. No era tan grande como lo soy ahora, pero era más pesado que él.

Se volvió hacia mí y me gritó: «Estás jugando muy rudo. Es solo un juego».

«Muy bien», le respondí sonriendo, «entonces déjame ganar».

No importa quién es usted o lo que haga, la competitividad es un instinto de liderazgo natural. No he conocido a un líder que no desee ganar. En retrospectiva, reconozco que no fui muy maduro. Las buenas noticias son que nuestro equipo ganó el partido. Las malas noticias es que no hice un amigo ese día.

La clave para ser competitivo es canalizarlo en una manera positiva. Si lo aplasta, perderá una ventaja que lo motiva a hacer un mejor trabajo. Si usted le permite que no se refrene, les pasara por encima a sus compañeros y los aislará. Pero si lo controla y lo dirige, la competitividad pueda ayudarlo a tener éxito.

2. APOYE LA COMPETENCIA SALUDABLE

Todo equipo ganador que he visto o en el que he participado ha experimentado una competencia saludable entre sus miembros. La competencia saludable hace muchas cosas positivas para el equipo, muchas de las cuales no se logran por otro medio.

LA COMPETENCIA SALUDABLE SACA LO MEJOR DE USTED. ¿Cuántos récordes mundiales supone usted que se logran cuando un corredor corre a solas? No conozco ninguno. Las personas funcionan en su mejor capacidad cuando tienen algo que los presiona. Esa es la realidad, sea que esté aprendiendo, practicando o jugando el juego.

LA COMPETENCIA SALUDABLE PROMUEVE UNA EVALUACIÓN HONESTA. ¿Cuál es la manera más rápida de medir su efectividad en su profesión? Quizás usted tenga medidas a largo plazo, tales como objetivos mensuales o anuales. Pero ¿qué podría hacer si usted quiere saber cómo le va hoy? ¿Cómo lo mediría? Observe su lista de actividades, pero ¿qué tal si tiene un parámetro muy bajo? Puede preguntarle a su jefe, aunque la mejor manera sería ver lo que los demás en su área de trabajo están haciendo. Si usted se encuentra significativamente retrasado o adelantado de ellos ¿no le diría algo eso a usted? Puede que no sea la única forma de evaluarse a sí mismo, pero ciertamente le provee de un buen parámetro real.

LA COMPETENCIA SALUDABLE CREA CAMARADERÍA. Cuando las personas compiten juntas, con frecuencia crea una conexión entre ellas, sea que esté en el mismo equipo o en el opuesto. Cuando la competencia es amigable y continua dentro del mismo equipo, crea un lazo más fuerte que lleva a una mejor camaradería.

LA COMPETENCIA SALUDABLE NO SE VUELVE ALGO PERSONAL. La competencia entre los compañeros de equipo finalmente es para divertirse. Cuando la competencia es saludable, los compañeros siguen siendo amigos una vez que el juego haya terminado. Compiten mutuamente por puro gusto, y cuándo terminan se van juntos sin malos sentimientos.

Me encanta el chiste acerca del gallo que arrastró un huevo de avestruz hacia el gallinero. Lo puso enfrente de todas las gallinas y dijo: «No quiero intimidarlas, chicas, pero sólo quiero enseñarles lo que están haciendo en el otro lado». La competencia definitivamente pueda ayudar a motivar a un equipo a seguir adelante.

3. PONGA LA COMPETENCIA EN EL LUGAR APROPIADO

El objetivo total de una competencia saludable es que sea una influencia para hacer que toda la corporación triunfe. La competencia en la práctica ayuda a los compañeros de equipo a mejorarse mutuamente para el partido. Si está canalizada correctamente, se utiliza para vencer al otro equipo.

> *El objetivo total de una competencia saludable es que sea una influencia para hacer que toda la corporación triunfe.*

Por supuesto, algunos líderes pueden llevar esto al extremo. Leí una historia acerca de Tommy Lasorda, ex entrenador de los Dodgers de Los Ángeles. Un día su equipo tenía que jugar contra los Rojos de Cincinnati. En la mañana, Lasorda fue a misa. Cuando se sentaba en una banca, vio sentarse en la misma banca al entrenador de los Rojos.

Ambos se miraron, pero no se hablaron.

Cuando la misa terminó, empezaron a salir pero Lasorda notó que el otro entrenador se había detenido para encender una vela. «Me imaginé que eso podría darle una ventaja sobre nuestro equipo», dijo Lasorda, «así que esperé hasta que él se fuera, para ir a apagarle su vela».

4. CONOZCA DONDE PONER EL LÍMITE

No importa cuánto sea su deseo de ganar, si desea cultivar la habilidad de competir de una manera saludable, usted debe asegurarse de no cruzar el límite «dirigiéndose a la yugular» de sus compañeros, porque si lo hace usted los aislará. Ese límite no es difícil de definir. Yo diría que cuando la competitividad hace que los demás sean mejores, esa es una competencia saludable, pero si baja la moral y daña al equipo, no es saludable y se ha pasado de los límites.

Cuando dirigía la iglesia Skyline en San Diego, mi personal era muy competente y competitivo. El grupo principal consistía de Dan Reiland, Sheryl Fleisher y Tim Elmore. Todos tenían sus propios departamentos y sus propias áreas de experiencia, pero siempre estaban compitiendo, siempre tratando de ganarle al otro. Su competencia amigable inspiraba a los demás del personal a unirse y a dar lo mejor de sí, pero aun cuando la competencia fuera fuerte, si uno de ellos tenía un problema, todos los demás estaban a su lado, listos para prestar una mano. Siempre ponían el triunfo del equipo por encima de ellos.

Actualmente, esos tres líderes están haciendo cosas diferentes en organizaciones a través del país, pero siguen siendo amigos. Se mantienen en contacto, comparten historias, y se ayudan mutuamente cada vez que pueden. La clase de lazo que se desarrolla cuando hay una buena competencia no se acaba fácilmente. Tienen un respeto profundo por cada uno, lo que les continúa dando credibilidad e influencia de manera mutua.

Principio # 3 para liderar lateralmente

SEA UN AMIGO

C on frecuencia nos consideramos ser muchas cosas para las personas que trabajan con nosotros, somos colegas, compañeros de equipo, colaboradores, competidores; pero con frecuencia olvidamos ser la única cosa que todas las personas desean: un amigo. El poeta Ralph Waldo Emerson escribió: «La gloria de la amistad no está en la mano extendida, la sonrisa amable, ni el gozo del compañerismo, está en la inspiración espiritual que surge de aquel que descubre que alguien más cree en él y está dispuesto a confiar en él».

No importa qué tan competitivos parezcan ser sus compañeros de trabajo, siempre disfrutarán de tener un amigo en el trabajo. Algunas personas no buscan amistad en el lugar de trabajo, pero ciertamente se beneficiarían si la encontraran allí. Tener un amigo es a veces lo único que una persona tiene cuándo va a trabajar, cuando el trabajo es especialmente difícil o poco placentero. Y cuando el trabajo es bueno, un amigo se convierte en la crema batida de un helado.

PARA TENER TRABAJO DE EQUIPO, AÑADA LA AMISTAD

¿Por qué le recomiendo que se esfuerce en desarrollar amistades en el trabajo?

LA AMISTAD ES EL FUNDAMENTO DE LA INFLUENCIA

El presidente Abraham Lincoln decía: «Si usted quiere ganarse a un hombre para que apoye su causa, primero convénzalo de que usted es un amigo sincero». Las buenas relaciones hacen que la influencia sea posible, y la amistad es la relación más positiva que usted puede desarrollar en el trabajo con sus compañeros.

LA AMISTAD ES EL MARCO DEL ÉXITO

Yo creo que el éxito a largo plazo es inalcanzable si no se tiene don de gente. Theodore Roosevelt dijo: «El ingrediente más importante en la fórmula del éxito es saber cómo llevarse bien con las personas». Sin él, la mayoría de los logros no son posibles y aún lo que alcanzamos puede sentirse vacío.

LA AMISTAD ES EL REFUGIO EN CONTRA DE LAS TORMENTAS REPENTINAS

Si le está yendo mal en el trabajo, ¿quién lo puede hacerse sentir mejor? Un amigo. Cuando tiene que enfrentar sus temores, ¿con quién preferiría estar? Con un amigo. Cuando tropieza, ¿quién puede ayudarlo a levantarse? Un amigo. Aristóteles tenía razón cuando dijo: «Los verdaderos amigos son un refugio seguro».

COMO SER UN AMIGO

Sin duda, usted ya tiene amigos, así que sabe cómo desarrollar amistades, pero las relaciones en el trabajo pueden ser diferentes y quiero sugerirle una manera específica en la cual usted puede lograr la amistad dentro de su organización. Que su prioridad sea convertirse en un amigo, no en buscar un amigo.

Cuando la mayoría de las personas intentan hacer amistades, buscan personas que sean recíprocas en su esfuerzo para desarrollar una relación y si no sienten ninguna clase de esfuerzo mutuo, abandonan sus esfuerzos con ese individuo y siguen adelante. En el trabajo, si usted desea liderar lateralmente, usted necesita seguir esforzándose en ser un amigo, hasta con las personas que no hacen su esfuerzo inicial para serlo.

Al acercarse a sus compañeros, quiero animarle a que incluya los siguientes pasos en su manera de acercarse a ellos:

1. Escuche

El autor Richard Exley dijo:

> Un verdadero amigo es aquel que escucha y comprende cuando usted comparte sus sentimientos más profundos. Le apoya cuando usted está en dificultades; le corrige de manera gentil y con amor, cuando se equivoca; y le perdona cuando usted falla. Un verdadero amigo lo estimula constantemente para seguir creciendo, le exige hasta lograr su mayor potencial, y lo más asombroso, celebra el éxito de usted como si fuera el propio.

Ese proceso completo comienza con sólo escuchar.

Muchas personas en las organizaciones desean estar solas para poder hacer su trabajo. Si ellos desean interactuar con los demás, con frecuencia es porque están disputándose un puesto o desean que los demás los escuchen por algo que tienen que decir. Pocas veces las personas cambian su estilo, y se esfuerzan en escuchar a los demás.

Ralph Nichols dijo: «La necesidad más básica de todas las necesidades humanas es comprender y ser comprendido. La mejor forma de comprender a las personas es escuchándolas». Si usted aprende a escuchar de manera constante a sus compañeros de trabajo, ellos desearán pasar el tiempo con usted. Comenzarán a buscarlo. Y si se compenetran con usted, probablemente le empezarán a pedir su consejo. Ese es el punto inicial para influir en ellos.

2. Encuentre un común denominador que no se relacione con el trabajo

Frank A. Clark dijo: «Para disfrutar un amigo, necesito tener algo más en común con él que sólo el hecho de odiar a las mismas personas». Desafortunadamente, eso es lo único que tienen en común muchas personas que trabajan juntas. Entonces ¿cuál es la solución si parece que no encuentra ningún común denominador con alguien en el trabajo? Intente descubrir lo que usted tiene en común fuera de su trabajo.

Si usted ve a las personas como amigos potenciales, y busca puntos de conexión dentro y fuera de trabajo, usted tendrá una buena oportunidad de encontrarlos. Y así es como se desarrollan las amistades.

3. ESTÉ DISPONIBLE AUN DESPUÉS DE LAS HORAS DE TRABAJO

Al igual que usted necesita encontrar un común denominador fuera del trabajo para convertirse en amigo de sus compañeros, también necesita estar disponible fuera de esas horas de trabajo. Las verdaderas amistades siempre están disponibles.

Si usted no hace nada fuera de sus horas de trabajo, entonces su relación probablemente nunca avanzará más allá de los confines de su empleo. En el momento en que usted lleva su relación con su compañero más allá del ambiente de trabajo, esa relación comienza a cambiar. Piense en la primera vez que usted tuvo un almuerzo con un compañero de trabajo fuera de las instalaciones. Aunque hayan hablado del trabajo todo el tiempo, ¿no es cierto que la manera en que usted vio a esa persona cambió desde ese momento? Y ¿qué tal si ha jugado en algún equipo de fútbol de la organización, o ha jugado golf con sus compañeros de trabajo? ¿No aprendió muchas cosas acerca de ellos que no sabía antes? ¿No vio diferentes perspectivas de las personalidades de sus compañeros? Piense en la primera vez que usted fue a la casa de su compañero de trabajo y considere la conexión personal que usted sintió con esa persona después de allí.

La verdadera amistad no está en el reloj. Cuando un amigo está en necesidad, los amigos verdaderos no dicen: «Ya son las cinco, llámame mañana». Obviamente, usted desea respetar la privacidad de las personas, y tampoco quiere violar los límites personales de ellas, pero ya que el liderazgo no está limitado de nueve a cinco, la amistad tampoco.

4. TENGA SENTIDO DEL HUMOR

El pianista y comediante Víctor Borge dijo: «La risa es la distancia más cercana entre dos personas». Eso es cierto. El humor puede unir a dos personas que tal vez de otra forma no tuvieran mucho en común.

Charlie Wetzel me dijo que cuando fue a la universidad para obtener su maestría a la edad de 24 años, él era una persona dolorosamente seria. Charlie se tomaba a sí mismo, y todo en la vida, de una manera demasiado seria. Pero durante su segundo año de estudios, y trabajando como maestro asistente, llegó a conocer a algunos de sus compañeros quienes también estaban dando clases de composición en la universidad. Una de esas personas era Homer Arrington.

Homer había crecido en el sur de California, había ido a la escuela en Berkeley, y había tenido varios trabajos interesantes, incluyendo ser taxista en la ciudad de Nueva York por un par de años. Cuando se reunían todos los estudiantes graduados en la oficina comunal, compartían historias de sus experiencias en la clase y de los problemas que tenían. Homer era un buen estudiante y un intelectual y también tenía un gran sentido del humor. Cuando Charlie contaba la historia acerca de algo que le irritaba, Homer le encontraba algo gracioso, hacía unos chistes y ambos terminaban riendo.

Aunque los dos no tenían mucho en común inicialmente, pronto se hicieron amigos. Ahora, veinte años más tarde, Charlie dice que Homer le ayudó a no tomarse tan en serio y a revivir su sentido del humor, algo por lo que él sigue estando agradecido.

> *Su mejor amigo es aquel que saca lo mejor de usted.*
> —Henry Ford.

Si usted mantiene su sentido del humor, aunque los tiempos sean difíciles, aunque el trabajo sea difícil, y aunque tenga muchos temperamentos diferentes en sus compañeros, usted podrá crear una atmósfera positiva y sus compañeros lo verán como alguien accesible. Y eso significa más oportunidades de ser amigo.

5. Diga la verdad cuando otros no lo hagan

Una vez cuando Henry Ford estaba en un almuerzo con un hombre, le preguntó: «¿Quién es su mejor amigo?». Cuando el hombre respondió que no estaba seguro, Ford exclamó: «Yo se lo diré». Tomó un lápiz y escribió su respuesta en el mantel: «Su mejor amigo es aquel que saca lo mejor de usted».

Eso es lo que los amigos hacen mutuamente, sacan lo mejor del otro. Con frecuencia eso sucede por medio del ánimo, pero a veces lo mejor que usted puede hacer por sus amigos es decirles la verdad. No todos están dispuestos a hacer eso, porque no desean arriesgar la relación o tal vez no se interesen tanto como para hacer un esfuerzo.

Un proverbio oriental dice: «Un amigo es aquel que te previene». Cuando va en camino hacia un problema, un amigo se lo hace saber. Cuando está cegado por sus emociones, un amigo se lo hace saber. Cuando la calidad de su trabajo está dañando a la organización o puede dañarle su carrera, un amigo le dice la verdad.

Dar un paso al frente y decirles a las personas una verdad difícil puede ser algo arriesgado. La ironía es que para que alguien escuche lo que usted tiene que decir acerca de las cosas, usted primero necesita tener una credibilidad relacionada con esa persona. En otras palabras, es una situación sin salida. Si usted no le dice, no está siendo su amigo, pero para decirle, usted ya debe ser su amigo, o no aceptará lo que usted quiera decirle. Entre mayor sea su relación actual con esa persona, mejor será la oportunidad de que escuche lo que usted tiene que decir.

Charles Schwab, quien comenzó como un chofer y progresó hasta convertirse en el presidente de Carnegie Steel (y después U.S. Steel) era reconocido como líder increíble y un motivador experto. Él veía el valor de la amistad en cada aspecto de la vida, incluyendo el trabajo. Schwab decía:

Tenga amistad con todo el mundo. Cuando se tiene amigos, usted sabe que tendrá alguien que lo apoye. Usted conoce el viejo dicho que dice que si usted tiene solo un enemigo, lo encontrará en todo lugar. No vale la pena hacer enemigos. Viva una vida que hará que usted sea amable y amigable con los que están a su alrededor, y se sorprenderá de la vida tan alegre que llevará.

Y también se sorprenderá de la influencia que usted obtendrá con sus compañeros.

EVITE LA POLÍTICA DE LA OFICINA

Un político llegó tarde a un compromiso en el cual tenía que hablar. Generalmente él aprendía acerca de la organización para tener un tema del cual hablar, pero debido a su horario tan ocupado, no lo había podido hacer. Tan pronto llegó lo llevaron inmediatamente al pódium sin que tuviera la oportunidad de hablar con nadie.

Una vez presentado al público, no había otra cosa más que hacer que iniciar su discurso.

Con las luces brillando en sus ojos, habló de varios asuntos de campaña por mucho rato. Cuando se detuvo por un momento, el caballero que lo había presentado le susurró que el público al cual le estaba hablando estaba en la postura opuesta a lo que él presentó.

Sin exasperarse, el político dijo: «Amigos míos, ahora que he explicado la posición de la oposición en gran detalle, les diré la verdad».

Algunas personas que buscan un lugar en la política puede salirse con la suya usando estas tácticas, aunque por lo general les afecta al final, pero las personas que trabajan en un ambiente de trabajo donde sus compañeros los conocen, no deben hacer eso. Jugar de político en el trabajo es una forma segura de aislar a sus compañeros.

Yo definiría «jugar a la política» como cambiar quién aparenta ser usted o lo que hace normalmente para obtener ventaja de aquel que está en el poder. Entre los que se postulan para los puestos públicos, eso con frecuencia significa cambiar su posición dependiendo del grupo con el que estén hablando. En ambientes de trabajo, puede significar, hacerle buena cara al jefe para estar de su lado o usar a las personas para ganancia personal sin importar cómo les afecte. Las personas políticas son veleidosas y oportunistas, hacen sólo lo que les ayude a ganar, sin importar el bienestar de sus compañeros, sus empleados, o la organización.

DOS MANERAS DE AVANZAR

Parecen existir dos sendas principales para que las personas avancen en una organización. Un camino es tratar de avanzar haciendo su trabajo, el otro camino es tratar de avanzar manipulando. Esa es la diferencia entre la producción y la política.

LAS PERSONAS QUE SE APOYAN EN LA PRODUCCIÓN	LAS PERSONAS QUE SE APOYAN EN LA POLÍTICA
Dependen de su crecimiento	Dependen de quien conocen
Se enfocan en lo que hacen	Se enfocan en lo que dicen
Se convierten en mejores de lo que parecen	Parecen mejor de lo que son
Proveen solidez	Toman atajos
Hacen lo que es necesario	Hacen lo que es popular
Trabajan para controlar su propio destino	Dejan que otros controlen su destino
Se desarrollan hasta el siguiente nivel	Esperan que les den el siguiente nivel
Sus decisiones se basan en sus principios	Sus decisiones se basan en las opiniones

La verdad es que las personas que pueden ser descritas como «políticas» son dirigidas por su deseo de avanzar en lugar de un deseo por la excelencia, la productividad, el trabajo en equipo, o la constancia. Los valores y las habilidades que tienen son algo secundario a su ambición. Y aunque a veces parece que ellos si avanzan, su ventaja siempre es temporal. A la larga, la integridad, la constancia, y la productividad siempre dan resultados: un mejor trabajo de equipo y una conciencia clara.

Si usted ha jugado a la política en el trabajo en el pasado, quizás usted vio que los demás lo hacían y pensó que esa era la forma de avanzar en su carrera. O quizás usted no tenía confianza en sí mismo porque no se estaba desarrollando y sus habilidades no avanzaban. Quizás no lo haya hecho de manera maliciosa, pero sea cual fuere la razón, puede estar seguro que usted ha traicionado la confianza de algunos de sus compañeros. Y probablemente tendrá que buscar a esas personas, disculparse con ellas y buscar la reconciliación. Esto puede ser difícil, pero si usted desea liderar lateralmente, necesitará ganarse la credibilidad de sus compañeros.

Si usted no es una persona política por naturaleza, le recomiendo de todas maneras que ejercite la precaución. Algunos ambientes de trabajo atraen a las personas hacia esa conducta que terminará dañando las relaciones entre los compañeros. Para evitar esas dificultades, haga lo siguiente:

1. EVITE EL CHISME

Se dice que las grandes personas hablan acerca de las ideas, que las personas promedio hablan acerca de sí mismas, y que las personas insignificantes hablan de los demás. Esto es el chisme. Eso hace que las personas se vuelvan insignificantes. El chisme no tiene ningún lado bueno, denigra a la persona de la cual se habla, denigra a la persona que está diciendo cosas malas de los demás, y denigra al que lo escucha. Esa es la razón por la cual usted debe evitar, no sólo esparcir el chisme, sino también ser receptor de él. Si usted no deja que las personas le pasen un chisme, usted se sentirá mejor respecto de la persona de la cual se ha hablado y de usted mismo. Además cualquiera que le comparta un chisme, algún día chismeará de usted.

El primer ministro británico Winston Churchill dijo: «Cuando las águilas están en silencio, los pericos empiezan a parlotear». El *líder de 360°* es como un águila. Se remonta, inspira y vuela alto. Un líder no habla solo para escucharse hablar. No habla de alguien más solo para sentirse mejor. Si tiene un problema con alguien, va con ese individuo y resuelve el asunto directamente, nunca usando una tercera persona. Elogia en público y critica en privado. Nunca dice nada acerca de los demás que no quiere que ellos escuchen, porque probablemente lo harán.

> *Las grandes personas hablan acerca de las ideas, las personas promedio hablan acerca de sí mismas, y las personas insignificantes hablan de los demás.*

2. ALÉJESE DE LOS ARGUMENTOS MEZQUINOS

En la mayoría de los lugares donde las personas trabajan, existen viejos rencores, contiendas actuales y argumentos mezquinos que se mueven como la corriente en una organización. Los líderes intermedios que son sabios evitan involucrarse en esas cosas aunque piensen que pueden resolverlas. Tal como lo dice el dicho, un perro buldog puede vencer a un zorrillo apestoso en una lucha, pero sabe que no vale la pena. Esa es la actitud del *líder de 360°*.

Recibí, recientemente, un correo electrónico de Marvin "Skip" Schoenhals, presidente de la sociedad Wilmington Savings Fund, a quien conocí mientras daba una conferencia a un foro de ejecutivos en Dallas, Texas. Cuando conocí a Skip, me contó un poco de él y le pedí que me escribiera compartiéndome más de su historia. Me escribió de cuando vivía en Owosso, Michigan y sirvió en el concilio de la ciudad. Skip me dijo que tenía una habilidad para ver el cuadro completo y para sintetizar muchos puntos de vista. Él escribió:

> Con frecuencia podría resumir los asuntos de manera rápida y mover el grupo a un nivel de discusión menos detallado. Como resultado, los miembros del concilio buscaban mi opinión en varios asuntos antes de llegar al concilio.

Aunque reconocía que esto estaba sucediendo, nunca intenté capitalizarlo. Estaba dispuesto a dar mi punto de vista, aunque al final difiriera del alcalde. Es más, algunas veces aunque pensara que el concilio no estaba viendo bien el cuadro completo, no siempre daba mi opinión. Algunas veces dejaba pasar algunos asuntos, aunque no estuviera de acuerdo con ellos. Me di cuenta que tenía más credibilidad cuando no daba una opinión en todo.

Skip siguió diciéndome que después de un año, se convirtió en el líder informal del concilio y luego en el alcalde.

Es una señal de madurez cuando alguien sabe lo que es insignificante y lo que no lo es, cuando dar su opinión y cuando escuchar. Si usted desea convertirse en un *líder de 360°*, necesitará cultivar esa clase de habilidad.

3. DEFIENDA LO QUE ES CORRECTO, NO LO QUE SEA POPULAR

Aunque pienso que los líderes sabios con frecuencia se sientan a meditar algún asunto, también pienso que los líderes deben defender lo que está correcto, aunque tal acción no sea popular. ¿Cómo hacerlo? ¿Cómo saber cuando defender algo y cuando no? Mi respuesta sería que uno debe utilizar la Regla de Oro en todo, hacer a los demás lo que uno quiere que hagan con uno.[1]

En el libro *Ethics 101(Ética 101)*, expliqué que la Regla de Oro es aceptada en casi todas las culturas del mundo. Además del cristianismo, las religiones que tienen alguna versión de la Regla de Oro incluyen el judaísmo, el islamismo, el budismo, el hinduismo, el zoroastrismo, el confucionismo, la religión Bahai, el jainismo y otras. Cuando alguien no está siendo tratado de la forma en que uno quisiera ser tratado, es momento de defender esa causa.

4. ANALICE TODOS LOS ÁNGULOS DEL ASUNTO

Me encanta el siguiente consejo: antes de argumentar con el jefe, analice ambos lados, el de él y el exterior. Aunque ver las cosas desde múltiples puntos de vista con sus compañeros de trabajo puede que no sea de tan importante interés como el punto de vista de su jefe, existe un gran valor en ver los asuntos desde tantas perspectivas como sea posible. Es mejor no ser dogmático o quedarse dentro de un cuadro de pensamiento.

Antes de argumentar con el jefe, analice ambos lados, el de él y el exterior.

Una de las ventajas de dirigir desde la parte intermedia de una organización es que usted tiene la oportunidad de ver las cosas desde la perspectiva que otros no ven. Los líderes en la cima de una organización generalmente tienen dificultad para ver algo que no sea el cuadro completo o lo más importante. Lo mismo sucede con aquellos que se encuentran en la parte inferior de la organización, viendo solo los asuntos de su área, pero los líderes intermedios tienen una mejor perspectiva. Ellos pueden ver cómo impactan los asuntos a la organización, y también pueden ver la situación en la cima o en la parte inferior. Ellos están cerca de las personas en las trincheras y pueden ver las cosas desde su punto de vista, al mismo tiempo que están lo suficientemente cerca de la cima como para dar un vistazo a la imagen completa. Los *líderes de 360°* sacan provecho de esta perspectiva que les ayuda no solo a dirigir a los líderes que los supervisan, y a guiar a sus subalternos, sino también a liderar lateralmente a sus compañeros de trabajo.

5. NO PROTEJA SU TERRITORIO

La política con frecuencia tiene que ver con el poder. Los líderes políticos protegen lo que es suyo porque no quieren perder el poder. Si pierden el poder, puede que no ganen, y tal como lo mencioné anteriormente, ganar es su principal motivación. Las personas que quieren ganar a toda costa luchan por mantener todo lo que les pertenece. Ellos luchan por su presupuesto, o por su espacio en la oficina; guardan sus ideas, acaparan sus suministros y si algo les pertenece a ellos, lo protegen.

Las personas que quieren liderar lateralmente asumen una perspectiva más amplia. Buscan el bien de su equipo. Si tienen que ceder algún espacio, lo hacen. Si tiene más sentido que otro líder sea el que realice la tarea que ellos han hecho anteriormente y si parte del dinero del presupuesto tiene que ir a ese líder, ellos lo aceptan. A este tipo de personas lo que más les importa es el equipo.

6. DIGA LO QUE QUIERE DECIR Y HAGA LO QUE DICE

Al igual que cualquier otra clase de liderazgo, convertirse en un *líder de 360°* tiene que ver con confiar en las personas. Cuando le preguntaron a Winston Churchill cual era el requisito más esencial de un político, él dijo: «La habilidad de predecir lo que sucederá mañana, el próximo mes y el próximo año, para luego explicar porque no sucedió». Churchill comprendía la dinámica de la política tanto como cualquiera en el siglo veinte. Los líderes políticos se encuentran bajo una gran presión. Quizás esa es la razón por la que algunos no pueden aguantar y se derrumban, diciéndole a la gente lo que quieren oír en lugar de lo que ellos realmente creen. Y esos que se derrumban crean una reputación negativa bajo la que todos los políticos tienen que trabajar.

Si usted desea desarrollar la confianza con los demás, usted debe ser más que competente. Usted debe ser creíble y constante. La forma de lograr obtener estas cualidades es asegurándose de que lo que *dice*, lo que *hace* y lo que *dice que hace*, sean lo mismo. Si hace eso, las personas que trabajan junto a usted sabrán que pueden depender de usted.

No estoy tratando de criticar a todos los que están involucrados en política. He conocido a muchos candidatos para puestos públicos que me han demostrado una gran integridad y que han servido a las personas. Sin embargo, la palabra *político*, que alguna vez denotaba imágenes positivas, trae ahora imágenes negativas para la mayoría de las personas.

En lugar de tratar de ser un político, esfuércese por ser un estadista. El diccionario Webster dice:

> Estos términos difieren particularmente en sus connotaciones: El político sugiere las conspiraciones y estratagemas de una persona que se involucra en la política (de nivel bajo) para beneficio de su partido o del suyo propio: un político deshonesto. El estadista sugiere una habilidad inminente, previsión, y

una devoción patriótica sin egoísmo de una persona que trata con los asuntos del estado (importantes): un estadista distinguido.

Convertirse en un estadista de su organización es una idea excelente. Si usted mantiene continuamente el cuadro completo en mente, se mantiene generoso en sus esfuerzos y trata de ser diplomático con sus compañeros, usted se distinguirá, ganará credibilidad y mejorará su efectividad y la del equipo. Y usted también aumentará su influencia.

AMPLÍE SU CÍRCULO DE CONOCIDOS

En 1997, mudé mis compañías de San Diego, California a Atlanta, Georgia. Después de habernos mudado, sentí que necesitaba ampliar mi círculo de conocidos con la comunidad afro americana, lo que iba a ser algo nuevo para mí. Crecí en un pequeño pueblo en Ohio entre los cincuentas y sesentas donde no vivían muchas personas de raza negra. Los primeros diez años de mi carrera trabajé primordialmente en el área rural de Indiana y Ohio, lo que se conoce como el centro de Estados Unidos. Los siguientes quince años trabajé en el sur de California. Ahí conocí la cultura hispana y a su gente, y dirigí una iglesia que incluía personas de muchos trasfondos; pero otra vez, no había muchos afroamericanos. Aun en las conferencias que enseñaba alrededor del país, sólo un pequeño porcentaje de participantes eran afroamericanos. Así que cuando llegué a Atlanta, en la médula del sur, supe que era el momento para ampliar mis horizontes y crecer en esta área.

Conocía a alguien en Atlanta que esperaba me pudiera ayudar con esto: el doctor Samuel Chand. Sam es el rector de la Universidad Bíblica Beulah Heights, una universidad multirracial con una población de estudiantes predominantemente afroamericanos. Le pedí a Sam si podía presentarme con líderes afroamericanos del área, lo cual gustosamente hizo. De allí en adelante, cada dos meses, asistí a un almuerzo que él preparaba con diferentes líderes de la comunidad.

Ha sido una maravillosa experiencia de desarrollo para mí. He conocido a muchas personas especiales, tales como el obispo Eddie Long, un líder excelente de una de las iglesias más grandes de Atlanta; Corretta Scott King y sus hijos; y muchos más. Pocas personas conocían mi reputación, pero la mayoría de estos líderes no. Disfruté mucho conocerlos. Sabía que algunas personas pensaban que tal vez tenía alguna agenda escondida, pero creo que pronto aceptaron que mi deseo era sólo aprender a añadirles valor si podía. Esa es mi mentalidad cada vez que conozco a alguien. A veces durante esos almuerzos, tenía que salirme de mi zona de comodidad, sin embargo estoy contento de haber aprendido mucho acerca de la comunidad afroamericana y de haber desarrollado relaciones maravillosas con muchos de mis nuevos amigos.

Es más fácil siempre quedarse dentro de los límites donde uno esté cómodo y seguro. De hecho, eso es lo que la mayoría de las personas hacen. Evitan el cambio y se mantienen donde es seguro, pero uno no puede desarrollarse y evitar el cambio al mismo tiempo. Simplemente así no son las cosas. Si usted desea ampliar su influencia, tiene que expandir su círculo de conocidos.

Expandir su círculo de conocidos puede ser algo incómodo, pero le puede servir de mucho. Primero, le ayuda a mejorar. Ampliar su círculo le expondrá a nuevas ideas. Le impulsará a ver cosas desde un punto de vista diferente, lo que le ayudará a generar nuevas ideas propias. Le ayudará a aprender nuevos métodos de trabajo y a adquirir otras habilidades adicionales. Y le ayudará a ser más innovador.

Ampliar su círculo también tiene otro beneficio valioso. Amplía su red, poniéndolo en contacto con más personas y dándole un acceso potencial a sus redes, algo que el jefe ejecutivo de la compañía Yahoo, Tim Sanders, describe en el libro *Love is a Killer App*. Sanders escribe:

En el siglo veintiuno, nuestro éxito estará basado en las personas que conocemos. Todas las personas en nuestro libro de direcciones se convierten en un socio potencial de cada persona que conocemos. Las relaciones son nódulos en nuestra red individual que constituyen la promesa de nuestra vida de negocios y sirven como un pronóstico de nuestro éxito. Algunas de las nuevas luminarias económicas más brillantes, tales como Kevin Kelly (*New Rules for the New Economy*), o Larry Downes y Chunka Mui (*Unleashing the Killer App*), sustentan que las compañías, las organizaciones y los individuos se componen, y son valoradas mayormente, por su red de relaciones. Si usted organiza y coloca sus relaciones como una red, usted generará un valor duradero (y paz mental) más allá de la bolsa de valores, los fondos de inversión, y las cuentas de banco. También creará una proposición valiosa para los nuevos contactos, lo que a su vez trae como resultado membresía a esa red, esta es la ley principal de los ecosistemas de negocios, conocida como la ley de los efectos de la red. El valor explota con la membresía... cuando estamos unidos y totalmente conectados en una red, somos poderosos.[1]

Sanders cree que junto con el conocimiento y la compasión, su red es su mayor activo.

CÓMO AMPLIAR SU CÍRCULO

Cada uno de nosotros tiene un círculo natural de personas con quienes nos sentimos muy cómodos. Esas personas componen nuestra zona de comodidad relacional. Quizás usted disfruta reunirse con las personas y tiene como práctica salir y conocer a individuos fuera de su círculo. Si ése es su caso, siga haciéndolo. Entre más se comunica con las personas, mayor es su potencial para influir en ellos, y también para ser influido por ellos.

Si usted no está inclinado a extenderse de manera relacional, entonces piense en esto. Las personas son como ligas de hule. Son más valiosas cuando se extienden, no cuando descansan. Su valor como líder intermedio aumentará entre más se extienda y se salga de su zona de comodidad de relaciones, que generalmente está compuesta por:

- las personas a las que ha conocido por mucho tiempo;
- las personas con las que usted tiene experiencias en común; y
- las personas que usted sabe que lo aprecian.

¿Qué sucedería si el número de personas de su círculo se ampliara de cinco a cincuenta personas o de una docena a más de cien? Cuando usted tenía una pregunta que sus compañeros de trabajo o usted no podían responder, ¿qué tan rápido piensa usted que podría obtener la respuesta de alguien que conoce? Si un amigo estuviera buscando trabajo, ¿cuáles serían las posibilidades de que usted le ayudara a que se comunicara con alguien que necesitara ayuda? Si usted desea entrar en un nuevo mercado, ¿no cree que usted llamaría a un conocido para obtener una perspectiva breve y rápida de la industria? O al menos ¿llamaría a alguien que tiene un amigo en esa industria? Así tendría un acceso más rápido a la información de los mejores restaurantes en el pueblo, los mejores lugares para vacacionar, o dónde comprar un auto. Y con cada conexión rápida que usted haga o comparta con un colega, más valor se daría, y mayor influencia obtendría con sus compañeros.

Si usted desea ampliar su círculo de amistades, lo que necesita es una estrategia y la voluntad de llevarla a cabo. Usted debe proveer el esfuerzo, pero me encantará darle las siguientes ideas que le ayudarán con la estrategia.

1. Extiéndase más allá de su círculo íntimo

Para salir de su zona de comodidad, ¿por qué no comenzar con aquellos en su zona de comodidad? Cada amigo que usted tiene, tiene un amigo que usted no tiene. Comience con sus amigos del círculo íntimo y amplíe el rango de alcance. ¿Cuál es el negocio de sus amigos más cercanos? ¿A quién conocen ellos que podría beneficiarlo a usted? Piense en las personas interesantes que ha escuchado que sus amigos mencionan. También considere sus intereses. ¿A quién ha conocido a través de sus entretenimientos y viajes?

Estoy seguro que por cada uno de sus amigos, usted podría tener una lista de al menos tres o cuatro, y en algunos casos hasta una docena de personas que a usted le gustaría conocer. Y hay muchas posibilidades de que esas personas también quieran conocerlo a usted. ¿Por qué no comienza pidiéndoles a sus amigos que lo presenten con algunos de ellos? Pídales que arreglen un almuerzo, tal como lo hice con Sam Chand. O pida si puede participar en los entretenimientos de ellos. O sencillamente solicite un número de teléfono y haga el contacto usted mismo.

Para salir de su zona de comodidad, ¿por qué no comenzar con aquellos en su zona de comodidad? Cada amigo que usted tiene, tiene un amigo que usted no tiene.

Se asombrará de ver lo rápido que su círculo se amplía en esa primera ronda. Usted puede doblar, triplicar o cuadruplicar su círculo de conocidos en muy poco tiempo. Y una vez que usted haya ampliado el rango de alcance de los que usted conoce, asegúrese de mantenerse en contacto con ellos de manera periódica, aunque sea superficialmente.

2. EXTIÉNDASE MÁS ALLÁ DE SU EXPERIENCIA

Obviamente yo valoro a las personas que tienen experiencia en mi campo. De hecho, le recomiendo que usted «hable de lo suyo» con otros que comparten la misma experiencia en su área. Pero usted no debe limitarse a comunicarse con personas en su departamento o su profesión.

Si usted trabaja en una organización de cualquier tamaño, una lo suficientemente grande que tenga múltiples departamentos, le recomiendo entonces que usted comience a conocer personas de otros departamentos. No importa cuál sea la organización en la que usted se encuentra, cuando existe una conexión y una comprensión entre los departamentos, todos salen ganando. Cuando el personal de ventas y de contabilidad desarrolla relaciones y entienden lo que hacen, cuando los meseros y los cocineros se llevan bien en un restaurante, cuando los trabajadores del departamento de mercadeo y los ingenieros se aprecian mutuamente, eso los ayuda a ellos, a sus clientes, y a la organización. Todos salen ganando.

3. Extiéndase más allá de sus fortalezas

Aun fuera del trabajo, creo que todos tendemos a respetar y a gravitar con personas cuyas fortalezas son como las nuestras. Atletas deportivos andan juntos. Actores se casan con otros actores. Personas emprendedoras disfrutan de conversaciones con otros emprendedores. El problema es que si usted dedica tiempo solamente a personas como usted, su mundo se puede hacer demasiado pequeño y su pensamiento muy limitado.

Si usted es del tipo de personas creativas, busque personas que sean analíticas. Si usted tiene una personalidad tipo A, aprenda entonces a apreciar los puntos fuertes de las personas que son más relajadas. Si lo suyo son los negocios, dedique tiempo con personas que trabajan en ambientes sin fines de lucro. Si usted es un ejecutivo, aprenda a juntarse con los obreros. Cada vez que usted tenga la oportunidad de conocer personas que tengan fortalezas diferentes a los suyas, aprenda a celebrar sus habilidades y a conocerlos mejor. Ampliará su experiencia y aumentará su apreciación por las personas.

4. Extiéndase más allá de sus prejuicios personales

El novelista francés, André Gide dijo: «Un ambiente sin prejuicios es probablemente la cosa más rara del mundo». Desafortunadamente, eso es cierto. Pienso que todos los seres humanos tienen alguna clase de prejuicio. Juzgamos a las personas que no hemos conocido por su raza, etnia, género, ocupación, nacionalidad, religión, o asociaciones. Y eso nos limita en verdad.

Si deseamos desarrollarnos más allá de nuestro círculo de conocidos, y también de nuestras limitaciones creadas por nuestros propios pensamientos, entonces necesitamos romper las paredes de prejuicio que existen en nuestras mentes y en nuestros corazones. El novelista Gwen Bristow dijo: «Podemos tener el nuevo mundo que deseamos, si lo deseamos lo suficiente para abandonar nuestros prejuicios, todos los días y en todo lugar. Podemos edificar este mundo si practicamos ahora lo que dijimos que era la razón por la que estábamos luchando».

¿Qué clase de personas le disgustan y le crean desconfianza? ¿Por qué piensa así? ¿Está opacada su vista por las acciones de uno o más individuos? La manera de cambiar esa perspectiva es acercarnos a las personas de ese grupo y tratar de encontrar un común denominador con ellos. Quizás ese puede ser el círculo más difícil de romper, pero vale la pena hacerlo.

5. EXTIÉNDASE MÁS ALLÁ DE SU RUTINA

Uno de los impedimentos más grandes para conocer nuevas personas es la rutina. Con frecuencia vamos a los mismos lugares todo el tiempo, la misma gasolinera, cafetería, supermercado y restaurante. Empleamos los mismos proveedores de servicio. Utilizamos las mismas compañías para los negocios. Así es fácil; pero algunas veces necesitamos sacudirnos e intentar algo nuevo. Se trata de salirse de su zona de comodidad.

A veces, salirse de su rutina le ayuda a mantenerse en contacto con personas que usted ya conoce. En la primavera de 2005, mis compañías EQUIP e ISS, mudaron sus oficinas a un nuevo edificio. En el pasado, ambas compañías utilizaban oficinas que estaban separadas, pero muy bien conectadas por medio de pasillos comunes. También compartían los mismos salones de trabajo, de conferencias, el comedor, etc.

Las oficinas de su nueva localidad ocupan todavía el mismo edificio, pero se han separado más. Ahora ocupan pisos diferentes, cada uno con sus propias oficinas de apoyo. Pocas semanas después de la mudanza, conversaba con mi asistente Linda Eggers, quien ha trabajado conmigo por casi 20 años, y me dijo que los cambios en la oficina han hecho que ella cambie su rutina.

Cada vez que hablo con Linda, le pregunto como van las cosas en el trabajo, ya que conoce el ambiente de la oficina y generalmente se da cuenta si algo está ocurriendo. Sin embargo, después de la mudanza, me dijo que EQUIP estaba tan lejos de su rutina normal, que no tenía ninguna idea de cómo les iba al otro lado del edificio. Así que Linda, que es muy relacional, se propuso romper con su rutina al menos una vez al día para ponerse en contacto con alguien del equipo de EQUIP. Es más trabajo, pero ella sabe lo valioso que puede ser.

Sé que mis ideas para ampliar el círculo de influencia de una persona no son revolucionarias; son sólo pensamientos prácticos, pero lo importante de este capítulo es recordarle que usted no puede esperar que la vida le llegue. Usted tiene que iniciar, invertir y hacer lo que es correcto cuando no tiene ganas de hacerlo, especialmente cuando se trata de cultivar nuevas relaciones.

No recuerdo ni una sola vez que me haya arrepentido de salirme de mi zona de comodidad y de tratar de conocer a alguien nuevo. Aun cuando fracasara en hacer una conexión, o aunque no hubiera ninguna química, o la persona no fuera muy grata, siempre iba a redituar alguna clase de beneficio, porque tal vez obtenía una nueva experiencia, aprendía algo nuevo o me presentaban con alguien con quien disfrutaba una reunión. Es una inversión de tiempo e influencia que vale la pena hacer.

PERMITA QUE LA MEJOR IDEA TRIUNFE

Imagínese que usted se está preparando para una reunión de un proyecto importante donde asistirá su jefe y varias personas de la organización que están a su mismo nivel jerárquico. Y supongamos que usted fue elegido por su jefe para dirigir esa reunión, lo cual lo hace sentir que ésta es su oportunidad para brillar. Usted se ha preparado bien, ha pasado mucho tiempo pensando en el proyecto, planeando, y esforzándose para prevenir cualquier obstáculo que se pueda presentar.

De acuerdo con sus conversaciones preliminares con el personal y sus colegas, usted siente que sus ideas son mejores que las de los demás.

Por esa razón, usted comienza la reunión con gran confianza, pero en pocos minutos, la agenda no está caminando de la forma que usted lo esperaba o planeaba. Su jefe hace un comentario y cambia la dirección de la reunión totalmente. Al principio usted piensa: *Está bien. Puedo manejar esto. Mis ideas todavía servirán, solo tengo que hacer que los demás regresen al asunto en cuestión.*

En ese momento, uno de sus colegas presenta una idea. Usted no le da mucha importancia, pero los demás piensan que esa idea es fantástica. Un par de colegas en la reunión comienzan a explorar esta nueva idea y pronto se empiezan a unir los demás. Usted puede sentir la energía en el salón. Las ideas empiezan a surgir y claramente se están desviando de todo lo que le había tomado a usted semanas en construir, la idea que era «su bebé».

¿Qué hará?

La mayoría de las personas en estas circunstancias tienen como instinto natural, el luchar por sus ideas. Después de todo, para ese momento ya han hecho una gran inversión en ellas, como por ejemplo:

- *La inversión intelectual.* Las muchas horas de planeación y la resolución de problemas para juntar, crear y refinar su idea.

- *La inversión física.* Prepararse para una reunión importante o una presentación generalmente necesita de mucho tiempo, esfuerzo y recursos.

- *La inversión emocional.* Cuando las personas tienen una buena idea, no pueden dejar de estar pensando en lo que la idea ayudará no solo a la compañía, sino también a ellas mismas y a sus carreras.

Para este momento ya están tan apegados a sus ideas, que les cuesta abandonarlas, especialmente cuando alguien más que no se esforzó de la misma manera, viene y se lleva el mérito.

IDEAS: LA VIDA DE UNA ORGANIZACIÓN

Si usted desea convertirse en un *líder de 360°*, necesita resistir la tentación de luchar por su idea si ésta no es la mejor. ¿Por qué? Porque las buenas ideas son demasiado importantes para la organización. Harvey Firestone, fundador de Firestone Tire y de Rubber Company, dijo: «El capital no es tan importante en los negocios, la experiencia tampoco lo es. Uno puede tener ambas cosas. Lo importante son las ideas. Si usted

> *Si usted desea convertirse en un líder de 360°, necesita resistir la tentación de luchar por su idea si ésta no es la mejor.*

tiene ideas, usted tiene el principal activo que necesita, y no hay ningún límite en lo que pueda hacer con su negocio y su vida. El activo más grande de cualquier hombre son sus ideas».

Las grandes organizaciones poseen líderes en toda la organización que producen grandes ideas. Por eso es que son grandes. El progreso que logran y las innovaciones que crean no surgen de arriba. Sus sesiones creativas no están dominadas por los líderes superiores, ni sus reuniones se convierten en un combate de lucha libre para ver quién domina a quien.

> *«El capital no es tan importante en los negocios, la experiencia tampoco lo es. Uno puede tener ambas cosas. Lo importante son las ideas».*
> —HARVEY FIRESTONE

Las personas se agrupan como equipos, los colegas trabajan juntos, y progresan porque quieren que la mejor idea triunfe.

Los líderes intermedios de la organización que ayudan a sacar a la superficie buenas ideas, están creando lo que más necesita la organización. Lo logran al producir sinergia entre sus compañeros. Y desarrollarán su influencia con ellos porque cuando están presentes, hacen que el equipo mejore.

¿QUÉ HACE QUE SE OBTENGAN LAS MEJORES IDEAS?

Para dejar que la mejor idea triunfe, usted debe primero generar buenas ideas. Y luego usted debe esforzarse para que sean aun mejores. ¿Cómo lo logra un *líder de 360°*? ¿Cómo puede ayudarle a su equipo a encontrar las mejores ideas? Pienso que un *líder de 360°* sigue este patrón:

1. EL LÍDER DE 360° ESCUCHA TODAS LAS IDEAS

Encontrar buenas ideas comienza con una disposición abierta a escuchar todas las ideas. El matemático y filósofo Alfred North Whitehead dijo: «Casi todas las ideas realmente nuevas tienen un cierto aspecto de insensatez al principio». Durante el proceso llamado tormenta de ideas, rechazar alguna idea puede limitarlo para descubrir alguna buena idea.

En el libro *Thinking for a Change (Piense para un cambio)*, una de las once habilidades que le recomiendo a las personas que aprendan es compartir los pensamientos. Es más rápido que hacerlo sólo, más innovador y tiene un mayor valor. Más importante aún, creo, es el hecho de que una buena planeación surge cuando las ideas buenas han sido compartidas en un ambiente de colaboración donde las personas contribuyen con ellas, las moldean, y las llevan a un nivel más alto. Un *líder de 360°* ayuda a crear tal ambiente.

> *«Casi todas las ideas realmente nuevas tienen un cierto aspecto de insensatez al principio».*
> —ALFRED NORTH WHITEHEAD

2. UN LÍDER DE 360° NUNCA SE QUEDA CON SÓLO UNA IDEA

Pienso que muchos líderes se quedan con sólo una idea para ejecutar, y la razón de eso es que están muy orientados a la acción. Ellos desean moverse, desean que algo suceda, desean encontrar la meta. El problema es que a veces se esfuerzan demasiado para llegar a algún lugar sólo para encontrar que no era la forma correcta.

Una idea nunca es suficiente. Muchas ideas nos hacen más fuertes. Escuché una vez a un analista decir que él pensaba que esa era la razón por la cual el bloque comunista cayó al final del siglo veinte. El comunismo había creado un sistema basado principalmente en sólo una idea. Si alguien intentaba hacer las cosas de una manera diferente, sufriría el rechazo o el exilio.

En contraste, la democracia es un sistema basado en una multitud de ideas. Si las personas desean intentar algo diferente, tienen la oportunidad de hacerlo y ver que sucede. Si funciona, siguen adelante. Si no, se reemplaza con otra idea. Gracias a esa libertad, los países democráticos tienen una alta creatividad, las oportunidades son ilimitadas y el potencial del crecimiento es asombroso. El sistema democrático puede ser complicado, pero lo mismo sucede con cualquier esfuerzo que sea creativo y colaborador.

La misma clase de mentalidad de mercado libre que motiva a la economía más grande del mundo también puede motivar a las organizaciones. Si las personas están abiertas a las ideas y a las opciones, pueden seguir creciendo, innovándose y mejorando.

3. UN LÍDER DE 360° BUSCA IDEAS EN LUGARES POCO COMUNES

Los buenos líderes están atentos a las ideas, siempre están buscándolas, y cultivan esa atención y esa práctica como una disciplina regular. Mientras leen el periódico, miran una película, escuchan a sus colegas, o disfrutan de una actividad de descanso, siempre están buscando ideas o prácticas que puedan usar para mejorar su trabajo y su liderazgo.

Si usted desea encontrar buenas ideas, tiene que buscarlas. Muy pocas veces una buena idea lo busca a usted.

4. UN LÍDER DE 360° NO DEJA QUE LA PERSONALIDAD OPAQUE EL PROPÓSITO

Cuando alguien que usted no aprecia o respeta sugiere algo, ¿cuál es su primera reacción? Le aseguro que no se siente interesado por ello. Usted ha escuchado la frase, «dependiendo de quien viene». Eso no es necesariamente malo, pero si usted no tiene cuidado, puede cometer el error de dejar ir una buena idea.

No permita que la personalidad de alguien con quien usted trabaja le haga perder la perspectiva de un propósito más grande, el cual sería añadirle valor al equipo y hacer que la organización avance. Si eso significa escuchar las ideas de las personas con las cuales usted no tiene ninguna química, o peor aún, tuvieron un pasado difícil, que así sea. Haga a un lado el orgullo y escuche. Y en casos en los cuales usted debe rechazar las ideas de los demás, asegúrese que usted esté rechazando la idea y no a la persona.

5. EL LÍDER DE 360° PROTEGE A LAS PERSONAS CREATIVAS Y A SUS IDEAS

Las ideas son cosas tan frágiles, especialmente cuando surgen por primera vez. El ejecutivo en publicidad, Charlie Brower dijo: «Una nueva idea es algo delicado. Un comentario despectivo o un bostezo pueden acabar con ella; una burla o un fruncir de ceño por parte de un superior puede ser su fin».

Si usted desea que la mejor idea triunfe, conviértase entonces en un defensor de las personas creativas y de sus contribuciones a la organización. Cuando usted descubre que sus colegas son creativos, promuévalos, anímelos y protéjalos. Las personas pragmáticas con frecuencia acaban con las ideas de las personas creativas. Un *líder de 360°* que valora la creatividad puede ayudar a las personas creativas a esforzarse y a continuar generando ideas que beneficien a la organización.

6. EL LÍDER DE 360° NO CONSIDERA EL RECHAZO DE MANERA PERSONAL

Cuando sus ideas no son bien recibidas por los demás, no lo haga algo personal. Cuando alguien en una reunión hace eso, puede acabar con el proceso creativo, porque en ese punto de la discusión ya no es más un asunto de ideas o de ayudar a la organización; es un asunto de sentimientos heridos. En esos momentos si usted puede dejar de competir y enfocar su energía en crear, usted abrirá el camino para que las personas a su alrededor lleven su creatividad a un nivel más alto.

Cuando doy este consejo, no lo digo solo por decir. He tenido que adoptar la actitud correcta con respecto a las ideas y puedo darle un ejemplo de cuando he tenido que dejar mis propios deseos para poder aceptar la creatividad de los demás. Si usted no tiene una experiencia personal en el mundo de las editoriales, supongo que usted cree que los autores siempre seleccionan los títulos de sus libros. Aunque eso puede ser cierto para algunos autores, en mi caso no ha sido así. He escrito más de cuarenta libros, pero sólo he podido seleccionar el título de una docena de ellos. A continuación le doy una lista de los últimos nueve libros que he escrito. De ellos, sólo he seleccionado el título de uno.

El líder de 360°	Quería titularlo *Dirigiendo desde el centro de la manada*
25 maneras de ganarse a la gente	Les Parrott fue quien dio el concepto y el título
Cómo ganarse a la gente	Charlie Wetzel fue quien dio el título

Hoy sí importa	Quería titularlo *El secreto de su éxito*
Piense para un cambio	Quería titularlo *Piense para llegar a la cima*
Las 17 cualidades esenciales de un jugador de equipo	Thomas Nelson escogió el título
Las 17 leyes incuestionables del trabajo en equipo	¡Ese sí lo escogí yo!
Las 21 cualidades indispensables de un líder	El concepto y el título se desarrollaron en una reunión conjunta de mercadeo
Las 21 leyes irrefutables del liderazgo	El concepto y el título surgieron de Víctor Oliver, mi editor

Un libro es algo muy personal para el autor. ¿Por qué habría de permitir que alguien más escogiera el título? Porque sé que mis ideas no siempre son las mejores. Con frecuencia pienso que lo son, pero si alguien en la reunión tiene una opinión diferente, vale la pena escucharlo. Por eso yo he adoptado la actitud de que el dueño de la compañía no necesita ganar, es la idea la que necesita triunfar.

Mel Newhoff es vicepresidente ejecutivo de Bozell Worldwide, una agencia de publicidad muy reconocida. En su industria, las ideas son todo. Newhoff tiene un buen consejo acerca del cuadro completo en lo que respecta a las ideas y de cómo interactuar con los demás al respecto:

Apasiónese por su trabajo y tenga la integridad de defender sus ideas, pero también reconozca cuando debe transigir.

Sin pasión nadie lo tomará en serio. Si usted no defiende sus ideas, nadie más lo hará. Si se trata de un principio, no cambie de opinión. Sin embargo también está la otra cara. Existen muy pocos «absolutos» verdaderos en la vida. La mayoría de los asuntos son cuestión de gusto o de opinión, no de principios. En esas áreas reconozca que usted puede transigir. Si usted se convierte en alguien que nunca puede aceptar las ideas de otras personas, usted perderá buenas oportunidades de aquellos que pueden.

Ser un *líder de 360°* y liderar lateralmente no significa salirse con la suya, ni se trata de ganar a toda costa. Se trata de ganarse el respeto y la influencia de sus compañeros y así hacer que todo el equipo triunfe. ¿Debe tener pasión y determinación, creyendo en sí mismo y en su habilidad para colaborar? Definitivamente. ¿Debe usted mantener sus valores y defender sus principios cuando estén en riesgo? Absolutamente, pero no olvide que tener un espíritu colaborador le ayuda a la organización. Cuando usted piensa en términos de *nuestra* idea en lugar de *mi* idea o *su* idea, es probable que esté en camino de ayudar a triunfar a su equipo. Esa debe ser su motivación, no sólo ganar amigos o influir en las personas. Pienso que si usted deja que la mejor idea triunfe, automáticamente ganará amigos e influirá en las personas.

No finja ser perfecto

«Nada ocurriría si el hombre esperara a hacer algo tan bien
que nadie encontrara un defecto en ello».

—John Henry Cardinal Newman

Un hombre que había estado sufriendo de constantes dolores de cabeza finalmente fue a ver al doctor.

«No sé por qué me siguen dando estos terribles dolores de cabeza», se lamentaba, «no tomo como lo hace mucha gente, no fumo, ni me desvelo, no como en exceso, tampoco...»

El doctor lo interrumpió diciéndole: «Dígame, ¿ese dolor es muy agudo?»

«Sí» respondió el hombre.

«¿Y le duele aquí, aquí y aquí?» El doctor le preguntó mientras tocaba tres lugares de su cabeza.

«Exactamente», respondió el hombre esperanzadamente.

«Muy sencillo» le dijo el doctor mientras escribía su diagnóstico. «Su problema es que su aureola está muy apretada. Necesita aflojarla un poco».

Muchos líderes se parecen a ese hombre. Se esfuerzan tanto en hacer que los demás piensen que son perfectos que terminan acabados. El problema, citando a Norman Cousins, editor del periódico Saturday

Review, es que «Hablar de la necesidad de la perfección en el hombre es hablar acerca de la necesidad de otra especie».

COMO SER «AUTÉNTICO» EN UN AMBIENTE COMPETITIVO

Una de las peores cosas que los líderes pueden hacer es gastar energía tratando de hacer que los demás piensen que son perfectos. No importa si es el director ejecutivo o un líder intermedio en la organización, es una insensatez. Lo más cercano a la perfección de una persona sólo se ve en su currículum. Ya que nadie es perfecto, ni usted, ni sus colegas, ni su jefe, entonces debemos dejar de fingir. Las personas reales, que son genuinas con respecto a sus debilidades y a sus puntos fuertes, atraen a otros. Ellos generan confianza, son accesibles. Y son aire fresco en un ambiente donde los demás están luchando para llegar a la cima tratando de verse bien.

A continuación le recomiendo cómo puede ser «auténtico» y así convertirse en un *líder de 360°* más eficaz.

1. ADMITA SUS DEFECTOS

Recientemente en un foro de ejecutivos de alto nivel donde fui invitado a dar una conferencia, les sugerí a los líderes que fueran honestos acerca de sus debilidades y admitieran sus defectos a las personas con las que trabajaban cuando regresaran a sus compañías. Cuando terminé de hablar, uno de los ejecutivos se me acercó porque quería hablarme sobre ese comentario.

«No puedo creer que esté sugiriendo que hablemos a nuestro personal de nuestras debilidades. No creo que sea una buena idea».

Cuando le pregunté el porqué, me respondió: «Un líder nunca debe mostrar sus debilidades o su temor. Debe estar siempre en control, al mando, de otro modo su personal perderá la confianza en él».

«Creo que está considerando eso bajo una suposición falsa», le respondí.

«¿Cuál suposición?», me preguntó.

«Usted cree que las personas no conocen sus debilidades. No estoy sugiriendo que usted admita sus defectos para darles a las personas información que ellos no conozcan. Estoy sugiriendo que les diga que usted conoce cuáles son sus defectos».

Las personas que trabajan a su lado conocen sus defectos, sus debilidades y sus puntos ciegos. Si lo duda y tienen el valor de hacerlo, pregúnteles. Cuando usted es sincero y admite sus defectos, lo que está haciendo es hacerse más accesible y confiable. Y cuando usted cometa errores, admítalos y pida perdón. No existe nada que desarme más y que sea mejor para llevar una buena relación.

2. PIDA CONSEJO

Se dice que un consejo es lo que uno pide cuando ya sabe la respuesta pero desearía no saber. ¿No es cierto? Algunas personas no piden un consejo cuando lo necesitan porque tienen miedo de verse mal. Qué pronto se resolverían las cosas si las personas pidieran ayuda cuando la necesitaran en lugar de intentar fingir hasta que lo logren.

3. PREOCÚPESE MENOS POR LO QUE PIENSAN LOS DEMÁS

James C. Humes, en su libro *The Wit and the Wisdom of Winston Churchill* (*El ingenio y la sabiduría de Winston Churchill*), cuenta de un incidente que ocurrió un día en la Cámara de los Comunes. Es costumbre que los miembros del parlamento hablen, y luego el primer ministro tiene la oportunidad de responder a sus comentarios. Ese día, un miembro del partido socialista recriminaba cosas contra Churchill, primer ministro en esa época, utilizando palabras abusivas en contra de él. Mientras el hombre hablaba, Churchill se mostraba imperturbable, casi hasta el punto del aburrimiento. Cuando el hombre acabó, Churchill se levantó y dijo: «Si valorara la opinión del caballero, es probable que me enojaría».

Las personas que consideran demasiado la opinión de los demás, con frecuencia tienen muy poco desempeño. Se la pasan complaciendo a los demás. Lo sé porque yo solía ser así. Al principio de mi carrera, con frecuencia me preocupaba más de lo que otros pensaban acerca de mí, en lugar de concentrarme en lo que hacía bien. Pero al final, todos tenemos que vivir con nosotros mismos. Pasó un tiempo, pero finalmente supe que hacer lo correcto era más importante que complacer o impresionar a los demás. El fracaso es inevitable, así que debo actuar de tal forma que pueda dormir bien por las noches. Además, una de las mejores cosas de ser imperfecto, ¡es el gozo que les trae a los demás!

> *Una de las mejores cosas de ser imperfecto, ¡es el gozo que les trae a los demás!*

Si usted desea obtener credibilidad con sus compañeros, sea usted mismo. Si usted es genuino ¿le caerá bien a todo el mundo? No, pero pretender ser alguien que no es tampoco hará que todos lo aprecien. Es más probable que eso le haga más daño.

4. APRENDA DE LOS DEMÁS

¿Ha conocido alguna vez a alguien que se siente obligado a fingir ser el experto todo el tiempo? Ese tipo de personas después de un tiempo dejan de ser agradables, porque lo único que les parece bien es lo suyo propio. Y tal como lo dice el dicho, la gente no te acompañará al menos que la compañía sea buena.

Me encanta la forma en que el presidente Abraham Lincoln se comportó con una persona que tenía una actitud de sabelotodo. Lincoln le preguntó: «¿Cuántas patas tendría una oveja si usted le llama a su cola, pata?»

«Cinco», le respondió el hombre.

«No», le respondió Lincoln, «seguirían siendo cuatro patas porque aunque uno le llame a la cola, pata, seguiría siendo una cola».

Si usted desea que los demás lo consideren como una persona accesible, no sólo admita su debilidad. Tenga la disposición de aprender de ellos. Una de las cosas que yo enseño en el libro *Cómo ganarse a la gente*, es el principio del aprendizaje, que dice: «Cada persona que conocemos tiene el potencial de enseñarnos algo». Realmente lo creo. Si usted acepta esa idea, creo que descubrirá dos cosas. Primero, aprenderá mucho, porque cada vez que usted conoce a alguien, será una oportunidad de aprendizaje. Segundo, las personas se le acercarán. Algunos extraños generalmente me tratan como un viejo amigo, sencillamente porque me abro a ellos.

5. Deje atrás el orgullo y las apariencias

Con frecuencia pensamos que si podemos impresionar a los demás, también influiremos en ellos. Queremos convertirnos en los héroes, asombrarlos. Eso crea un problema porque solo somos seres humanos, las personas pueden ver quiénes somos en realidad. Si nuestra meta es impresionarlos, nuestro orgulloso se infla y acabamos siendo pretenciosos, lo que hace que la gente se desinterese.

Si usted desea influir en los demás, no trate de impresionarlos. El orgullo realmente no es nada más que una forma de egoísmo, y la pretensión es solo una manera de mantener a las personas a distancia para que no vean quiénes somos en realidad. En lugar de impresionar a los demás, deje que ellos lo impresionen.

En realidad es una cuestión de actitud. Las personas con carisma, aquellos que atraen a los demás, son individuos que se enfocan en los demás, no en sí mismos. Hacen preguntas; escuchan; no tratan de ser el centro de atención, y no intentan parecer perfectos.

El poeta y profesor de Harvard, Robert Hyllyer, dijo: «El perfeccionismo es un estado mental peligroso de un mundo imperfecto. La mejor forma es olvidar las dudas y encomendarse a hacer la tarea... si usted está haciendo lo mejor que puede, no tendrá tiempo de preocuparse acerca del fracaso». Ese es un buen consejo. Si usted siempre está haciendo lo mejor, sus compañeros lo respetarán. Y si lo respetan, lo escucharán y le darán una oportunidad. Y allí es donde comienza el liderazgo.

Repaso de la sección IV
Los principios que los líderes de 360° necesitan para liderar lateralmente a sus compañeros

Antes de empezar a aprender cómo guiar a sus subordinados, repase los siete principios que usted necesita perfeccionar para poder liderar lateralmente:

1. Comprenda, practique y complete el círculo de liderazgo.
2. Complemente a sus compañeros líderes en lugar de competir con ellos.
3. Sea un amigo.
4. Evite la política de la oficina.
5. Amplíe su círculo de conocidos.
6. Permita que la mejor idea triunfe.
7. No finja ser perfecto.

¿Cómo se está desempeñando en estas siete cosas? Si no está seguro, tome la evaluación del *liderazgo de 360°*, que se ofrece gratuitamente a las personas que han comprado este libro vaya a: liderlatino.com para mayor información.

SECCIÓN V

LOS PRINCIPIOS QUE LOS *LÍDERES DE 360°* PRACTICAN PARA GUIAR A SUS SUBORDINADOS

«Sígame, yo le añadiré valor».

Se piensa tradicionalmente que el liderazgo es una actividad que viene de arriba a abajo. El líder dirige; los seguidores lo siguen. Muy sencillo. Si usted ha estado dirigiendo a otros por algún tiempo, es posible que sea tentado a saltarse esta sección del libro, pensando, yo ya sé hacer eso. Sin embargo no me gustaría que deje pasar algo muy importante. Ya que el *líder de 360°* por definición no tiene una posición, su liderazgo se da por medio de la influencia, no por la posición o el poder. Y toma esa postura no solo con los que están por encima de él o junto a él, sino también con los que laboran debajo de él. Eso es lo que hace que un *líder de 360°* sea único y también eficaz. Él se toma el tiempo y el esfuerzo para influir a sus seguidores de la misma forma en que lo hace con aquellos sobre los que no tiene autoridad.

> El líder de 360° se toma el tiempo y el esfuerzo para influir a sus seguidores de la misma forma en que lo hace con aquellos sobre los que no tiene autoridad.

En la médula de esta perspectiva hacia los seguidores está el deseo de añadirles valor. El admirante retirado James B. Stockdale dijo:

El liderazgo debe estar basado en la buena voluntad. La buena voluntad no significa hacer poses ni mucho menos cumplir los caprichos de la multitud. Significa un compromiso obvio y total para ayudar a los seguidores. Estamos cansados de líderes que tememos, cansados de los líderes que amamos, y cansados de los líderes que nos dejan tomarnos libertades con ellos. Lo que necesitamos en los líderes es que tengan corazón. Que sean de tanta ayuda que sus títulos no se vean. Los líderes así nunca se quedan sin trabajo ni sin seguidores. Por extraño que suene, los grandes líderes obtienen autoridad deshaciéndose de ella.

Como *líder de 360°*, cuando guía a sus subordinados, usted está haciendo más que decirles a las personas que hagan lo que usted desea. Usted está conociéndolos. Les está ayudando a descubrir y a alcanzar su potencial. Les está mostrando el camino al convertirse en un modelo que ellos puedan seguir. Les está ayudando a convertirse en parte de algo más grande que lo que ellos podrían hacer por sí solos. Y los está recompensando por contribuir con el equipo. En otras palabras, se está esforzando por añadirles valor en la forma que puede.

CAMINE LENTAMENTE POR
LOS PASILLOS

Uno de los errores más grandes que los líderes cometen es pasar demasiado tiempo en sus oficinas y no entre la gente. Los líderes frecuentemente son motivados por una agenda, enfocados en las tareas, y orientados a la acción porque desean realizar las cosas. Se encierran en sus oficinas, corren a las reuniones e ignoran a las personas que pasan por los pasillos. ¡Qué gran error! Primeramente, el liderazgo se trata de la gente. Si usted olvida a las personas, usted está minimizando su liderazgo y corre el riesgo de hacer que se erosione. Luego un día cuando usted piense que está dirigiendo, descubrirá que nadie lo está siguiendo y que va solo.

> *Primeramente, el liderazgo se trata de la gente.*

Construir una relación siempre es el fundamento de un liderazgo eficaz. Los líderes que ignoran el aspecto relacional del liderazgo tienden a apoyarse en su posición. O esperan que su capacidad sea su «marca» ante ellos. Es cierto, los buenos líderes son competentes, pero también se comunican de manera intencional con su gente.

Una de las mejores maneras de mantenerse en contacto con su personal es tomar la tarea de manera informal al estar con ellos.

Cuando vea a las personas en el estacionamiento, converse con ellas. Vaya a sus reuniones unos minutos antes para ver a las personas, pero inicie su agenda hasta que haya tenido un tiempo de relación. Y, tal como el título de este capítulo lo sugiere, camine lentamente por los pasillos. Comuníquese con las personas y déles una oportunidad de que ellas hagan contacto con usted.

En lo que respecta a una conexión informal, los líderes intermedios de una organización con frecuencia tienen una ventaja especial sobre sus colegas en la cima. Los líderes intermedios se ven más accesibles que los líderes superiores. Se percibe en ellos que tienen más tiempo (aunque no sea cierto). Y parecen ser más accesibles. Su personal no se preocupa pensando en que los van a «molestar» por el tiempo que ocuparán hablándoles, algo que no sucede con los que se reportan directamente a un líder superior.

Caminar lentamente por los pasillos es una habilidad útil para guiar a los subordinados sin importar dónde se encuentre usted en la organización, pero el mejor tiempo para perfeccionarla es cuando se encuentra en la parte intermedia, no después de que haya llegado a la cima. Para ayudarle a desarrollar estabilidad de manera exitosa, aquí están unas cuantas sugerencias:

1. Disminuya la velocidad

Para tener una conexión con las personas, vaya a la misma velocidad que ellas. Si usted tiene una conexión con su líder, es probable que tenga que ir más rápido. Aunque esto no siempre sea cierto, en general, entre más alta sea la jerarquía en la organización, más rápido andan los líderes. El líder en la cima con frecuencia tiene una energía sin límites y mentalmente es muy rápido.

Para tener una conexión con las personas, vaya a la misma velocidad que ellas.

A la inversa, cuando usted se encuentre en una jerarquía más baja, las personas se mueven más lentamente. Una vez más, no todos serán lentos, pero en general es cierto. Las personas en la parte inferior no procesan la información tan rápido, ni toman decisiones en corto tiempo. Parte de eso se debe a que tienen menos información. También puede ser porque tengan menos experiencia.

La mayoría las personas que desean dirigir son rápidas por naturaleza, pero si usted desea convertirse en mejor líder, necesita bajar la velocidad. Usted puede moverse más rápido cuando ésta sólo, y puede recoger más honores individuales a solas, pero para dirigir a los demás, usted necesita bajar la velocidad lo suficiente como para mantener una conexión con ellos, unirse a ellos y llevarlos con usted.

Si usted tiene niños, comprende esto de manera instintiva. La próxima vez que usted necesite que algo se realice en la casa, trate de hacerlo de dos maneras. Primero, haga que sus hijos le ayuden. Eso significa que usted necesita reclutarlos. Necesita entrenarlos. Necesita dirigirlos. Necesita supervisarlos. Necesita volverlos a dirigir. Necesita volverlos a reclutar cuando se alejen de sus tareas. Dependiendo de la edad de sus hijos, esto puede ser exhaustivo, y aun cuando el trabajo haya terminado, es probable que no sea de la forma en que usted lo deseaba.

Luego trate usted de hacer la tarea sólo. ¿Qué tan rápido lo puede hacer? ¿Está conforme con la calidad de su trabajo? ¿Tuvo alguna clase de agravante en el proceso? No es de extrañarse el porqué muchos padres comienzan reclutando a sus hijos para hacer las tareas para luego tirar la toalla y hacer el trabajo ellos mismos.

Trabajar sólo es más rápido (al menos al principio), pero no tiene la misma recompensa. Si desea que sus hijos aprendan, crezcan y logren su potencial, usted necesita pagar el precio y ocupar el tiempo con todo y sus problemas para dirigirlos en el proceso, aun si esto significa ir más lentamente o ceder un poco de su agenda. Lo mismo pasa con los empleados. Los líderes no son necesariamente los primeros en cruzar la línea de meta, las personas que corren solos son los más rápidos. Los líderes son los primeros en traer a todas las personas a la línea de meta. Su recompensa en el liderazgo, en el trabajo o en la casa, viene al final.

2. EXPRESE QUE USTED SE INTERESA POR ELLOS

Cuando usted va a revisar su correo, le aseguro que una de las primeras cosas que usted hace es darle un vistazo a lo que ha llegado.

¿Qué es lo que busca? Probablemente busca un sobre escrito a mano, ya que por lo general esa es una señal de que lo que está adentro es algo personal de alguien que se conoce. Todos deseamos el toque personal de alguien que se interesa por nosotros.

Leí alguna vez que el servicio postal de los Estados Unidos entrega aproximadamente 170 mil millones de piezas por año. Sin embargo, dentro de este mar de correo, menos de un cuatro por ciento se compone de cartas personales. Eso significa que usted necesita revisar noventa y seis recibos, revistas, declaraciones bancarias, ofertas de tarjetas de crédito, anuncios, y otra gran cantidad de propaganda para encontrar solamente cuatro cartas de alguien que se interesa y lo conoce a usted personalmente.

Las personas que lo siguen también desean un toque personal. Desean saber que usted se interesa por ellos. La mayoría se sentiría muy complacida de saber que su jefe tiene una preocupación genuina por ellos y los valora como seres humanos, no solamente como trabajadores que realizan un trabajo para ellos en su organización.

3. CREE UN BALANCE SALUDABLE DE LOS INTERESES PERSONALES Y PROFESIONALES

Los líderes que muestran interés en los individuos que trabajan para ellos necesitan encontrar un balance entre los intereses personales y profesionales. Los intereses profesionales muestran que usted tiene el deseo de ayudarles. Eso es algo que todos los buenos líderes comparten. Los intereses personales van más allá, muestran el corazón.

Cuando se interesa en su personal como seres humanos, usted necesita asegurarse de no cruzar el límite. Existe un punto en el cual el interés se vuelve inapropiado. Usted no debe ser entrometido, su deseo debe ser ayudar, no invadir la privacidad de alguien o hacerlos sentir incómodos.

Comience haciendo preguntas neutrales, pregunte cómo se encuentran el cónyuge o los hijos, o acerca de los entretenimientos u otros intereses externos. O quizás una pregunta muy general como: «¿Cómo van las cosas?»; luego ponga atención no sólo al contenido de la respuesta, sino también a la reacción emocional. Si usted siente que hay algo allí, haga otra pregunta si todo está bien, pero no presione. Si desean hablar, no juzgue, no interrumpa, y no ofrezca un consejo rápidamente al menos que ellos se lo soliciten.

¿Por qué hacer esto? La realidad es que cuando las vidas de los empleados marchan bien, sus vidas profesionales también lo harán. Lo que sucede en el hogar matiza todos los aspectos de la vida de la gente, incluyendo su trabajo. Si usted tiene una idea de donde se encuentra su gente de manera personal, usted puede saber lo que espera de ellos en el trabajo, y puede ayudarles.

4. PONGA ATENCIÓN CUANDO LAS PERSONAS EMPIECEN A EVITARLO

Si hace de caminar lentamente por los pasillos un hábito, conocerá mejor a su personal y a su organización. Sabrá cuando las cosas están funcionando. Su intuición de liderazgo aumentará, y cuando algo marche mal, se dará cuenta más rápidamente.

La mayoría de las personas son criaturas de hábitos. Siguen patrones y hacen cosas de la misma forma la mayoría del tiempo. Durante sus caminatas, se acostumbrará a ver a las personas. Ya que las personas lo vean como accesible, saldrán de sus oficinas o cubículos para conversar con usted. Serán visibles. Si algo anda mal con alguien que por lo general es comunicativo, esa persona de pronto lo evitará. Así que puede preguntarse, ¿a quién no estoy viendo?

Con frecuencia no es lo que la gente dice, sino lo que la gente no dice, lo que indica que algo anda mal. Las personas siempre traen buenas noticias rápidamente, pero evitan traer malas noticias. Esto me sucede todo el tiempo en mi compañía de asesoría, ISS. Cuando intentamos desarrollar una sociedad con un líder, si ese líder busca firmar con nosotros, nos damos cuenta al momento. Por el contrario, si no está interesado, se toma mucho tiempo en comunicarse con nosotros. Un buen *líder de 360°* siempre disminuye la velocidad lo suficiente como para mirar, escuchar, y descifrar claves.

5. ATIENDA A LAS PERSONAS, Y ELLAS ATENDERÁN EL NEGOCIO

Un *líder de 360°* tiene muchas cualidades excepcionales. De hecho, el valor # 5 de la próxima sección del libro presenta esas características. Pero una cosa que todos tienen en común es que a pesar de su pasión por la visión y de su amor por la acción, ellos se esfuerzan mayormente en las personas. Los líderes que atienden sólo los negocios, por lo general terminan perdiendo a las personas y al negocio; pero los líderes que atienden a las personas, por lo general desarrollan a las personas y a los negocios.

Al irse esforzando en caminar más lentamente por los pasillos, quiero animarle a que encuentre su propia manera de hacerlo. Busque prácticas que encajen con su personalidad, su situación de trabajo y su estilo de liderazgo.

Una tarde de otoño, cuando estaba viendo un partido de fútbol americano, vi un maravilloso ejemplo de un líder que estaba haciendo eso. Durante el medio tiempo estaban entrevistando al entrenador de los Chiefs de Kansas City, Dick Vermeil. Le preguntaron acerca de su equipo y de cómo iba la temporada, pero eso no fue lo que me intrigó.

> *Los líderes que atienden sólo los negocios, por lo general terminan perdiendo a las personas y al negocio.*

Durante la entrevista, mostraban a Vermeil junto con su equipo durante una práctica. Mientras los jugadores realizaban su calentamiento, el veterano entrenador pasaba por en medio de las filas y conversaba con ellos. Se detenía junto a un jugador y casi podía escucharlo preguntar: «¿cómo está tu esposa?» y seguían dialogando por un rato.

El reportero le preguntaba a Vermeil acerca de su manera de interactuar y él explicó que la esposa de ese jugador sufría lupus. Él siguió diciendo que a él le interesaban más los jugadores, que la forma en que ellos jugaban. Cuando interactuaba con ellos lo hacía como personas primeramente y luego como jugadores. Poco tiempo después hablé personalmente con Dick Vermeil y él me dijo que con frecuencia invita a sus jugadores a su casa para conocerlos mejor.

Lo que me interesa es que cuando Vermeil volvió a entrenar a un equipo en 1997, después de 14 años de retiro, recuerdo a varios reporteros decir que tenían escepticismo acerca de los métodos de Vermeil y que pensaban que él era anticuado y que estaba fuera de onda. Él seguía diciéndoles que esperaran a ver lo que sucedería. Lo que sucedió fue que su equipo ganó el Súper Bowl en 1999.

¿Ganará Vermeil otro Súper Bowl? No lo sé, pero lo que sé es que él ha encontrado su propia forma de caminar por los pasillos de manera que es visible, disponible y que se puede comunicar. Y por eso, sus jugadores lo respetan y se esfuerzan por él, ya que saben que él se interesa por ellos. Un líder no puede pedir más que eso.

VEA UN «10» EN TODAS LAS PERSONAS

Deseo hacerle una pregunta: ¿quién ha sido su mejor maestro? Recuerde sus días escolares, desde el jardín de niños hasta el último año de su educación. ¿Quién sobresale? ¿Existe un maestro que cambió su vida? La mayoría de nosotros tiene uno. En mi caso fue el maestro de la escuela dominical, Glen Leatherwood. ¿Y el suyo?

¿Qué hizo que ese maestro fuera diferente? ¿Era su conocimiento? ¿Su técnica de enseñanza? Aunque su maestro haya poseído un gran conocimiento o una técnica sobresaliente, le puedo asegurar que lo que hizo que su maestro fuera diferente de los demás era que él creía en usted. Ese maestro probablemente vio en usted un «10». El maestro que lo intimidaba y le decía que usted era un ignorante o un indisciplinado no fue el que lo inspiró a aprender y a crecer. Fue aquel que pensaba que usted era maravilloso y se lo decía.

Ahora me gustaría que usted pensara en su vida laboral y en los líderes con los que usted ha trabajado durante años. Mientras piensa en ellos, hágase las siguientes preguntas:

- ¿Quién recibe mi mejor esfuerzo? ¿El líder que cree que soy un 10 o el líder que cree que soy un 2?

- ¿Con quién disfrutó trabajar? ¿Con el líder que cree que soy un 10 o con el que cree que soy un 2?

- ¿Con quién me es más fácil acercarme? ¿Con el que cree que soy un 10 o con el que cree que soy un 2?

- ¿Quién desea lo mejor de mí? ¿El que cree que soy un 10 o el que cree que soy un 2?

- ¿De quién aprenderé más? ¿Del que cree que soy un 10 o del que cree que soy un 2?

El *líder de 360°* obtiene más de su gente porque piensa mejor de ellos. Lo respetan y lo valoran, y como resultado, desean seguirle.

La actitud positiva y motivadora que trae al liderazgo crea un ambiente positivo de trabajo donde todos en el equipo tienen un lugar y un propósito y donde todos comparten el triunfo.

Para algunos líderes, esto es fácil y natural, especialmente si su personalidad es positiva. Me he dado cuenta de que las personas que fueron muy animadas y valoradas cuando eran niños, con frecuencia desarrollan a los demás de manera instintiva. Pero también es una habilidad que puede ser aprendida y debe tenerla cualquier persona que desee convertirse en un *líder de 360°*.

Si usted desea sobresalir en esta área, aplique las siguientes sugerencias al trabajar con su personal:

1. VEA LO QUE PUEDEN LLEGAR A SER

El autor Bennett Cerf escribió que J. William Stanton, representante por muchos años de Ohio en el congreso de los Estados Unidos, atesoraba una carta que había recibido de la Cámara de Comercio de Painesville, Ohio, fechada 1949. La carta rechazaba la oferta de Stanton de traer a un nuevo congresista como orador en una cena para levantar fondos. La misiva decía: «Sentimos que este año realmente necesitamos a un gran orador, y esperamos que el entrenador de fútbol americano de la Universidad John Carroll acepte. Gracias de todas maneras por sugerir al representante Jonh F. Kennedy».[1] ¿Sabe usted quién era ese entrenador? Yo no.

¿Tiene usted a un potencial John F. Kennedy en su equipo? ¿O quizás a un Jack Welch, o a una madre Teresa? Es fácil reconocer un buen liderazgo y un buen talento una vez que las personas ya han florecido, pero no es lo mismo antes de que suceda.

Busque un gran potencial que se encuentre dentro de cada persona que usted dirige. Cuando lo encuentre, esfuércese en desarrollarlo. Algunos líderes son tan inseguros que cuando ven a alguien con mucho potencial, tratan de hacerlo a un lado por temor a que su desempeño los opaque, pero el *líder de 360°* los busca y los hace brillar. El *líder de 360°* reconoce que las personas con gran potencial van a tener éxito de todas formas. El mejor papel que puede asumir es descubrirlos y animarlos. De esa forma, les añade valor y se convierte en una parte positiva del proceso de su surgimiento como líderes.

2. PERMITA QUE ELLOS «TOMEN PRESTADA» SU CONFIANZA EN ELLOS

En 1989, Kevin Myers se mudó de Grand Rapids, Michigan a Lawrenceville, Georgia, para plantar una iglesia. Kevin era un líder joven cuyo futuro se veía brillante, y su organización patrocinadora, la iglesia Kentwood Community, sentía gusto en apoyar sus esfuerzos.

Kevin hizo todo lo correcto para prepararse para el primer servicio de la iglesia Crossroads Community. Dedicó varias semanas a hablar con las personas de la comunidad, seleccionó un buen lugar, y preparó a sus voluntarios. Cuando abrió las puertas de la iglesia por primera vez, sus esperanzas decayeron porque sólo noventa personas llegaron, un tercio de lo que él esperaba. Era una gran desilusión, porque Kevin había participado en una iglesia grande y dinámica, y tenía muy poco deseo de dirigir una congregación pequeña. Sin embargo, decidió perseverar pensando que en un par de años, sobrepasaría ese obstáculo y tendría la iglesia que había soñado.

Luego de tres años de dificultad y poco crecimiento, Kevin estaba listo para tirar la toalla. Hizo un viaje a Michigan para reunirse con Wayne Schmidt, su anterior jefe en la iglesia Kentwood e iniciador del esfuerzo de plantar una iglesia con Kevin. Sintiéndose fracasado, Kevin le explicó a Wayne que necesitaba trabajo, porque estaba planeando cerrar la iglesia en Georgia. La respuesta de Wayne cambió la vida de Kevin. Él le dijo: «Si no puedes creer, entonces toma prestada mi fe por un rato».

Incierto acerca de su futuro, pero agradecido con Wayne por su confianza en él, Kevin regresó a Georgia y no se rindió. Lentamente, entretanto que Kevin crecía en su liderazgo, también lo hacía su congregación. Al momento de escribir este libro, Kevin dirige una iglesia de 3400 miembros, lo que llamamos una mega iglesia en los Estados Unidos.

Cuando las personas que usted dirige no creen en sí mismos, usted puede ayudarles, de la misma forma en que Wayne lo hizo con Kevin. Piense en ello como si fuera un préstamo, algo que usted está dando gratuitamente, pero que después volverá a usted con dividendos al ver a la persona triunfar.

3. Fíjese cuando hagan algo bien

Si usted desea ver un «10» en todos y ayudarles a que crean en sí mismos, necesita animarlos, fijándose cuando hacen algo bueno. Y eso en realidad va en contra de la cultura. Hemos sido entrenados toda la vida para fijarnos cuando las personas están haciendo algo malo.

Si nuestros padres o nuestros maestros nos encontraban haciendo algo, por lo general era algo malo. Así que tendemos a pensar en esos mismos términos.

Cuando usted se enfoca en lo negativo y se fija en las personas cuando hacen algo malo, no le ayuda para hacerlos que mejoren. Cuando nos fijamos en las personas cuando hacen algo malo, las personas se ponen a la defensiva. Se excusan, evaden. Por otro lado, si notamos a las personas cuando están haciendo lo correcto, eso les da un refuerzo positivo. Les ayuda a explotar su potencial, los hace querer hacer lo mejor.

Haga que en su agenda diaria haya espacio para buscar cosas que están saliendo bien. No tienen que ser grandes cosas, aunque por supuesto usted desea elogiar esas cosas también. Puede ser cualquier cosa, siempre y cuando sea sincero en su elogio.

4. TENGA SIEMPRE EL MEJOR CONCEPTO DE LOS DEMÁS
DÉLES EL BENEFICIO DE LA DUDA

Cuando nos analizamos, naturalmente nos damos el beneficio de la duda. ¿Por qué? Porque nos vemos a nosotros mismos en base a nuestras intenciones. Por otro lado, cuando miramos a los demás, usualmente los juzgamos según sus acciones. Piense cuánto más positiva sería nuestra interacción con los demás si tuviéramos el mejor concepto de ellos y les diéramos el beneficio de la duda, tal como lo hacemos con nosotros mismos.

Muchas personas están renuentes a adoptar esta actitud porque temen que los demás les considerarán ingenuos o se aprovecharán de ellos. La realidad es que las personas confiadas no son más débiles que las personas desconfiadas; en realidad son más fuertes. Observe las siguientes falacias de la confianza y las verdades que las refutan tomadas de una investigación del profesor de sociología Morton Hunt.

Falacia: las personas confiadas son más crédulas.
Verdad: las personas confiadas no son más propensas a ser engañadas que las personas desconfiadas.

Falacia: las personas confiadas son menos perceptivas de los sentimientos de los demás que las personas desconfiadas.
Verdad: las personas que tienen una gran confiabilidad pueden analizar mejor a las personas.

Falacia: las personas con una opinión más baja de sí mismos son más confiadas que las personas que tienen una buena opinión de sí mismos
Verdad: al contrario, las personas con una alta autoestima están más dispuestas a tomar riesgos emocionales.

Falacia: las personas bobas son confiadas; las personas inteligentes son desconfiadas.
Verdad: personas con una gran habilidad o grados de estudio no son más desconfiadas o escépticas que las personas consideradas como menos inteligentes.

Falacia: las personas confiadas se apoyan en los demás para que ellos dirijan sus vidas; las personas desconfiadas se apoyan en sí mismas.

Verdad: al contrario, las personas que se sienten controladas por personas y fuerzas externas son menos confiadas, mientras que aquellas que se sienten a cargo de sus vidas son más confiadas.

Falacia: las personas confiadas no son más dignas de confianza que las personas desconfiadas.

Verdad: las personas desconfiadas no son de fiar. La investigación ratifica lo que los griegos de la antigüedad decían: «Aquel que desconfía más, debería ser el menos digno de confianza»[2]

No estoy diciendo que usted debe convertirse en avestruz y meter su cabeza en la arena. Lo que estoy sugiriendo es que usted debe darles a los demás la misma consideración que usted se da a sí mismo. No es mucho pedir, y los dividendos relacionales son gigantescos.

5. TOME EN CUENTA QUE «10» TIENE MUCHAS DEFINICIONES

¿Qué significa ser un «10»? Cuando usted comenzó a leer este capítulo y le sugerí que viera a los demás como un 10, ¿le vino a su mente alguna imagen de un 10, y empezó inmediatamente a comparar a las personas que trabajan para usted con esa imagen dándose cuenta que no podían lograrlo? No me sorprendería si ese fue el caso, porque pienso que la mayoría de nosotros tiene un punto de vista muy estrecho acerca de lo que constituye ser un 10.

En lo que respecta a mejorar las habilidades, creo que la mayoría de las personas, no pueden aumentar su habilidad más allá de dos puntos en la escala del 1 al 10. Por ejemplo, si usted nació siendo un «4» con respecto a la matemática, sin importar cuánto se esfuerce, probablemente nunca llegará a ser mejor que un «6». Le traigo buenas noticias. Todos somos excepcionales en algo, y un «10» no siempre se ve igual.

En su libro Now, *Discover Your Strenghts*, (*Ahora, descubra sus fortalezas*), Marcus Buckinham y Donald O. Clifton identifican treinta y cuatro áreas de fortaleza que las personas exhiben, desde la responsabilidad hasta la habilidad de ganarse a los demás. Y los autores afirman que todas las personas tienen al menos una habilidad que pueden realizar mejor que otras diez mil personas. Eso significa que creen que todos pueden ser un 10 en algún área. Usted siempre puede enfocarse en esa área cuando quiera animar a uno de sus empleados.

Pero supongamos que usted emplea a alguien que no tiene ninguna habilidad que sea un «10» o que pueda ser desarrollada para llegar a un «10». ¿Significa entonces que usted los considerará sin esperanza? No; existen otras áreas donde la persona puede crecer para ser un 10 sin importar dónde se encuentre, áreas tales como la actitud, el deseo y la perseverancia. Si usted no ve el potencial de un 10 en ningún otro lugar, búsquelo allí.

6. DÉLES EL TRATAMIENTO «10»

La mayoría de los líderes tratan a las personas de acuerdo con el número que ellos colocan sobre ellos. Si los empleados están desempeñándose en un nivel promedio, por ejemplo un 5, entonces el jefe va a darles un tratamiento de 5. Pero yo creo que las personas merecen lo mejor de su líder, aunque ellos no estén dando lo mejor de sí. Digo esto porque creo que cada persona tiene valor como ser humano y merece ser tratado con respeto y dignidad. Eso no significa que usted recompense un mal desempeño, sólo significa que usted trata a las personas bien aun cuando ellos no hagan lo mismo por usted.

Las personas generalmente se esfuerzan para lograr las expectativas del líder, si ellos aprecian al líder.

He observado que las personas generalmente se esfuerzan para lograr las expectativas del líder, si ellos aprecian al líder. Si usted ha desarrollado una relación sólida con sus empleados y ellos lo aprecian y lo respetan genuinamente, se esforzarán para dar lo mejor de sí.

He aprendido muchas cosas acerca del liderazgo durante todos estos años, pero el líder que admiro más es mi padre, Melvin Maxwell.

En diciembre del año 2004, visité a mis padres en el área de Orlando y mientras estaba allí, iba a participar en una conferencia telefónica. Ya que necesitaba un lugar tranquilo para hacerlo, mi padre me ofreció muy amablemente su oficina.

Al sentarme en su escritorio, noté una tarjeta que estaba junto al teléfono escrita por mi padre con las siguientes palabras:

1 Desarrollar a las personas por medio del estímulo.

2 Dar mérito a las personas por medio del reconocimiento.

3 Dar reconocimiento a las personas por medio de la gratitud.

En un instante supe porque estaba eso allí. Mi padre lo había escrito para recordarse cómo debía tratar a las personas cuando hablaba por teléfono con ellas. Y recordé instantáneamente, que mi padre, más que nadie, me había enseñado a ver a los demás como si fueran un «10».

Comience hoy a ver y a dirigir a las personas pensando en lo que pueden ser en el futuro, no en cómo son ahora, y se asombrará de la forma en que ellos le responderán. No sólo su relación con ellos mejorará y la productividad aumentará, sino también les ayudará a alcanzar su potencial y a convertirse en lo que ellos deberían ser.

DESARROLLE A CADA MIEMBRO DE SU EQUIPO INDIVIDUALMENTE

Cuando Jack Welch era el director ejecutivo de General Electric, él se deshacía del diez por ciento de los trabajadores que realizaban el peor desempeño. Esta práctica ha sido criticada por muchos de sus detractores, pero ¿no es claro el por qué hacía eso? No lo hacía para ser cruel, lo hacía para mejorar la organización.

Despedir a los trabajadores de bajo desempeño es una forma de ayudar a la organización. Reclutar gente de calidad de otras organizaciones también lo es. Los líderes están comenzando a ver que ésos no son siempre los mejores métodos para el progreso. Hace unos años leí un artículo en el periódico *USA Today* que indicaba que los líderes estaban empezando a ver el valor de los miembros sólidos de un equipo que no eran ni estrellas ni tampoco inútiles. El artículo en cuestión los llamaba: «B players» (jugadores B). El artículo decía:

> Cuando los jefes no están ocupados en deshacerse del diez por ciento inferior de su fuerza de trabajo, están tratando de robarse a los jugadores A de la competencia en una batalla para conquistar al mejor. Pero algunos de estos jefes se están dando cuenta que el fracaso o el éxito no necesariamente

tiene que ver con eslabones fuertes o débiles, sino en un equipo intermedio sólido, los jugadores B... el 75% que ha sido ignorado.[1]

El artículo seguía diciendo que las personas en el nivel intermedio son la columna vertebral de toda organización y que deben ser valorados, con lo cual estoy de acuerdo. Sin embargo, creo que los líderes necesitan tomar ese concepto y avanzar un poco más. ¿Cómo le da usted una ventaja a su equipo, para ayudar a los jugadores B a desempeñarse en su mejor nivel y ayudar a los jugadores A a elevar su juego aun más? ¡Desarróllelos!

Un buen liderazgo es más que sólo realizar un trabajo. Realizar un trabajo lo hace tener éxito. Realizar el trabajo a través de los demás lo hace un líder. Desarrollar a las personas mientras les ayuda a realizar el trabajo en el nivel más alto lo hace un líder excepcional. Cuando usted desarrolla a los demás, usted también mejora, ellos hacen el trabajo mejor, y ambos se benefician. Todos ganan. ¿Cuál es el resultado? Usted se convierte en la clase de líder que otros buscan y desean seguir por la forma en que usted añade valor a las personas.

Cómo desarrollar a su personal

Antes de hacer unas pocas recomendaciones sobre cómo desarrollar a los demás, necesito aclarar la diferencia entre capacitar a las personas y desarrollarlas. Cuando capacita a las personas, usted les enseña cómo hacer un trabajo. Si usted les muestra como usar una máquina o algún otro aparato, eso es capacitar; si usted le enseña a alguien cómo hacer una venta, eso es capacitar; si usted está entrenándolos en un procedimiento departamental, eso es capacitar.

Usted debe estar ya proveyendo capacitación a su personal para que sepan cómo hacer sus trabajos. La capacitación debe ser una normativa (aunque sé que no todos los líderes hacen esto bien).

El desarrollo es diferente. Cuando desarrolla a las personas, usted está ayudándoles a mejorar como individuos. Les está ayudando a adquirir cualidades personales que los beneficiarán en muchas áreas de su vida, no sólo en sus trabajos. Cuando usted ayuda a alguien a cultivar la disciplina o una actitud positiva eso es desarrollo. Cuando usted le enseña a alguien a administrar su tiempo de manera más eficaz o a mejorar sus habilidades con las personas, eso es desarrollo. Cuando usted enseña liderazgo, eso es desarrollo. Lo que he encontrado es que muchos líderes no tienen una mentalidad de desarrollo. Esperan que sus empleados se encarguen de sus necesidades de desarrollo por sí mismos. Lo que no ven, sin embargo, es que el

> *Cuando capacita a las personas, usted les enseña cómo hacer un trabajo. Cuando desarrolla a las personas, usted está ayudándoles a mejorar como individuos.*

desarrollo siempre da mayores dividendos que la capacitación porque ayuda a la persona en su totalidad y la lleva a un nivel más alto.

El desarrollo es más difícil que la capacitación, pero vale la pena. Para empezar comience con lo siguiente:

1. VEA EL DESARROLLO COMO UN PROCESO A LARGO PLAZO

Capacitar por lo general es un proceso rápido y directo. La mayoría de las personas puede aprender las mecánicas de su trabajo muy rápidamente, en horas, días o meses, dependiendo del tipo de trabajo. Pero el desarrollo siempre necesita tiempo. ¿Por qué? Porque requiere cambio de parte de la persona que está siendo desarrollada y uno no puede apresurar eso. Tal como lo dice el viejo dicho, se necesitan nueve meses para tener un bebé, sin importar cuántas personas se pongan a trabajar. Durante el proceso del desarrollo de su personal, mírelo como un proceso continuo, no algo que se hace una vez solamente.

> *Usted no puede dar lo que no tiene. Si desea desarrollar a su personal, usted también debe seguir creciendo.*

Cuando dirigía la iglesia Skyline en San Diego, puse como una de mis prioridades más altas desarrollar a mi personal. A veces lo hacía individualmente. También hacíamos reuniones en conjunto cada mes para hablar sobre temas que los ayudarían a desarrollarse como líderes. Hice eso constantemente por una década.

Le recomiendo que usted planee desarrollar a las personas que trabajan para usted. Haga que sea una actividad regularmente planeada y constante. Usted puede pedirle a su personal que lea un libro cada mes y luego hablen de él en una reunión. Usted puede desarrollar una lección, ir a conferencias o seminarios. Realice esta tarea con su propio estilo, pero debe saber algo: usted no puede dar lo que no tiene. Si desea desarrollar a su personal, usted también debe seguir creciendo.

2. DESCUBRA LOS SUEÑOS Y LOS DESEOS DE CADA PERSONA

Cuando usted capacita a las personas, usted basa lo que hace en su necesidad o en las necesidades de la organización. Usted les enseña a las personas lo que usted desea que ellos sepan para que puedan hacer un trabajo para usted. Por otro lado, el desarrollo se basa en las necesidades de ellos. Usted les da lo que necesitan para que ellos puedan ser mejores. Para hacer eso correctamente usted debe saber cuáles son los sueños y los deseos de su gente.

Walter Lippman, fundador de *The New Republic*, dijo: «Ignore lo que un hombre desea y estará ignorando la fuente misma de su poder». Los sueños son generadores de energía para su personal. Si ellos tienen una gran pasión por sus sueños, por ende tienen energía. Si usted sabe cuáles son esos sueños y los desarrolla de tal forma que estén al alcance de ellos, no sólo estará aprovechando la energía, sino también la alimentará.

Desafortunadamente, algunos líderes no quieren ver que otros sigan sus sueños porque les recuerda lo lejos que están ellos de vivir los suyos. Como resultado, estos tipos de líderes tratan de convencer a las personas para que se olviden de sus sueños, y generalmente lo hacen usando las mismas excusas y razonamientos que se dan a sí mismos.

> *«Ignore lo que un hombre desea y estará ignorando la fuente misma de su poder».*
> —WALTER LIPPMAN

Si usted se ha encontrado a sí mismo resintiendo los sueños de otros y tratando de convencerlos de que no los sigan, usted necesita avivar el fuego de sus propios sueños y seguir tratando de alcanzarlos. Cuando un líder está aprendiendo, creciendo y siguiendo sus propios sueños, mayor será la probabilidad de que ayude a otros a seguir los de ellos.

3. DIRIJA A LAS PERSONAS DE MANERA DIFERENTE

Uno de los errores que los líderes novatos cometen es tratar de dirigir a todas las personas de la misma manera. Seamos realistas, no todos responden a la misma clase de liderazgo. Intente ser constante con todos, trátelos con respeto y amabilidad, pero no espere usar las mismas estrategias y los métodos con todos por igual.

Usted tiene que averiguar cuáles son los botones de liderazgo que debe presionar para cada individuo de su equipo. Una persona le responderá bien si es desafiada; otra necesitará de cuidado. Otra necesitará un plan de juego bien marcado; otra será más apasionada si puede crear su plan de juego por sí misma. Una persona requerirá un seguimiento constante; otra necesitará espacio. Si usted desea ser un *líder de 360°*, necesita responsabilizarse para conformar su estilo de liderazgo a las necesidades de las personas, sin esperar que ellos se adapten a usted.

> *Si usted desea ser un líder de 360°, necesita responsabilizarse para conformar su estilo de liderazgo a las necesidades de las personas, sin esperar que ellos se adapten a usted.*

4. USE METAS ORGANIZATIVAS PARA EL DESARROLLO INDIVIDUAL

Si usted tiene que desarrollar un mecanismo (enteramente separado del trabajo actual que necesita realizarse) para así desarrollar a su personal, es probable que eso lo canse y lo frustre. La forma de evitarlo es usando metas organizativas tanto como sea posible para el desarrollo individual de las personas. Considero que es la mejor solución.

- Cuando es algo bueno para el individuo pero es malo para la organización, todos pierden.

- Cuando es algo bueno para la organización pero malo para el individuo, la organización pierde.

- Cuando es algo malo para el individuo pero bueno para la organización, el individuo pierde.

- Cuando es algo bueno para el individuo y para la organización, todos ganan.

Sé que puede parecer muy simple, pero quiero que ponga atención a una cosa. El único escenario donde no existen pérdidas es cuando algo es bueno para la organización y para el individuo. Esa es la receta de un éxito a largo plazo.

La forma de crear esta clase de triunfo es combinando tres cosas:

- Una meta: encuentre una necesidad o una función dentro de la organización que traería valor a la organización.

- Una fortaleza: encuentro un individuo de su equipo como punto fuerte que necesita desarrollarse y que le ayudará a lograr la meta organizativa.

- Una oportunidad: provea el tiempo, el dinero y los recursos que necesita el individuo para lograr esa meta.

Entre mayor sea la frecuencia con que usted puede crear esas alianzas, mayor será la frecuencia con que usted creará triunfos para todos: para la organización, el individuo que está siendo desarrollado, y usted.

5. Ayúdeles a conocerse a sí mismos

Siempre opero en el concepto de que las personas no se conocen a sí mismas. Una persona no puede ser realista acerca de su potencial hasta que sea realista acerca de su posición. En otras palabras, usted debe saber dónde está antes de averiguar cómo llegar a otro lugar.

> *Una persona no puede ser realista acerca de su potencial hasta que sea realista acerca de su posición.*

Max DePree decía que la primera responsabilidad de un líder es definir la realidad. Yo creo que la primera responsabilidad de un líder que desarrolla a los demás, es ayudarles a definir la realidad de quiénes son. Los líderes les ayudan a reconocer sus puntos fuertes y débiles, lo cual es vital si deseamos ayudarles.

6. Prepárese para tener conversaciones difíciles

No existe el desarrollo sin lecciones difíciles. Casi todo el crecimiento surge cuando tenemos respuestas positivas a cosas negativas.

Entre más difícil sea el asunto que tenemos que tratar, más necesitamos presionar para poder crecer. El proceso no es generalmente muy placentero, pero siempre hay que pagar un precio para el desarrollo.

Los buenos líderes están dispuestos a tener conversaciones difíciles para empezar el proceso de desarrollo en las personas que están bajo su cuidado. Un amigo me dijo la historia de un ex piloto de la Fuerza Aérea de los E.U.A. que estaba trabajando en una de las compañías que pertenecen a la élite de *Fortune 500*. Repetidamente a este hombre lo pasaban por alto cuando los líderes de la organización buscaban y reclutaban empleados con potencial de liderazgo para avanzar en su organización, y él no entendía el porqué. Su desempeño era bueno, su actitud positiva, y poseía experiencia. Entonces ¿cuál era el problema?

El ex piloto poseía unos hábitos personales peculiares que hacían que los demás se sintieran incómodos a su alrededor. Cuando él se sentía tenso, soplaba en sus dedos o se daba palmaditas en sus muslos nerviosamente. Él no estaba consciente de lo que hacía y nadie le había señalado la naturaleza molesta y poco profesional de esos hábitos peculiares. Las personas simplemente lo consideraban raro.

Afortunadamente, el piloto finalmente trabajó para un líder que estaba dispuesto a tener una conversación difícil con él. El líder le ayudó a ver el problema, rompió el hábito, y hoy es el líder principal de la organización.

Cuando usted no quiere tener una conversación difícil, debe preguntarse: *¿Es porque me hará daño a mí o a él?* Si es porque le hará daño a usted, está siendo egoísta. Los buenos líderes sobrepasan la incomodidad de una conversación difícil por el bienestar de las personas a las que dirigen y por el de la organización. Lo que usted debe recordar es que las personas resolverán las cosas difíciles si creen que usted quiere trabajar con ellos.

7. Celebre los triunfos

Los líderes que desarrollan a otros siempre desean ayudar a su personal a tener triunfos bajo la manga, especialmente cuando están empezando. Pero un triunfo estratégico siempre tiene un mayor valor. Intente localizar triunfos en las áreas en las que usted desea que las personas crezcan y de la forma en que usted desea que ellas crezcan. Eso les dará un incentivo extra y el ánimo de ir tras las cosas que les ayudarán a mejorar.

Realmente importa cómo coloque usted esos triunfos. Un buen triunfo es aquel que no sólo se logra sino que se logra de la forma correcta. Si alguien que usted está dirigiendo hace las cosas mal pero aun así obtiene los buenos resultados y usted lo celebra, usted está haciendo que esa persona llegue a fracasar algún día. La experiencia por sí sola no es un buen maestro, pero la experiencia evaluada sí lo es. Como líder, usted necesita evaluar lo que parece un triunfo para asegurarse de que en realidad está enseñándole a su empleado lo que necesita aprender a fin de que pueda crecer y desarrollarse.

> *La experiencia por sí sola no es un buen maestro, pero la experiencia evaluada sí lo es.*

8. PREPÁRELOS PARA EL LIDERAZGO

En un contexto organizativo, ningún proceso de desarrollo estaría completo sin la inclusión del desarrollo de liderazgo. Entre mejor sea su personal dirigiendo, mayor será el impacto potencial que tendrán en y para la organización. Pero eso significa más que sólo enseñar lecciones de liderazgo o pedirles a las personas que lean libros de liderazgo. Significa llevarlos por un proceso que los prepare para tomar el mando y dirigir.

El mejor proceso que conozco es el del entrenamiento durante la práctica en el lugar donde las personas trabajan lado a lado. Imagínese que yo quisiera prepararlo a usted para el liderazgo. Así es como procederíamos:

Yo lo hago. El proceso comienza con saber cómo realizar algo por mí mismo. No puedo dar lo que yo no poseo.

Yo lo hago y usted observa. Luego de que he perfeccionado el proceso, lo llevo conmigo y le pido que observe. Le explico lo que estoy haciendo y lo motivo a hacer preguntas. Deseo que vea y comprenda todo lo que hago.

Usted lo hace y yo observo. Uno no puede aprenderlo todo solo observando. En algún momento usted tiene que hacerlo. Cuando llegue a esta etapa y empiece a hacerlo por usted mismo, mi papel es animarlo, corregirlo gentilmente y ponerlo en la dirección correcta cuando sea necesario.

Usted lo hace. Tan pronto como usted comprenda los fundamentos, yo me hago a un lado y le permito que lo perfeccione y comience a desarrollar su propio estilo y su método.

Usted lo hace y alguien más lo observa. Lo último que necesito hacer en el proceso de desarrollo es ayudarle a encontrar a alguien a quien usted pueda desarrollar, y animarle para que ahora usted inicie. Usted no sabe algo realmente hasta que lo enseña a alguien más. Además, el proceso no está totalmente completo hasta que usted transfiera lo que ha recibido a alguien más.

> *Usted no sabe algo realmente hasta que lo enseña a alguien más.*

Si usted desarrolla a las personas y se compromete a hacerlo en un proceso a largo plazo, notará un cambio en sus relaciones con las personas que trabajan para usted. Desarrollarán una lealtad fuerte porque saben que usted busca su mejor interés y lo ha probado mediante acciones. Y entre más los desarrolle, es más probable que se mantengan con usted.

Sabiendo esto, no se aferre a su personal. Algunas veces lo mejor que usted puede hacer por alguien es dejarlo que abra sus alas y vuele. Pero si usted ha sido diligente en el proceso de desarrollo y los ha ayudado a pasar lo que han aprendido, alguien más vendrá y tomará su lugar. Cuando usted desarrolla a las personas de manera continua, nunca habrá una escasez de líderes para desarrollar la organización y ayudarlo a llevar la carga.

COLOQUE A SU PERSONAL EN SUS ZONAS DE FORTALEZA

L a mayoría de los líderes están de acuerdo en tener a las personas correctas en el equipo y en lo importante que es ponerlos en el lugar adecuado. Pero ¿realmente marca eso alguna diferencia? ¿Nos referimos a una pequeña diferencia o a una grande? Eso es lo que las personas de la organización Gallup se preguntaron cuando hacían su investigación para, *Now, Discover Your Strengths* (*Ahora, descubra sus fortalezas*).

A continuación lo que los autores del libro aprendieron:

En nuestro último análisis, la organización Gallup hizo esta pregunta a 198.000 empleados que trabajaban en 7.939 unidades empresariales dentro de 36 compañías: ¿Tiene la oportunidad de hacer dentro de su trabajo lo que usted hace mejor cada día?

Luego comparamos las respuestas con el desempeño de las unidades empresariales y descubrimos lo siguiente: cuando los empleados respondieron «totalmente de acuerdo» a esta pregunta, tenían un 50% de mayor probabilidad de trabajar en unidades empresariales con una pérdida baja de empleados, tenían 38% más probabilidades de trabajar en unidades empresariales más productivas y 44% más probabilidades de trabajar en unidades empresariales con una alta satisfacción al cliente.[1]

Esta es una diferencia muy significativa. ¿Qué porcentaje de trabajadores piensa usted que están trabajando en sus áreas de fortaleza? De acuerdo con los autores, la respuesta es sólo veinte por ciento.[2]

La razón número uno por la cual las personas no disfrutan sus trabajos es porque no están trabajando en sus áreas de fortalezas. Cuando los empleados continuamente tienen que trabajar en áreas débiles, se desmoralizan, son menos productivos, y eventualmente llegan al agotamiento. ¿De quién es la culpa? ¡Generalmente es la culpa de los líderes!

> *La razón número uno por la cual las personas no disfrutan sus trabajos es porque no están trabajando en sus áreas de fortalezas.*

Las personas exitosas encuentran sus propias zonas de fortaleza. Los líderes exitosos encuentran las zonas de fortaleza de las personas que ellos dirigen. Los individuos pueden buscar un trabajo con una organización particular, pero generalmente no se colocan a sí mismos en su posición de trabajo. En la mayoría de los casos, sus líderes son los que hacen eso.

Cuando usted coloca a los individuos en sus zonas de fortaleza, suceden un par de cosas.

Primero, usted cambia las vidas de las personas para bien. En un capítulo anterior, mencioné que las vidas de las personas colorean cada aspecto de sus trabajos. Lo contrario también es cierto. Las vidas en el trabajo de las personas también colorean otros aspectos de sus vidas. Cuando usted coloca a las personas en sus zonas fuertes, su trabajo se vuelve gratificante y especial. Con frecuencia marca la diferencia entre alguien que odia ir a trabajar y alguien que le encanta ir a trabajar. El otro beneficio es que usted ayuda a la organización y a usted mismo.

PASOS PARA COLOCAR A LAS PERSONAS EN SUS ZONAS DE FORTALEZA

La habilidad de ayudar a las personas a encontrar su mejor lugar es una gran responsabilidad y un gran privilegio, uno que los líderes no deben tomar a la ligera. Mientras piensa en las personas que trabajan para usted, intente hacer lo siguiente en cada individuo.

1. DESCUBRA SUS VERDADERAS FORTALEZAS

La mayoría de las personas no descubren sus puntos fuertes por sí mismos. Con frecuencia caen en la rutina de la vida diaria y de la ocupación tediosa, raramente exploran sus fortalezas o reflexionan en sus éxitos o fracasos. Es por esa razón que es tan valioso tener un líder que se interese genuinamente por ellos y los ayude a reconocer sus puntos fuertes.

Existen muchos instrumentos útiles disponibles que usted puede utilizar para ayudar a las personas en el proceso del auto descubrimiento. Ya he mencionado el trabajo de Buckingham y Clifton. Su libro *Ahora, descubra sus fortalezas* y el material que se encuentra en su sitio de la Internet puede ser muy útil. De la misma forma los test de personalidad tales como DISC o Myers-Briggs, al igual que otros muchos test vocacionales. Lo que funcione en el contexto de su organización puede ser útil, pero no se limite solamente a evaluaciones. Generalmente la ayuda más valiosa que usted puede dar se encuentra en sus observaciones personales.

> *Las personas exitosas encuentran sus propias zonas de fortaleza. Los líderes exitosos encuentran las zonas de fortaleza de las personas que ellos dirigen.*

2. COLÓQUELOS EN EL TRABAJO ADECUADO

Mover a alguien de un trabajo que odia al trabajo correcto puede ser un cambio de vida. Rod Loy dijo que él movió una persona de su equipo a cuatro diferentes lugares en la organización, tratando de encontrar el lugar adecuado. Como la había colocado mal tantas veces, estaba casi a punto de rendirse, pero sabía que ella tenía un gran potencial y que era buena para la organización. Finalmente, después de encontrarle el trabajo adecuado, ella sobresalió totalmente.

Ya que él sabe lo importante que es tener a cada persona trabajando en el lugar adecuado, Rod le pregunta a su personal una vez al año: «Si usted pudiera estar haciendo cualquier cosa, ¿qué sería eso?» Las respuestas le ayudan a darse cuenta de cuáles personas están mal ubicadas en sus papeles.

Tratar de conseguir a la persona adecuada para el trabajo adecuado puede requerir de mucha energía y tiempo. Seamos realistas. ¿No es más fácil para el líder poner a las personas donde sea más conveniente y continuar con el trabajo? Una vez más, esta es un área donde el deseo de los líderes de actuar se vuelve en contra de ellos. Luche contra su tendencia natural de tomar una decisión y seguir adelante. No tenga miedo de mover a las personas cuando no estén sobresaliendo en la forma que deberían.

3. IDENTIFIQUE LAS HABILIDADES QUE NECESITARÁN Y PROVEA UN ENTRENAMIENTO DE PRIMERA CLASE

Cada empleo requiere de un conjunto particular de habilidades que los empleados deben poseer si desean tener éxito. Hasta alguien con grandes fortalezas personales no podrá trabajar en todo su potencial si no tiene estas habilidades. Como líder, es su trabajo asegurarse que las personas adquieran lo que necesitan para triunfar.

Dos de las preguntas más importantes que hay que hacerse son:

¿Qué estoy haciendo para desarrollarme?
¿Qué estoy haciendo para desarrollar mi personal?

La primera pregunta determina su potencial personal y su capacidad continua de dirigir. La segunda determina el potencial de su equipo. Si ellos no están creciendo, no mejorarán mañana más de lo que han hecho hoy.

En el libro, *Las 17 leyes incuestionables del trabajo en equipo*, la ley de la especialización dice: «Cada jugador tiene un lugar donde dar lo mejor de sí». Esa especialización determina el mejor papel que esa persona debe asumir en su equipo. Y verdaderamente marca una diferencia. Cuando los líderes realmente entienden esto, los equipos que dirigen se desempeñan en un nivel increíble, y eso se refleja de manera positiva en los líderes. No creo que

La ley de la especialización dice: «Cada jugador tiene un lugar donde dar lo mejor de sí».

sea una exageración decir que el éxito de un líder está determinado más por colocar a las personas en sus zonas de fortaleza que por ninguna otra cosa más.

Cuando estaba en el bachillerato, tuve la suerte de tener un entrenador que comprendía esto. Durante las prácticas de baloncesto, nuestro entrenador, Don Neff, decidió que deseaba enseñarnos una lección muy importante acerca del baloncesto. Hizo que el primero y segundo equipo jugaran unos contra otros. Eso era común, siempre lo hacíamos. Nuestro segundo equipo tenía algunos buenos jugadores, pero claramente el primer equipo era mucho mejor. Esta vez nos hizo hacer algo diferente. Generalmente yo jugaba a un costado, pero esta vez me pasó a jugar en el centro. Recuerdo que a nuestro jugador de centro, lo envió a una posición de costado.

«Tener los mejores jugadores en la cancha no es suficiente, uno debe tener a los mejores jugadores en las posiciones correctas».
—DON NEFF

Se nos dijo que jugaríamos hasta los veinte, pero el juego no duró mucho. El segundo equipo nos dio una paliza rápidamente. Cuando el partido terminó, el entrenador Neff nos llamó a la banca y nos dijo: «Tener los mejores jugadores en la cancha no es suficiente, uno debe tener a los mejores jugadores en las posiciones correctas».

Nunca olvidé esa lección. Y durante mis más de treinta años dirigiendo personas, he aplicado este concepto en algo más que el baloncesto. No importa qué clase de equipo esté usted dirigiendo. Si usted no pone a las personas en sus zonas de fortaleza, está haciendo que sea casi imposible que ellos y usted triunfen.

Dé el ejemplo de la conducta que usted desea

U no de mis libros favoritos de liderazgo es *Learning to Lead* *(Aprendiendo a dirigir)* de Fred Smith. Recuerdo vívidamente cuando lo leí por primera vez. Iba en un vuelo de regreso a San Diego. Lo tengo en mi memoria porque cuando leí sus ideas acerca del «liderazgo de encarnación», tomé un cuaderno de notas y empecé a formar ideas. En el libro, Fred decía que cuando la identidad de un líder y sus acciones son coherentes, los resultados que obtiene serán congruentes. Cuando son incongruentes, lo mismo sucede con los resultados.

En el cuaderno, hice tres columnas. En la primera escribí: «Lo que soy». Allí comencé a escribir las cualidades que deseaba adquirir como líder. En la segunda columna, escribí: «Lo que hago», las acciones que serían congruentes con cada uno de los rasgos de carácter. La tercera columna contenía los resultados de un carácter y una conducta congruentes.

Lo que soy	Lo que hago	Resultados
Motivado por el carácter	Hago lo correcto	Credibilidad
Relacional	Cuido	Comunidad

Lo que soy	Lo que hago	Resultados
Estimulante	Creo en las personas	Moral alta
Visionario	Pongo metas	Dirección
Estudiante	Aprendo	Desarrollo
Inspirador	Motivo	Acción
Desinteresado	Me enfoco en los demás	Alcance
Confianza en mí	Tomo decisiones	Seguridad

Una lista como esta puede ser algo que verdaderamente nos abra los ojos, porque cuando no obtenemos los resultados que queremos, a menudo nos sentimos tentados a culpar a alguien más y no a nosotros mismos.

El impacto de un líder

Al igual que la coherencia puede crear poder en su vida personal, también puede crear poder en su liderazgo. Los líderes marcan el paso de todas las personas que trabajan para ellos. Por lo tanto, necesitan ser lo que quieren ver. Déjeme explicarle cómo funciona esto.

Los líderes necesitan ser lo que quieren ver.

Su conducta determina la cultura

Uno de los lugares más sencillos para ver las diferentes culturas es en los deportes. Por ejemplo, piense en el equipo de los Raiders de Oakland. Por años, se han enorgullecido por su imagen de chicos malos. Su dueño, Al Davis, es un renegado, sus jugadores son rudos. Hasta sus admiradores también. Durante un juego, sólo observe el área de su estadio a la que ellos llaman «el hoyo negro». Su cultura determina a quien atrae. La conducta de ese equipo ha creado esa cultura por décadas.

Piense en otro equipo, los Cowboys de Dallas. Por mucho tiempo, el equipo era un ganador perenne y por años los Cowboys fueron llamados «el equipo de Estados Unidos». Tom Landry, el entrenador del equipo en ese momento, ayudó a crear esa cultura. Luego de que Landry se fuera, la conducta de los entrenadores y los jugadores comenzó a cambiar, y lo mismo pasó con la cultura. Nadie más, a excepción de algún texano, llama a los Cowboys «el equipo de Estados Unidos».

Si usted desea inculcar un valor particular en la cultura de su organización, necesita entonces preguntarse si es una conducta identificable entre la gente de su organización, comenzando con usted mismo. Y la única forma de cambiar la cultura es cambiando su conducta.

SU ACTITUD DETERMINA LA ATMÓSFERA

¿Alguna vez ha trabajado para alguien que tiene una actitud pesimista? Sin importar las circunstancias, el horizonte se ve oscuro. Lo contrario de trabajar para alguien cuya actitud es optimista y dinámica. Las personas más felices no necesariamente tienen lo mejor de todo. Más bien se aprovechan de lo que tienen.

La actitud de un líder es como un termostato del lugar donde trabaja. Si su actitud es buena, la atmósfera es placentera, y es un ambiente donde es fácil trabajar, pero si la actitud es mala, la temperatura es insufrible. Nadie quiere trabajar en un ambiente que está extremadamente caliente o frío.

SUS VALORES DETERMINAN LAS DECISIONES

Roy Disney, hermano y socio de Walt Disney, dijo: «No es difícil tomar decisiones cuando sabes cuáles son tus valores». Eso es cierto y me gustaría agregar que también no es difícil mantenerse en esas decisiones cuando están basadas en sus valores.

> *Las decisiones que no son congruentes con nuestros valores no duran mucho tiempo.*

Las decisiones que no son congruentes con nuestros valores no duran mucho tiempo.

Sus principios saldrán a la luz en las decisiones de su personal. Si usted valora los atajos, entonces sus empleados tomarán decisiones donde sea más importante la velocidad que la calidad. Si usted es insensible a los sentimientos de los demás, entonces su personal tomará decisiones donde no se tomen en cuenta los sentimientos de las personas. Si usted exhibe aun la más mínima tolerancia a la deshonestidad, entonces le aseguro que alguien de su equipo pensará que está bien tomar decisiones que violen los parámetros de la integridad.

Su inversión determina el beneficio

Al igual que en el mundo de las finanzas, la única forma de obtener un beneficio con las personas es invertir en ellas. Las semillas que usted siembra determinan la cosecha que usted recoge. Nuestro problema es que con frecuencia nos enfocamos en cosechar más que en sembrar.

He escrito ya acerca de la importancia de desarrollar y capacitar a los empleados, así que no necesito decir más. Le dejo con un pensamiento: ¿Qué es peor que capacitar a su personal para luego perderlo? No capacitarlos y quedarse con ellos.

> *¿Qué es peor que capacitar a su personal para luego perderlo? No capacitarlos y quedarse con ellos.*

Su carácter determina la confianza

¿Confían las personas en usted? ¿Las personas que trabajan para usted creen que usted cuida de sus intereses? ¿O cuestionan sus intenciones y pesan sus motivos cuando usted les presenta una nueva idea? Las respuestas a estas preguntas se originan en su carácter.

La confianza no se da o se asume simplemente porque usted tiene una posición de liderazgo con los demás. La confianza se debe ganar, y por lo general surge cuando usted es probado. Su victoria o su fracaso en esa evaluación casi siempre es determinada por su carácter. Y esto es lo difícil. Cuando usted iba a la escuela, un 60 era probablemente una nota para pasar, quizás un 70 si su escuela tenía parámetros más altos; pero con respecto a la confianza, la nota para pasar es 100. Si las personas no pueden confiar en usted todo el tiempo, lo considerarán indigno de su confianza.

SU ÉTICA DE TRABAJO DETERMINA LA PRODUCTIVIDAD

Me encanta la historia del viejo escocés que trabajaba mucho y esperaba que las personas a su cargo hicieran lo mismo. Sus trabajadores se burlaban diciendo: «Oye, Scotty, ¿no sabes que Roma no fue construida en un día?»

«Si, yo sé eso», contestaba. «Pero yo no era el capataz de esa obra».

Los líderes marcan el paso del trabajo en lo que respecta a la productividad. Los empleados se sienten incómodos si su ética de trabajo es descuidada, pero ven que su jefe trabaja diligentemente. Los empleados que poseen un carácter firme rápidamente toman el paso.

Thomas Jefferson dijo: «Es maravilloso lo que se puede hacer si todos trabajamos siempre». Si usted desea que su personal siempre esté trabajando, usted también debe hacerlo.

SU CRECIMIENTO DETERMINA EL POTENCIAL

La lección más importante de liderazgo que yo enseño es la ley del tope: «La capacidad de liderazgo determina el nivel de eficacia de una persona». Si su liderazgo es un 5 (en la escala del 1 al 10), entonces su efectividad no será mayor que cinco. El liderazgo es el techo de vidrio del logro personal.

Lo mismo sucede con las personas que usted dirige. Si su liderazgo no se mantiene en continuo crecimiento, puede ser un tope para el potencial de su gente. ¿Por qué? Porque usted enseña lo que usted sabe, pero reproduce lo que usted es. Usted no les puede dar a las personas lo que usted no tiene. Si usted desea aumentar el potencial de su equipo, usted necesita seguir creciendo.

Uno de mis ejemplos favoritos de ejemplarizar el liderazgo se encuentra en la historia de David, rey del antiguo Israel. La mayoría de las personas conocen la historia de David y Goliat. Durante una guerra entre los hebreos y los filisteos, Goliat, un guerrero gigante, desafió a los hebreos para que alguien peleara contra él y el que ganara se quedaba con todo. Saúl, rey de Israel, se escondió en su tienda, y lo mismo hizo su ejército. Pero David, un joven pastor de ovejas, cuyos hermanos se encontraban entre los cobardes, desafió a Goliat y lo venció en combate.

El incidente se cuenta con frecuencia en las historias para niños. La mayoría de las personas que leen la Biblia saben que David se hizo rey. Lo que muchos no saben es que en los años antes de que ascendiera al trono, David atrajo hacia sí guerreros y creó un ejército privado fuerte. Y esos guerreros se hicieron como David, al punto de que varios de ellos también se convirtieron en asesinos de gigantes.

Aunque los resultados no siempre son tan dramáticos, es verdad que los seguidores se vuelven como sus líderes. Ellos son influidos por los valores de sus líderes. Adoptan sus métodos de trabajo, hasta imitan muchos de sus hábitos y peculiaridades. Por eso debemos ser conscientes de nuestra propia conducta antes de criticar a las personas que trabajan para nosotros. Si no le gusta lo que su personal está haciendo, obsérvese primero usted mismo.

TRANSFIERA LA VISIÓN

Supongamos que usted está haciendo un buen trabajo como un *líder de 360°*, y usted está guiando a sus subordinados de manera eficaz. Está mostrando el camino, está desarrollando relaciones con su personal y haciéndolos crecer. Los ha entrenado, está desarrollándolos y planea seguir haciéndolo. ¿Ahora qué? Es similar a haber dedicado el tiempo para construir un arma y para cargarla. ¿Qué debe hacer? ¡Apunte al blanco y jale del gatillo! En el área de liderazgo, eso significa transferir la visión.

Si usted fuera el líder de la cima de la organización, usted estaría transfiriendo su propia visión. Como líder intermedio de la organización, usted está transfiriendo lo que principalmente es la visión de los demás (tal como lo mencionamos en la sección II, el desafío # 6: El desafío de la visión). Los líderes intermedios son el vínculo crucial de ese proceso. La visión puede haber sido dada por los líderes en la cima, pero raramente se transfiere a las personas sin que haya una participación completa de los líderes menores en la organización que están cerca de ellos. Aunque los líderes intermedios no siempre sean los inventores de la visión, casi siempre son sus intérpretes.

> *Aunque los líderes intermedios no siempre sean los inventores de la visión, casi siempre son sus intérpretes.*

Entonces ¿cómo interpreta un *líder de 360°* la visión de tal forma que impacte a las personas y las lleve en la dirección correcta? Si usted incluye los siguientes siete elementos, con seguridad dará en el blanco.

1. CLARIDAD

Cuando vivía en San Diego, solía ir a los juegos de béisbol de los Padres. Tenía excelentes asientos detrás de la caseta de los jugadores. En ese entonces, el equipo no era muy bueno y la organización hizo varias promociones, juegos y actividades para tratar de mantener al público. Una de las cosas que hacían con regularidad entre cada dos entradas, era un juego de aficionados donde ponían la foto de un jugador en la pantalla. Pero no ponían toda la foto de una vez, la habían dividido en doce secciones y las iban poniendo una a la vez hasta que toda la foto estuviera completa.

Sé que eso no es muy emocionante. Lo que me parecía muy interesante era la reacción del público. Uno se daba cuenta por medio del sonido de sus reacciones cuando las personas acertaban. Al principio, sólo estaba la expectación, pero nadie sabía de quién era la foto porque todavía estaba incompleta. Luego comenzaba a escucharse el murmullo de las personas que adivinaban rápidamente, éste se iba haciendo más fuerte conforme más personas la descifraban y al final había un gran ruido cuando todo el estadio acertaba cuál era la fotografía.

> *Cuando se esté preparando para proyectar una visión, hágase la siguiente pregunta: ¿Qué deseo que sepan y qué quiero que hagan?*

Dar una visión es algo muy similar. Si la visión no es clara, las personas no la pueden ver. Simplemente no pueden averiguarla. Uno tiene que poner todas las piezas juntas para ayudarles a que la entiendan. Cuando se esté preparando para proyectar una visión, hágase la siguiente pregunta: *¿Qué deseo que sepan y qué quiero que hagan?* Y una vez que usted sepa la respuesta, siga comunicando y llenando los espacios en blanco hasta que la mayoría de las personas la entiendan, no sólo los más rápidos.

2. LA CONEXIÓN AL PASADO, AL PRESENTE Y AL FUTURO

He notado que la mayoría de las personas que proyectan una visión se enfocan casi enteramente en el futuro. En un nivel esto tiene sentido. Después de todo, la visión por su naturaleza está enfocada en el futuro. Pero cualquier líder que presenta una visión e ignora la unión entre el pasado y el presente está perdiendo una gran oportunidad.

Hablar del pasado no da esperanza del futuro, por ende uno no debe poner el enfoque allí. Pero si ignora el pasado, fracasa en conectar a las personas con la historia de la organización. Si usted muestra que valora lo que ha habido antes y honra a las personas que pusieron el fundamento donde usted está ahora, usted valida a esas personas que han trabajado duro y se han sacrificado para construir lo que ya existe. También da a las personas que son nuevas al proceso la seguridad de saber que son parte de algo más grande.

Cuando las personas pueden tocar el pasado, tendrán más facilidad de alcanzar el futuro. Cada vez que usted muestra que el pasado, el presente y el futuro están unidos, usted trae poder y continuidad a esa visión que está proyectando.

3. PROPÓSITO

Aunque la visión les dice a las personas donde necesitan ir, el propósito les dice porqué deben ir allí. No solo le ayuda a las personas a comprender porqué se les pide hacer algo, sino que también las ayuda a mantenerse en curso. Les ayuda a hacer ajustes, a improvisar y a innovar al ir encontrando obstáculos o experimentando otras dificultades.

> *Aunque la visión les dice a las personas donde necesitan ir, el propósito les dice porqué deben ir allí.*

4. METAS

En *Liderazgo*, el historiador James MacGregor Burns escribe: «El liderazgo es: líderes que inducen a los seguidores a actuar hacia ciertas metas que representan los valores y las motivaciones, los deseos y las necesidades, las aspiraciones y las expectativas, de líderes y seguidores». Sin metas ni una estrategia para lograrlas, la visión no es alcanzable ni se puede medir.

He conocido muchos líderes durante los años que tenían ideas fantaseadoras pero apenas un poco de esperanza para pensar en cómo llegar allá. La esperanza no es una estrategia. Cuando usted le da a las personas un proceso, ellos se dan cuenta que la visión es realista. Y eso aumenta su confianza en usted y en la visión.

5. UN DESAFÍO

Sólo porque usted hace que la visión sea realista no significa que usted puede hacerla desafiante. De hecho, si la visión no requiere que las personas se extiendan, es probable que piensen si vale la pena su dedicación.

Algunos líderes parecen tener miedo a desafiar a sus equipos, pero un desafío hace que las buenas personas quieran abrir sus alas y volar. Motiva a las personas comprometidas, y acaba con las que no se han comprometido. Podrá definir de manera exacta a su personal si les pide que se extiendan.

6. HISTORIAS

Si usted desea ponerle un rostro a una visión desafiante, incluya historias en ella. Eso hace que la visión sea relacional y cálida. Piense en las personas que han estado involucradas en el avance de la organización hasta ahora. Hable de sus luchas y sus victorias, elogie sus participaciones. Que sea algo personal. Cuando usted hace eso, hace que la visión y el proceso sean identificables para las personas promedio que se preguntan *¿Debo ser parte de esto? ¿Puedo ser parte de esto? ¿Puedo marcar una diferencia?* Una historia les ayuda a ver que aunque tengan que buscar ayuda para lograr la visión, está dentro de sus posibilidades.

7. PASIÓN

La pieza final del rompecabezas de la visión es la pasión. Si no hay pasión en el cuadro, su visión no se puede transferir; es solamente una instantánea placentera. ¿Quién se va a esforzar, a poner largas horas, a luchar contra los obstáculos, e ir más allá por eso? Lo maravilloso acerca de la pasión es que es contagiosa. Si usted está motivado, ellos también se motivarán, y necesitarán ese fuego para seguir adelante.

Definitivamente existe un vínculo entre la apropiación y el éxito. Uno no tiene lo último sin lo primero, y un *líder de 360°* cultiva la apropiación. Ellos convierten la visión de «mi visión» en «nuestra visión». La mejor persona que he tenido en mi personal en lo que se refiere a transferir la visión es Dan Reiland. Cuando estaba en la iglesia Skyline, Dan era mi pastor ejecutivo. Hizo un asombroso trabajo en transferir la visión con el personal, pero lo que más me impresionó fue la forma en que lo hizo con los laicos de la congregación.

Por más de una década, Dan dirigió una clase para parejas jóvenes profesionales llamada Empresa conjunta. Las personas que él atraía eran líderes prometedores de la organización. Durante los últimos cinco años en que yo estuve en Skyline, creo que cada uno de los miembros nuevos de la junta surgió de las tropas del liderazgo de Dan.

Si no hay pasión en el cuadro, su visión no se puede transferir.

Cada año en Navidad, Dan me invitaba a hablar en la fiesta de Navidad de Empresa conjunta. Siempre fue una fiesta de primera clase, generalmente se realizaba en un hotel, o en un centro de conferencias; la comida era deliciosa, y todos iban muy bien vestidos, las damas en sus vestidos de noche, y los hombres la mayoría con esmoquin. Se había vuelto una tradición que yo impartiera en ellos, por primera vez y antes que en el resto de la congregación, la visión del año siguiente.

Había dos razones por las que yo hacía eso. Primero, ese grupo tenía muchas personas de influencia. Segundo, ellos siempre entendían la visión. Siempre estaban a la vanguardia. ¿Por qué? Porque eran como su líder, Dan, que continuamente estaba transfiriendo mi visión a ellos durante las otras cincuenta y un semanas del año. Estoy seguro que la iglesia no se hubiera movido tan rápidamente como lo hizo si Dan no hubiera sido el gran líder intermedio de la organización.

Las personas dicen que entre más grande es un barco, más difícil es darle vuelta. Eso puede ser cierto en los barcos, pero no en las organizaciones. Una organización es una gran entidad que tiene muchas pequeñas entidades en ella. Si cada líder intermedio de la organización es un *líder de 360°* que sobresale al transferir la visión al grupo de su área, hasta una organización gigante podrá dar una vuelta rápidamente. No es el tamaño de la organización lo que importa, sino el tamaño de los líderes.

Recompense los resultados

Un hombre estaba disfrutando de una tarde de pesca en un lago. Mientras esperaba comía una barra de chocolate. El clima era perfecto, su celular estaba apagado, y lo único en lo que pensaba era en lo feliz que estaba.

En ese momento vio una serpiente en el agua que traía una rana en su boca. La rana lo entristeció, así que con la pequeña red atrapó a la serpiente, le quitó la rana de la boca y la dejó libre. También sintió tristeza por la serpiente, así que le dio un pedazo de su barra de chocolate, y la puso de nuevo en el agua para que se fuera.

Eso es, pensó él, *la rana está feliz, la serpiente está feliz y yo también estoy feliz. Qué grandioso día.* Volvió a tirar la cuerda de la caña de pescar al agua y se preparó a esperar.

Pocos minutos después, oyó un sonido al lado de su bote. Se volvió para ver qué era y allí estaba de nuevo la serpiente. Ahora tenía dos ranas en su boca.

La moraleja de la historia es: tenga cuidado con lo que usted recompense, porque cualquier cosa que es recompensada, tenga la seguridad de que se hará.

Supongo que como líder usted está muy consciente de este principio. Y no importa si aquello que es recompensado es positivo o negativo. Cualquier acción que los líderes recompensen será repetida. Es
por eso que es muy importante
recompensar los resultados y hacerlo
de manera correcta. Cuando usted
utiliza cada instrumento a su disposición para recompensar a su personal,
no solamente los está motivando para que hagan las cosas que son buenas para la organización, sino también que trabajen más duro y que se
sientan mejor acerca del trabajo que realizan. Recompensar resultados
lo hace a usted un *líder de 360°* más eficaz y con mayor influencia.

Cualquier acción que los líderes recompensen será repetida.

Para recompensar los resultados de manera más efectiva, siga los
siguientes siete principios:

1. Elogie públicamente y en privado

El lugar para empezar en lo que respecta a recompensar a los demás
es el elogio. Uno nunca puede decir que ha elogiado demasiado. Billy
Hornsby, coordinador europeo de EQUIP, dijo: «Es correcto dejar que
aquellos que uno lidera brillen más que uno, porque si brillan lo suficiente, el reflejo en usted será positivo».

En el libro *25 maneras de ganarse a la gente*, Les Parrot y yo expli-
camos la importancia de elogiar a las personas en público. Entre más
importante sea «la audiencia» que
escucha el elogio de esa persona, más
valioso se vuelve ese estímulo. Pero
deseo sugerir que antes de hacer un
elogio público, los elogie en privado.
Eso hace que lo que uno diga tenga
integridad; la persona sabe que usted
no está tratando de manipularla
diciéndole algo amable. Además, la
mayoría del tiempo cuando las personas son alabadas en privado, por
dentro desearían que otros también escucharan eso. Si usted los enal-
tece primero en privado y luego lo hace en público, es doblemente
importante porque realiza su deseo de que otros escuchen los elogios.

«Es correcto dejar que aquellos que uno lidera brillen más que uno, porque si brillan lo suficiente, el reflejo en usted será positivo».
—BILLY HORNSBY

2. HAGA ALGO MÁS QUE ELOGIAR

Una vez que haya elogiado a las personas, también déles algo más que sólo un elogio.

Si usted los elogia pero no les da un aumento, el elogio no pagará las deudas.

Si usted les da un aumento pero no los elogia, no curará sus enfermedades.

Hablar no cuesta, a menos que lo respalde con dinero. Los buenos líderes cuidan de su gente. Piénselo, las personas que le cuestan más a la organización, no son aquellas que reciben el mayor salario, son las que no dan un buen fruto por su pago.

Cuando el salario que las personas reciben no concuerda con los resultados que logran, se desaniman muy rápidamente. Si eso sucede cuando usted es el líder, no sólo afectará el esfuerzo de su gente, sino también su liderazgo. Rod Loy trabajó en Fargo, North Dakota dirigiendo un departamento con pocos recursos de una organización. Él dobló el impacto de su departamento en sólo nueve meses.

Cuando fue a hacer su evaluación anual, su desempeño fue ignorado totalmente. Le dijeron que el personal recibiría un 5% de aumento general en su salario. Eso fue difícil de aceptar, ya que fue recompensado de la misma forma que otros líderes de departamento, aun los que no habían hecho ninguna clase de mejora significativa en su área. Pero se desmoralizó más cuando le bajaron ese aumento hasta el 3. 75% sólo porque no había estado allí todo el año. A eso le llamo yo: cortarle las alas.

3. NO RECOMPENSE A TODOS DE LA MISMA FORMA

Si usted desea ser un líder eficaz, usted no puede recompensar a todos de la misma manera. Esto causa gran presión en la mayoría los líderes. Todos en una organización exceptuando los de arriba desean ser tratados de la misma manera. Dicen que así todo sería «justo», pero ¿es justo que alguien que produce el doble de ganancia reciba el mismo pago? ¿Aquel que lleva el equipo debe recibir lo mismo que aquel a quien lo llevan? No lo creo. Mick Delaney dijo: «Cualquier negocio e industria que recompensa de la misma forma tanto a los que trabajan como a los que no, tarde o temprano tendrá más de los que no trabajan».

Entonces ¿qué puede hacer para abordar la presión de ser justo y para recompensar los resultados? Elogie el esfuerzo, pero recompense sólo los resultados. Ya que lo que se recompensa se hace, si usted continuamente elogia el esfuerzo y lo hace con todos, las personas continuarán trabajando fuertemente. Si están trabajando en sus zonas de fortaleza y siguen trabajando fuerte, con el tiempo lograrán buenos resultados. En ese momento, recompénselos financieramente.

> «Cualquier negocio e industria que recompensa de la misma forma tanto a los que trabajan como a los que no, tarde o temprano tendrá más de los que no trabajan».
> —MICK DELANEY

4. DÉLES BENEFICIOS MÁS ALLÁ DE SUS SALARIOS

Admitámoslo, los líderes intermedios a menudo tienen limitaciones para recompensar financieramente a su gente. Entonces ¿qué debe hacer un *líder de 360°*? Recompénselos con beneficios. ¿Qué le parecería si usted tuviera un lugar reservado en el estacionamiento pero se lo diera a uno de los empleados por una semana o por un mes? ¿Qué clase de impresión haría en la persona que ha recibido eso? Cualquier cosa que usted tiene como un beneficio, usted lo puede compartir con las personas que trabajan con usted, sea el estacionamiento, los boletos gratis para un evento, o el uso de la suite corporativa.

Otra área donde se puede compartir su riqueza es en sus relaciones. Sólo un líder seguro puede hacer eso. Si usted presenta a sus empleados con amigos, conocidos y profesionales que se interesen en ellos o los beneficien, se sentirán recompensados y agradecidos.

Finalmente, aunque parezca raro, me gustaría recomendarle que intente extender esos beneficios o ese reconocimiento a los familiares del empleado, en los casos en que sea apropiado. Con frecuencia son ellos los que hacen grandes sacrificios para que se realice un trabajo, especialmente durante una crisis. Un líder que entrevisté me relató una historia que afirmaba el impacto positivo de tal reconocimiento. Él me dijo que el sistema eléctrico de su organización había dejado de funcionar dos semanas antes de una producción ya planeada. Para que la función se realizara, todo el sistema de iluminación debería ser reemplazado en una semana, y a él le tocó supervisar el trabajo. Como si esto fuera poco, todo esto sucedió en diciembre, cerca de la Navidad.

Este líder comenzó las preparaciones una semana antes de la instalación, y cuando el electricista llegó para empezar su trabajo, él nunca se apartó de su lado. Sabía que si él se iba a casa mientras estaban trabajando, el progreso se detendría. Trabajó más de cien horas esa semana, sus almuerzos los comía en el trabajo y no vio a sus hijos durante toda la semana.

Completó el trabajo el domingo, y se reportó a trabajar el día siguiente. Su jefe tenía una sorpresa para él. Sabiendo que el líder no había pasado tiempo con su hijo de cinco años, su jefe hizo que su hijo asistiera a una reunión importante del personal esa mañana. Mientras los adultos se reunían, el niño estaba en el regazo de su padre coloreando. El líder después me dijo: «Los beneficios son maravillosos, los regalos grandiosos, pero en ese momento, saber que apreciaban el sacrificio de mi familia, significó mucho para mí».

5. PROMUEVA CUANDO LE SEA POSIBLE

Si usted tiene la elección de promover a alguien que está dentro de la organización o traer a alguien externo, y todos los factores son los mismos, promueva internamente. Hay pocas cosas que recompensan a un empleado de la forma que lo hace una promoción. Una promoción dice: «Has hecho un buen trabajo. Creemos que puedes hacerlo aun mejor, y ésta es una recompensa por tu desempeño». Y las mejores promociones son las que no necesitan ser explicadas porque aquellos que han trabajado con las personas que han sido promovidas saben que se lo merecen.

6. RECUERDE QUE USTED RECIBE LO QUE PAGA

No hace mucho tiempo invité a un líder joven a asistir a una reunión de mesa redonda con líderes de varias iglesias grandes del área. Foros como éstos son muy benéficos porque líderes del mismo nivel pueden hablar de sus dificultades, compartir información y aprender mutuamente. En un momento de la reunión, los líderes hablaron de su personal y sus presupuestos. Compartieron el porcentaje de sus presupuestos que se había gastado en su personal. Cuando le tocó el turno al líder joven de hablar, él cambio de tema.

Cuando hablé con él después, me comentó que se había dado cuenta que le estaba pagando mal a su personal, ya que el porcentaje de su presupuesto era muy pequeño. Volvió a su iglesia y después se reunió con la junta directiva para cambiar radicalmente el pago de salarios. Me contó después que su iglesia tiene ahora el mejor equipo de trabajo y que ha valido la pena el aumento de salario. No desea volver a perder algún empleado por causa de una mala paga.

Un líder puede contratar personas sin pagarles mucho dinero. Y ocasionalmente, es posible mantener a unas pocas personas capaces sin pagarles muy bien, pero a la larga, usted recibirá lo que paga. Si usted desea atraer y mantener un buen personal, necesita pagarles lo que valen. De otra forma terminará con personas que valen lo que usted paga.

Cuando era un niño en la clase de ciencias, ¿trabajó alguna vez con alguna balanza anticuada? Me refiero a la clase de balanzas como las que aparecen en los símbolos de las cortes. Están hechos de dos platos suspendidos por cadenas y una barra. Si usted pone algo que pesa una onza en uno de los platos, entonces necesita poner algo que pese igual en el otro plato para que se balanceen.

El liderazgo es como una de esas balanzas. Las recompensas que los líderes dan son compensadas por los resultados que su personal produce en respuesta. En una organización, las balanzas siempre se están moviendo, pesando más en un lado o en otro. Las balanzas buscan equilibrio naturalmente y no se mantendrán fuera de balance de manera permanente.

Los líderes siempre desean resultados más grandes, ya que allí es donde se realiza el cumplimiento de la visión. El impacto, las ganancias, y el éxito de una organización surgen de allí. Como líder, usted tiene una elección. Puede intentar presionar a sus empleados para que den más, esperando que así la balanza se vuelva a su favor, o puede dar recompensas, lo cual es el único lado sobre el cual tiene una influencia significativa, esperando que la balanza se vaya al lado de sus empleados y éstos respondan dando una mayor producción. Eso es lo que un *líder de 360°* hace. Se enfoca en lo que puede dar, y no en lo que puede obtener. Al dar más, recibe más, y lo mismo sucede con su personal.

Repaso de la sección V
Los principios que los líderes de 360° necesitan para guiar a sus subordinados

¿Está usted dependiendo de su influencia para guiar a sus subordinados tal como lo debe hacer un *líder de 360°*?

Repaso de los siete principios que usted necesita perfeccionar para poder guiar a sus subordinados:

1. Camine lentamente por los pasillos.

2. Vea un «10» en todas las personas.

3. Desarrolle a cada miembro de su equipo individualmente.

4. Coloque a su personal en sus zonas de fortaleza.

5. Dé el ejemplo de la conducta que usted desea.

6. Transfiera la visión.

7. Recompense los resultados.

¿Cómo se está desempeñando en estas siete cosas? Si no está seguro, tome la evaluación del *liderazgo de 360°*, que se ofrece gratuitamente a las personas que han comprado este libro.

Vaya a: liderlatino.com para mayor información.

SECCIÓN VI

EL VALOR DE LOS *LÍDERES DE 360°*

Convertirse en un *líder de 360°* no es fácil. Requiere mucho esfuerzo, no sucede de la noche a la mañana, pero vale la pena todo el esfuerzo. En todos mis años enseñando y asesorando sobre liderazgo, no he tenido un líder que venga y me diga: «Tenemos demasiados líderes en nuestra organización». Así que no importa cuántos buenos líderes su organización tenga, siempre necesitará más *líderes de 360°*, ¡líderes como usted!

Durante su proceso de desarrollo como líder, no siempre tendrá éxito. No siempre le recompensarán de la forma debida. Puede que sus líderes no lo escuchen todas las veces, quizás sus colegas lo ignoren, o sus seguidores tal vez no lo sigan. Y la batalla parezca ser sólo cuesta arriba.

No permita que eso lo desanime, no por mucho tiempo de todas maneras. Al convertirse en un mejor líder, usted añade una gran cantidad de valor a su organización. Todo empieza o termina con el liderazgo, entre mejor *líder de 360°* sea, mayor impacto podrá hacer.

Al irnos acercando a la conclusión de este libro, quiero animarlo para que siga creciendo y aprendiendo. Y quiero hacerlo diciéndole por qué debe seguir esforzándose para ser un *líder de 360°*. Siga leyendo, y en los días en que la cuesta se vea muy empinada, reflexione en estas observaciones que le ayudarán a recordar porqué sigue subiendo y porqué sigue dirigiendo desde la parte intermedia.

Valor # 1

Un equipo de liderazgo es más eficaz que un líder solo

El liderazgo es una habilidad complicada y difícil, algo que no puede ser perfeccionado por sólo una persona. Hay algunas cosas que hago bien como líder y otras que hago mal. Estoy seguro que lo mismo le sucede a usted. Hasta los líderes más grandes de la historia tuvieron sus momentos de debilidad.

Entonces ¿cuál es la solución? Las organizaciones necesitan desarrollar equipos de liderazgo en todos los niveles. Un grupo de líderes trabajando juntos siempre es más eficaz que un líder trabajando sólo. Y para que los equipos se desarrollen en todos los niveles, se necesitan líderes en cada nivel.

> *Para que los equipos se desarrollen en todos los niveles, se necesitan líderes en cada nivel.*

Líderes que desarrollan equipos

Como líder intermedio, si desarrolló un equipo, usted estará haciendo que su organización mejore y logre cumplir su misión. Usted está añadiendo valor sin importar dónde sirva en la organización. Al ir haciéndolo recuerde lo siguiente:

1. LOS LÍDERES VISIONARIOS ESTÁN DISPUESTOS A CONTRATAR PERSONAS QUE SEAN MEJORES QUE ELLOS

Un líder que entrevisté para este libro me dijo que un momento crucial en su jornada de liderazgo ocurrió cuando alguien le preguntó: «Si usted pudiera contratar a alguien que supiera que avanzaría la organización hacia delante, pero tuviera que pagarle más de lo que usted gana, ¿lo contrataría?» Él me dijo que esa pregunta lo hizo pensar. Meditó al respecto mucho y cuando finalmente concluyó que lo haría, eso cambió la forma de ver a su equipo y a sí mismo.

Un *líder de 360°* está dispuesto a contratar personal que sea mejor que él. ¿Por qué? Porque su deseo es cumplir la visión, eso es de primordial importancia. Cada vez que un líder se comporta egoístamente, le aseguro que se ha alejado de la visión. La única forma de volver atrás es poner la visión primero, y de esa forma todo volverá a su lugar correcto.

2. LOS LÍDERES SABIOS FORMAN CON LA GENTE UN EQUIPO

Los líderes comienzan a desarrollar sabiduría cuando se dan cuenta que no pueden hacer nada significativo por sí mismos. Una vez que se dan cuenta de ello, los líderes también pueden desarrollar más humildad y comenzar a trabajar para desarrollar un equipo.

Cada uno de nosotros necesita de los demás del equipo para complementarnos. Un *líder de 360°* no desarrolla equipos para que otros tomen trabajos ínfimos y le sirvan. No contrata a otros para hacer el trabajo sucio o hacer los mandados. Busca al mejor personal que pueda encontrar para que el equipo sea el mejor que exista.

Chris Hodges dijo que una de las formas en que aprendió el valor del trabajo en equipo fue observando a los miembros del congreso en Washington DC. Cuando los representantes desean proponer un proyecto de ley, lo primero que hacen es buscar a un patrocinador. Y si se puede encontrar a alguien cercano, mucho mejor. Chris ha puesto en práctica ese principio. Él dice que antes de intentar lograr algo, lo primero que hace es desarrollar un equipo de personas que creen en lo que están haciendo. Un equipo de personas siempre será más poderoso que un individuo trabajando por sí solo.

3. LOS LÍDERES SEGUROS FACULTAN CON PODER A SUS EQUIPOS

Wayne Schmidt dijo: «Ninguna cantidad de capacidad personal compensa la inseguridad personal». Eso es muy cierto. Los líderes inseguros siempre quieren ser los primeros. Están consumidos por ellos mismos, y ese enfoque en sí mismos, con frecuencia, los hace traer personas de segunda clase con ellos.

Por otro lado, los líderes seguros se enfocan en los demás, y desean que los demás progresen. Les encanta que su equipo reciba el mérito. Su deseo de ver que los demás triunfen los motiva a capacitarlos, entrenarlos e investirlos de poder. Cada vez que usted se enfoca en los demás, facultarlos se convierte en una consecuencia natural.

> *«Ninguna cantidad de capacidad personal compensa la inseguridad personal».*
> —WAYNE SCHMIDT

4. LOS LÍDERES EXPERIMENTADOS ESCUCHAN A SUS EQUIPOS

Los líderes experimentados escuchan antes de dirigir. El general Tommy Franks dijo:

> Los generales no son infalibles. El ejército no entrega sabiduría cada vez que pone una estrella. Dirigir a los soldados como general significa más que crear tácticas y dar órdenes. Los oficiales que comandan brigadas y batallones, los comandantes de compañía y los líderes de pelotón, todos ellos saben más de los puntos fuertes y débiles de seguridad que el general que los dirige. Así que un general exitoso debe escuchar más que hablar.[1]

Los líderes inmaduros dirigen primero, y escuchan después, si es que lo hacen alguna vez. Cada vez que los líderes no escuchan, no conocen el palpitar de su gente. No saben lo que sus seguidores necesitan o quieren. No saben lo que está sucediendo. Los buenos líderes comprenden que las personas más cercanas a sus trabajos son las que realmente saben cómo van las cosas.

> *Los líderes inmaduros dirigen primero, y escuchan después.*

Si su personal no lo está siguiendo, usted necesita escuchar más. Usted no necesita ser más firme, no necesita buscar un apoyo, ni necesita amonestarlos; lo que necesita es escucharlos. Si lo hace ellos se sentirán más deseosos de seguirle.

5. Los líderes productivos comprenden que uno es un número demasiado pequeño como para pretender hacer grandes cosas

En los pasados 25 años, he observado las tendencias de los negocios y las compañías sin fines de lucro y las soluciones que esas organizaciones utilizan para mejorar y resolver los problemas. He visto un patrón definido. Quizás usted también lo haya visto.

- En los ochentas, la palabra era *administración*. La idea era que se necesitaba un administrador para crear coherencia. (La meta era que los parámetros no decayeran).

- En los noventas, el concepto clave era el *liderazgo individual*. Las organizaciones sabían que necesitaban un líder porque todo estaba cambiando muy rápidamente.

- En la década del 2000, la idea es *liderazgo en equipo*. Ya que dirigir una organización se ha vuelto tan complejo y multifacético, la única forma de progresar es desarrollar un equipo de líderes.

Pienso que las organizaciones van a mejorar tremendamente si desarrollan equipos, ya que el liderazgo es muy complejo. Usted no puede hacer sólo una cosa bien y ser un buen líder. Ni siquiera puede dirigir en sólo una dirección, usted necesita las habilidades para dirigir a los líderes que lo supervisan, para liderar lateralmente a sus compañeros y para guiar a sus subordinados. Un equipo de liderazgo siempre será más eficaz que sólo un líder. Y un equipo de *líderes de 360°* será más eficaz que cualquier otra clase de equipo de liderazgo.

Valor # 2

SE NECESITAN LÍDERES EN TODOS LOS NIVELES DE UNA ORGANIZACIÓN

En el año 2004, fui invitado a dar una sesión de liderazgo a unos entrenadores de la NFL en el estadio de Mobile, Alabama. Fue una gran experiencia. Una de las cosas que enseñé ese día fue la ley de la ventaja: «La diferencia entre dos equipos igualmente talentosos es su liderazgo».

Después de terminar mi sesión, hablé con el gerente general de uno de los equipos y él confirmó mi observación. Me dijo que debido a la paridad de talentos en la NFL, la ventaja siempre se da por el liderazgo, el dueño, el director técnico, y hasta los jugadores. El liderazgo es lo que marca la diferencia en todos los niveles de una organización.

QUÉ SUCEDE SIN UN LÍDER

Sé que digo esto tantas veces que algunas personas ya están cansadas de oírlo, pero es una convicción muy personal. *Todo empieza y termina con el liderazgo.* Realmente así es. Si usted no lo cree, sólo tiene que juntar a un grupo de personas que no tengan líder y obsérvelos. No sabrán qué hacer. Cuando no existe un buen líder en un equipo, en un departamento, en la cima de una organización, o en una familia, los siguientes resultados son inevitables.

SIN UN LÍDER, NO HAY VISIÓN

Si un equipo comienza con una visión pero sin un líder, ese equipo estará en problemas. ¿Por qué? Porque la visión se escapa. Y sin un líder, la visión se disipará y el equipo se desviará porque no tiene ningún sentido de dirección. Como lo decía Salomón: «Dónde no hay visión, la gente se extravía».[1]

Por otro lado, si un equipo comienza con un líder pero sin ninguna visión, les irá bien porque eventualmente obtendrán una visión. Digo esto porque si tuviera que definir a los líderes con una sola palabra, quizás la mejor sería: visionarios. Los líderes siempre van hacia algún lugar. Tienen visión, y la visión no sólo le da dirección a él, sino también le da dirección a su gente.

SIN UN LÍDER, LAS DECISIONES SE RETRASAN

Me encanta la historia que dijo el presidente Reagan para mostrar cómo aprendió la necesidad de tomar decisiones desde muy joven. Cuando era joven, una de sus tías lo llevó para que le hicieran unos zapatos hechos a la medida. El zapatero le preguntó si deseaba que sus zapatos tuvieran la forma cuadrada o redonda, pero Reagan no sabía qué decidir.

«Regresa en un par de días y me dices que decidiste», le dijo el zapatero, pero Reagan no regresó. Cuando el hombre se lo encontró en la calle le volvió a preguntar qué clase de zapatos quería. Reagan le dijo: «Todavía no lo he decidido».

No todos los que toman buenas decisiones son líderes, pero todos los buenos líderes toman decisiones.

«Muy bien», le respondió el zapatero, «tus zapatos estarán listos mañana».

Cuando Reagan fue a recogerlos el día siguiente, descubrió que uno de los zapatos era redondo y el otro cuadrado. Reagan dijo más adelante: «Ver esos zapatos me enseñó una lección. Si usted no toma sus propias decisiones, alguien más lo hará por usted».

No todos los que toman buenas decisiones son líderes, pero todos los buenos líderes toman decisiones. Con frecuencia se necesita un líder para tomar decisiones, o al menos para ayudar a otros a que las tomen más rápidamente.

Sin un líder, se multiplican las agendas

Cuando un equipo de personas se reúne y ninguno es un líder, entonces los individuos comienzan a seguir sus propias agendas, y en poco tiempo, todas las personas estarán haciendo lo suyo. Los equipos necesitan el liderazgo para proveer una voz unificadora.

Sin un líder, los conflictos se extienden

Uno de los papeles más importantes de un líder es resolver conflictos. En la ausencia de un liderazgo claro, los conflictos siempre duran más y hacen más daño. Con frecuencia se necesita que un líder de un paso al frente, y haga que todos se sienten a resolver los problemas. Cuando usted dirige a los demás, debe estar preparado siempre para hacer lo que sea necesario para que su personal resuelva sus conflictos.

Sin un líder, baja la moral

Napoleón decía: «Los líderes son distribuidores de esperanza». Cuando los líderes no están presentes, las personas con frecuencia pierden la esperanza y la moral cae al suelo. ¿Por qué sucede eso? Porque la *moral* puede ser definida como «fe en el líder de la cima».

Sin un líder, se reduce la producción

La primera cualidad de los líderes es la habilidad de realizar las cosas. Una de mis historias favoritas que ilustra este principio viene de la vida de Charles Schwab, quien dirigió una vez la fábrica siderúrgica U.S. Steel. Él dijo:

> Tenía un administrador de la fundición que era muy educado, muy capaz y experto en todos los detalles del negocio, pero parecía no poder inspirar a sus hombres a dar lo mejor de sí.
>
> ¿Cómo es que un hombre tan capaz como usted», le pregunté un día, «no puede hacer que esta acerería funcione como se debe?»
>
> «No lo sé», me respondió, «He sonsacado a mis hombres, los he presionado, los he regañado; he hecho todo lo que he podido. No obstante, no producen».

Casi al terminar el día, el personal de la noche estaba por entrar. Me volví a uno de los trabajadores que estaba al lado mío, junto a uno de los hornos y le pedí un pedazo de carbón. «¿Cuánto acero han podido fundir hoy?» le pregunté.

«6 toneladas», me respondió.

Con el pedazo de carbón escribí un gran «6» en el piso y luego me fui. Cuando entró el turno de la noche y vieron ese gran «6» preguntaron al respecto. «El gran jefe anduvo por aquí hoy», dijo uno de los hombres del turno de día. «Nos preguntó cuánto habíamos hecho y le dijimos que seis toneladas. Él lo escribió en el suelo».

A la mañana siguiente, pasé por la fábrica y vi que el «6» había sido borrado y por encima habían puesto un «7». El personal nocturno se había anunciado. Esa noche yo regresé. El «7» había sido borrado y ahora estaba un «10» en su lugar. El personal diurno se consideraba superior. Eso causó que una competencia comenzara y que continuara en esa fábrica, que antes era la que tenía la peor producción, y después se convirtió en la mejor de toda la planta.[2]

Los líderes son creativos para encontrar formas de ayudar a que los demás sean más productivos. Algunas veces es mediante un desafío, algunas veces mediante una capacitación, otras veces por medio de estímulos o incentivos. Si lo mismo funcionara con toda la gente, no habría necesidad de líderes, pero como todas las personas son diferentes y las circunstancias están cambiando constantemente, se necesita un líder para saber lo que se necesita y para hacer que la solución se ponga en movimiento.

SIN UN LÍDER, EL ÉXITO ES DIFÍCIL

Yo creo que muchas personas no piensan en la importancia del liderazgo en lo que respecta al éxito organizacional. No lo ven, y en algunos casos no quieren verlo. Tal fue el caso de Jim Collins, autor del libro *Good to Great (De bueno a grandioso)*. He conocido a Collins y puedo decirle que es un tipo inteligente y perceptivo, pero no quiso incluir el liderazgo en el estudio que conformaba el fundamento del libro. Él escribe:

«Le di al equipo de investigación instrucciones explícitas de minimizar el papel de los líderes ejecutivos de tal forma que se pudiera evitar el pensamiento común en la actualidad de «el mérito es del líder» o «culpar al líder»... Cada vez que atribuimos todo al «liderazgo», estamos... simplemente admitiendo nuestra ignorancia... Es por eso que al principio del proyecto, yo insistí, «ignoren a los ejecutivos» pero el equipo de investigación siguió presionando la idea... finalmente, como debería ser siempre el caso, la información ganó.[3]

Collins continúa describiendo los líderes del nivel cinco, aquellos que exhiben una voluntad firme y una gran humildad, y de cómo cada gran compañía que estudiaron ellos había sido dirigida por un líder así.

El liderazgo es importante, aunque uno no lo quiera. Su organización no funcionará igual sin líderes fuertes en cada departamento o división. Se necesita un *líder de 360°* en cada nivel para que pueda ser bien dirigida.

Dirigir exitosamente en un nivel es un calificativo para dirigir en el siguiente nivel

Las organizaciones en desarrollo siempre están buscando personas buenas que tomen el siguiente nivel y lo dirijan. ¿Cómo saber si esa persona está calificada para subir al otro nivel? Evaluando el historial de esa persona en su actual posición. La clave para avanzar como líder emergente es enfocarse en dirigir bien donde uno se encuentra, no en escalar la escalera. Si usted es un buen *líder de 360°* donde usted se encuentra, creo que tendrá la oportunidad de dirigir en un nivel más alto.

En su esfuerzo para ser el mejor *líder de 360°* que pueda, recuerde lo siguiente:

1. El liderazgo es una jornada que empieza donde usted está, no donde usted quiere estar

Recientemente mientras viajaba en mi auto, otro vehículo que viajaba frente a mí hizo un cambio de vías muy brusco que provocó un accidente. Afortunadamente, pude bajar la velocidad y aminorar el impacto, sin embargo las bolsas de aire se abrieron, y ambos autos quedaron muy dañados.

Lo primero que noté después de que me detuve y analicé la situación era que la pequeña pantalla de computadora en mi auto estaba mostrando mi ubicación exacta según el sistema GPS. Lo observé por un momento, y me preguntaba por qué el auto me estaba diciendo cuál era mi latitud y longitud exacta. Y luego pensé: *¡por supuesto!* Si uno se encuentra en un gran problema y pide ayuda, lo primero que los rescatistas quieren saber es donde se halla. Uno no puede llegar a ningún lugar hasta saber primero dónde está.

El liderazgo es similar. Para saber cómo llegar adonde quiere ir, usted debe saber dónde se encuentra. Para llegar adonde quiere ir, usted necesita enfocarse en lo que está haciendo ahora. El reconocido escritor deportivo, Ken Rosenthals dijo: «Cada vez que usted decide crecer más, se dará cuenta que está empezando en la parte inferior de otra escalera». Necesita tener sus ojos fijos en sus responsabilidades actuales, no en las que usted desea tener algún día. No he conocido a ninguna persona que se enfoque en el ayer para tener un mejor mañana.

> *No he conocido a ninguna persona que se enfoque en el ayer para tener un mejor mañana.*

2. LA HABILIDAD DE LIDERAZGO ES LA MISMA, PERO LA FORMA DE «JUGAR» CAMBIA

Si usted obtiene una promoción, no piense en una nueva oficina que sólo está a poca distancia de su antiguo oficina, una diferencia de tan solo unos pocos pasos. Cuando a usted lo «llaman» a otro nivel de liderazgo, la calidad del juego debe elevarse rápidamente.

No importa en cuál nivel esté usted trabajando, la habilidad de liderazgo que se necesita en ese nivel es vital. Cada nuevo nivel requiere un grado más alto de habilidad. El lugar más claro donde se ve esto es en los deportes. Algunos jugadores saltan de ser aficionados a jugar para la escuela de bachillerato; menos aún logran hacerlo del bachillerato a la universidad, y sólo un puñado de ellos logra hacerlo a nivel profesional.

Su mejor oportunidad de avanzar al siguiente «juego» es creciendo en el nivel actual, de tal forma que uno pueda ir al siguiente nivel.

3. LAS GRANDES RESPONSABILIDADES SURGEN DESPUÉS
DE ADMINISTRAR BIEN LAS PEQUEÑAS

Cuando enseño en una conferencia o estoy firmando autógrafos durante la promoción de mis libros, las personas algunas veces me confían que también desean escribir algún libro. «¿Cómo inicio?» me preguntan.

> *«Las únicas conquistas que son permanentes y no dejan dolor son las conquistas sobre nosotros mismos».*
> —NAPOLEÓN BONAPARTE

«¿Cuánto escribe ahora?», les pregunto yo.

Algunos me dicen que están escribiendo artículos y yo los animo, pero la mayoría me dice tímidamente: «Bueno, no he escrito nada todavía.»

«Entonces lo primero que necesita hacer es empezar a escribir», les digo, «uno debe empezar con algo pequeño y avanzar desde allí».

Con el liderazgo es igual. Uno debe comenzar con algo pequeño y avanzar desde allí. Una persona que nunca ha dirigido antes, necesita influir en otra persona para empezar. Alguien que tiene influencia, debe tratar de desarrollar un equipo. Empezar con sólo lo necesario.

San Francisco de Asís decía: «Comience haciendo lo que es necesario; luego lo que es posible, y de pronto estará haciendo lo imposible». Todo buen liderazgo comienza donde usted está. Napoleón dijo: «Las únicas conquistas que son permanentes y no dejan dolor son las conquistas sobre nosotros mismos». Las pequeñas responsabilidades que usted tiene son la primera gran conquista de liderazgo que usted debe hacer. No intente conquistar el mundo hasta que usted se haya encargado de las cosas en su propio patio.

4. DIRIGIR EN SU NIVEL ACTUAL CREA SU HISTORIAL
PARA AVANZAR AL SIGUIENTE NIVEL

Cuando usted va a ver a un doctor por primera vez, por lo general le hace preguntas acerca del historial de su familia. De hecho, son más las preguntas acerca de eso que acerca de su propio estilo de vida. ¿Por qué? Porque el historial familiar, más que cualquier otra cosa, parece ser lo que determina su salud.

En lo que respecta al éxito de liderazgo, el historial es similar. Lo que usted haya hecho donde trabaja ahora es lo que los líderes buscan cuando están tratando de decidir si usted puede hacer un trabajo. Cuando entrevisto a alguien para un puesto, el noventa por ciento de mi énfasis está en su historial.

Si usted quiere tener la oportunidad de dirigir en otro nivel, su mejor oportunidad de éxito es dirigir bien donde está ahora. Cada día que usted dirija y triunfe, estará desarrollando un currículum para su próximo trabajo.

5. CUANDO USTED PUEDE DIRIGIR BIEN A LOS VOLUNTARIOS, USTED PUEDE DIRIGIR CASI A CUALQUIERA

En una conferencia reciente en el Día del Presidente, donde estábamos hablando sobre el desarrollo del liderazgo, un director ejecutivo me preguntó: «¿Cómo puedo escoger al mejor líder de un grupo pequeño de líderes? ¿Qué debo buscar?»

Hay muchas cosas que indican que alguien tiene potencial de líder: la habilidad para hacer que las cosas sucedan, un fuerte don de gente, visión, deseo, capacidad para resolver problemas, autodisciplina, una ética de trabajo sólida. Pero sólo hay una gran prueba de liderazgo que casi nunca falla y es lo que le sugerí: «Pídale que dirija un grupo voluntario».

Si usted desea probar su propio liderazgo, intente dirigir voluntarios. ¿Por qué es tan difícil? Porque usted no tiene ningún apoyo con los voluntarios. Se necesita toda la capacidad de liderazgo que tenga para poder hacer que las personas que no tienen que hacer nada por usted, hagan algo. Si usted no los desafía lo suficiente, ellos perderán el interés. Si usted los presiona demasiado, lo abandonarán. Si su don de gente es débil, ellos no querrán pasar tiempo con usted. Si usted no puede comunicar la visión, no sabrán a donde ir ni por qué.

Si usted dirige a los demás y su organización tiene un servicio enfocado a la comunidad, estimule a su gente para que trabajen de voluntarios. Luego observe lo que hacen. Si se esfuerzan en ese ambiente, entonces sabrá que poseen muchas de las aptitudes para ir a otro nivel de su organización.

Donald McGannon, ex director ejecutivo de Westinghouse Broadcasting Corporation, declaró: «El liderazgo es acción, no posición». Actuar, y ayudar a otros a hacer lo mismo en un esfuerzo coordinado, es la esencia del liderazgo. Haga esas cosas donde usted se encuentre, y no se quedará mucho en ese lugar.

Valor # 4

LOS BUENOS LÍDERES INTERMEDIOS SE CONVIERTEN EN MEJORES LÍDERES EN LA CIMA

En las naciones donde hay mercados libres e industrializados, por lo general damos por sentado el liderazgo. Una cultura de liderazgo se ha desarrollado para dirigir muchas organizaciones en esos países ya que el comercio y la industria son muy fuertes. Y ya que los mercados son tan competitivos, muchos de los líderes que emergen se esfuerzan y tratan de mejorar su liderazgo.

En países en vías de desarrollo, las cosas son diferentes. En los últimos cinco o seis años, he dedicado mucho tiempo a enseñar acerca del liderazgo alrededor del mundo y lo que he encontrado es que en muchos de esos países son pocos los grandes líderes. Y los *líderes de 360°* son virtualmente inexistentes. La mayoría de los líderes en países no desarrollados son altamente posicionales y tratan de mantener tanta distancia como sea posible entre ellos y sus seguidores. Es una de las razones por las cuales hay una gran diferencia entre la clase acomodada y la desposeída. Por supuesto que existen muchas excepciones en esta amplia generalización que estoy haciendo, pero si usted es de los que viaja al exterior con frecuencia probablemente lo ha notado.

En lugares donde los líderes superiores tratan de mantener a los demás por debajo de ellos, el liderazgo general es bastante raquítico. ¿Por qué? Porque cuando todo el poder está en la cima y no existen líderes intermedios que les ayuden, los líderes superiores no pueden dirigir de manera eficaz.

En caso de que se piense que soy demasiado crítico con los líderes de las naciones emergentes, puedo decirle que éste es un problema en cualquier lugar donde sólo haya un líder en la cima y no existan *líderes de 360°* para ayudarle a dirigir. He vivido y experimentado personalmente esto durante mi primera posición en liderazgo, porque no intentaba identificar, desarrollar, u otorgar poder a nadie más para dirigir. Como resultado, mi liderazgo era débil, la efectividad general de la organización era menor a su potencial, y dos años después de que yo dejé la organización, se encogió a menos de la mitad de su tamaño original.

> *Los buenos líderes que se encuentran en cualquier lugar de una organización son mejores líderes en la cima.*

Es difícil sobrestimar el valor de un *líder de 360°* en la parte intermedia de una organización. De hecho, los buenos líderes que se encuentran en cualquier lugar de una organización son mejores líderes en la cima, y logran una mejor organización en general.

CADA VEZ QUE USTED AÑADE UN BUEN LÍDER, USTED HACE UN MEJOR EQUIPO

Los buenos líderes engrandecen el desempeño de aquellos en su equipo. Ellos dan dirección, inspiran a su personal y les ayudan a trabajar juntos. Obtienen resultados. Esto es muy fácil de ver en los deportes donde lo único que cambia en el equipo es el entrenador. Cuando un mejor líder entra, los mismos jugadores se desempeñan en un nivel más alto de lo que se desempeñaban antes.

Lo mismo sucede en cualquier clase de organización. Cuando un líder firme se encarga del equipo de ventas, su desempeño aumenta. Cuando un buen gerente se encarga de un restaurante, la operación va sobre ruedas. Cuando un mejor capataz dirige un equipo, se realizan más cosas.

Si usted tuviera que dirigir su organización (asumiendo que no es una organización pequeña) usted podría localizar a los líderes de calidad mucho antes de que usted los conociera. Lo único que tendría que hacer es fijarse en los equipos que tienen resultados constantemente altos. Allí es donde están los buenos líderes.

CADA VEZ QUE USTED AÑADE UN BUEN LÍDER, TODOS LOS LÍDERES DEL EQUIPO MEJORAN

Es muy interesante ver lo que sucedió cuando Tiger Woods avanzó de ser un jugador aficionado y se convirtió en un profesional. Él era tan bueno, que los demás se veían débiles. Ganó su primer torneo Master en Augusta con un tremendo margen, y después comentó que no se encontraba en su mejor «juego». Muchos temían que Woods iba a dominar el juego de tal forma que nadie podría ganarle.

Pero después de que Woods jugara unos años, el nivel de todos los otros jugadores se elevó. ¿Por qué? Porque la fortaleza genera fortaleza. El libro de los Proverbios dice: «Hierro con hierro se aguza; y así el hombre aguza el rostro de su amigo».[1]

Cuando un buen líder se une a un equipo, hace que los líderes lo noten. Y los buenos líderes dan lo mejor de sí, no sólo con sus seguidores, sino también con otros líderes. Los buenos líderes elevan la medida en lo que respecta al desempeño y al trabajo en equipo, y esto generalmente desafía a otros líderes en la organización para mejorar.

LOS BUENOS LÍDERES INTERMEDIOS AÑADEN VALOR A LOS LÍDERES QUE ESTÁN POR ENCIMA DE ELLOS

Los líderes intermedios de una organización están más cerca de las personas en las trincheras que los líderes en la cima. Como resultado, ellos saben bien como van las cosas. Comprenden a las personas que están haciendo el trabajo y los obstáculos que enfrentan. También tienen una mayor influencia en los niveles menores que los líderes superiores.

Cuando no hay buenos líderes intermedios en una organización, todos y todo en la organización debe esperar a los líderes superiores. Por otro lado, cuando los buenos líderes intermedios utilizan su influencia y su compromiso para apoyar a los líderes superiores, ellos «extienden» la influencia de los líderes superiores más allá de su alcance. Como resultado, los líderes superiores pueden hacer más de lo que podrían hacer por sí mismos.

LOS BUENOS LÍDERES INTERMEDIOS PERMITEN QUE LOS LÍDERES SUPERIORES SE ENFOQUEN EN SUS PRIORIDADES

Entre más alto se encuentre como líder en la organización, más podrá ver pero menos podrá hacer. Usted no puede avanzar y seguir haciendo todas las tareas que hace ahora. Entre más avanza, tendrá que delegar sus responsabilidades anteriores a otros. Si las personas que se supone que realizarán esas tareas no las hacen bien, usted tendrá que encargarse de ellas otra vez. Probablemente no podrá asumir sus nuevas responsabilidades de manera eficaz si eso sucede.

Seamos realistas. No existe mayor frustración para los líderes principales que operar a un nivel menor que el suyo porque los líderes intermedios necesitan apoyo continuo. Si un líder tiene que hacer eso, la organización terminará pagando mucho dinero para resolver problemas de la parte inferior.

Por esta razón, los líderes en la cima sólo pueden ser tan buenos como lo sean los líderes intermedios que trabajan con ellos. Cuando usted se desempeña con excelencia en la parte intermedia, les permite a sus líderes que se desempeñen con excelencia por encima de usted.

LOS BUENOS LÍDERES INTERMEDIOS MOTIVAN A LOS LÍDERES POR ENCIMA DE ELLOS A CONTINUAR CRECIENDO

Cuando un líder crece, se nota. Los líderes en crecimiento continuamente mejoran su efectividad personal y su liderazgo. La mayoría del tiempo eso hace que sus líderes sigan creciendo. Parte de eso surge debido a una competencia saludable, si usted está en una carrera y alguien lo va a pasar, eso lo hace a usted apretar el paso y moverse más rápido.

También existe el factor participación. Cuando los miembros del equipo ven a algunos participando de manera significativa, esto los inspira a hacer lo mismo. Existe una alegría natural que surge de estar en un equipo que está funcionando a un nivel extremadamente alto.

LOS BUENOS LÍDERES INTERMEDIOS LE DAN UN FUTURO A LA ORGANIZACIÓN

Ninguna organización sigue avanzando y creciendo si utiliza las ideas y los métodos del ayer para hacer las cosas. El éxito del futuro requiere innovación y crecimiento, requiere un surgimiento continuo de nuevos líderes. En la *Biblia sobre liderazgo*, Lorin Wolfe escribe: «La mayor evaluación de un líder no es si toma o no decisiones inteligentes al igual que acciones decididas, más bien es si él enseña a otros a ser líderes y desarrolla una organización que pueda sostener su éxito aunque él no se encuentre con ellos después».

En una organización, los trabajadores de hoy serán los líderes intermedios del mañana, y los líderes intermedios de hoy serán los líderes superiores del mañana. Mientras usted funge como *líder de 360°* en la zona intermedia de la organización, su crecimiento continuo probablemente le dará la oportunidad de llegar a ser un líder superior. Pero al mismo tiempo, necesita observar a las personas que trabajan con usted y pensar cómo puede prepararlas para que más adelante tomen su lugar en la zona intermedia. Usted podrá localizar candidatos para un liderazgo potencial porque ellos siempre son más que simples trabajadores.

Los trabajadores actuales	Los líderes del mañana
Implementan ideas actuales	Generan nuevas ideas
Identifican y definen problemas	Resuelven los problemas
Se llevan con las personas con quienes trabajan	Atraen personas de calidad
Trabajan dentro de su área de trabajo	Se arriesgan
Valoran la constancia	Valoran y buscan oportunidades

El experto en liderazgo, Max DePree dijo: «La sucesión es una de las responsabilidades claves del liderazgo». Es cierto, no hay éxito si no hay un sucesor. Ser un *líder de 360°* es más que solo hacer un buen trabajo ahora y hacer que el trabajo sea más fácil para las personas que trabajan por encima o por debajo de usted. Es asegurarse que la organización tenga la oportunidad de tener también un mejor mañana. Entretanto que usted enseña a los demás a desempeñarse como *líderes de 360°*, estará dando a la organización una profundidad y una fortaleza mayor. Estará elevando la medida de tal forma que todos triunfen.

Valor # 5

LOS *LÍDERES DE 360°* POSEEN CUALIDADES QUE TODA ORGANIZACIÓN NECESITA

C uando estaba haciendo el bosquejo de este libro, hablaba con un amigo acerca de todo este concepto del *liderazgo de 360°*, y él me preguntó: «¿Qué es lo que hace que un *líder de 360°* sea diferente de otra clase de líder?» Cuando comencé a explicarle el concepto de dirigir a los líderes que lo supervisan, de liderar lateralmente a los compañeros, y de guiar a los subordinados, él me dijo: «Muy bien pero, ¿por qué pueden dirigir en todas direcciones? ¿Qué es lo que los mueve?»

Mientras conversábamos meditaba en esa pregunta, y finalmente encontré la respuesta: «Un *líder de 360°* tiene ciertas cualidades que le permiten dirigir en cualquier dirección, y eso es lo que lo hace valioso para una organización».

«Necesitas poner eso en tu libro» me aconsejó, «porque las personas pueden tratar de hacer todas las acciones correctas, pero si no toman esas cualidades internamente, nunca lo comprenderán».

No sé si lo ha pensado antes, pero ¿qué es lo que añade más valor a las personas que están alrededor de usted? ¿Lo que *dice* o lo que *hace*? Puede que no esté consciente de ello, pero usted puede añadir valor a los demás simplemente por poseer las cualidades correctas. Entre más alto se encuentre en una organización, este principio será más aplicable.

Un *líder de 360°*, como yo lo visualizo, posee cualidades que cada organización quiere ver en todos sus empleados, pero especialmente en sus líderes. Estas cualidades son: adaptabilidad, discernimiento, perspectiva, comunicación, seguridad, servidumbre, inventiva, madurez, resistencia y confiabilidad.

ADAPTABILIDAD SE AJUSTA RÁPIDAMENTE AL CAMBIO

Las personas en la parte intermedia del trabajo nunca son los primeros en saber algo en la organización. Por lo general no son los que toman las decisiones o los que escriben la política, por ende, deben aprender a adaptarse rápidamente.

Con respecto a dirigir en la parte intermedia, entre más rápido se adapte al cambio, mejor será para la organización. Esta es la razón. Todas las organizaciones contienen adaptadores rápidos, medianos o lentos. Los adaptadores rápidos se convencen con las nuevas ideas rápidamente, y están listos para fluir con ellas. Los adaptadores medianos necesitan más tiempo. Y por último los adaptadores lentos, ellos ocupan demasiado tiempo para aceptar el cambio (y muchas veces lo aceptan renuentemente).

Ya que a usted como líder intermedio se le pedirá que ayude a las personas que lo siguen a aceptar el cambio, usted necesita procesarlo rápidamente. Entre más rápido mejor. Eso significa que habrá momentos en que usted tendrá que aceptar un cambio mucho antes de que lo haga emocionalmente. En

Bienaventurados los flexibles, porque su doblez no les causará rupturas.

tales casos, la clave es su habilidad para confiar en sus líderes; si usted puede confiar en ellos, usted podrá hacerlo. Sólo recuerde: *Bienaventurados los flexibles, porque su doblez no les causará rupturas.*

DISCERNIMIENTO COMPRENDE LOS VERDADEROS ASUNTOS

El presidente de los Estados Unidos, un viejo sacerdote, un joven escalador de montañas, y el hombre más listo del mundo viajaban juntos en un avión privado, cuando de pronto el motor se descompuso. El piloto salió rápidamente a la cabina y les dijo: «¡Vamos a estrellarnos, sálvese quien pueda!» Saltó del avión y activó su paracaídas.

Los cuatro pasajeros buscaron en el avión pero sólo encontraron tres paracaídas.

El presidente tomó uno mientras saltaba diciendo: «Debo salvarme por el bien de la seguridad nacional».

El hombre más listo también tomó uno y dijo: «Soy un recurso demasiado valioso para el mundo y debo salvar mi intelecto».

El viejo sacerdote miró al escalador de montañas y le dijo: «Sálvate, hijo mío, he estado en la obra del señor por cuarenta años y no temo encontrarme con mi Creador».

«No se preocupe, padre» le respondió el joven. «¡El hombre más listo del mundo se tiró del avión con mi mochila!»

Los buenos líderes pueden ver lo que es importante a través del caos. Ellos saben lo que verdaderamente importa. Existe un viejo dicho que dice que una persona inteligente sólo cree la mitad de lo que escucha, pero una persona realmente inteligente sabe cuál de las mitades es la correcta. Un *líder de 360°* cultiva esa habilidad.

PERSPECTIVA VE MÁS ALLÁ DE SU POSICIÓN ESTRATÉGICA

Jack Welch decía: «El liderazgo es ver la oportunidad en medio de la dificultad». Esa habilidad es una función de perspectiva. Una de las ventajas de ser un líder intermedio de la organización es que usted puede ver más que los demás. La mayoría de las personas tienen la habilidad de ver las cosas desde su propio nivel y desde un nivel más abajo al propio.

> *«El liderazgo es ver la oportunidad en medio de la dificultad».*
> —JACK WELCH

Las personas en la parte inferior pueden ver y comprender cosas en su propio nivel, y si son perceptivos, también en el suyo. Las personas en la parte superior pueden ver y comprender cosas en su propio nivel y en un nivel más bajo que el de ellos. Pero como líder intermedio, usted debe poder ver y comprender no sólo las cosas en su propio nivel, sino también un nivel más arriba y un nivel más abajo. Eso le da a usted una ventaja realmente única y una oportunidad.

COMUNICACIÓN RELACIONA A TODOS LOS NIVELES DE LA ORGANIZACIÓN

Ya que usted tiene una perspectiva única y una comprensión de la organización que los de más arriba y debajo de usted no tienen, usted debe esforzarse por utilizar su conocimiento no sólo para su propia ventaja, sino también para comunicarla a las personas que están por encima y por debajo de usted. Por lo general pensamos que la comunicación en las organizaciones viene de arriba hacia abajo. Los líderes en la cima dan la visión, ponen la dirección, recompensan el progreso y así sucesivamente. La buena comunicación, sin embargo, es una proposición de 360 grados. De hecho, a veces la comunicación más crítica viene de abajo hacia arriba.

En el libro *Leading Up*, Michael Useem da ejemplos de mensajes importantes que fueron enviados hacia «arriba de la cadena de mando». Algunos mensajes fueron escuchados y tratados dando un efecto positivo. Por ejemplo, cuando la diputada de comercio, Charlene Barshefsky se sentó a negociar un tratado entre los Estados Unidos y China, permitiendo así que China entrara en la Organización Mundial del Comercio, Barshefsky había escuchado previamente las preocupaciones de los líderes del trabajo y de negocios, a quienes representaba en esa reunión. El resultado fue una negociación exitosa.

Otros mensajes que fueron enviados «hacia arriba» fueron ignorados. Useem dice que cuando el general Romeo Dallaire, comandante de las tropas de las Naciones Unidas en Ruanda, trató de persuadir a sus superiores que le permitieran tomar una acción agresiva para lo que él veía como una amenaza inminente de genocidio, su solicitud fue denegada. El resultado fue desastroso, la muerte de más de 800.000 tutsis asesinados por hutus.

> *«El trabajo más difícil para poder iniciar un movimiento es mantener unidas a las personas que lo forman».*
> —MARTIN LUTHER KING JR

Martin Luther King Jr, dijo: «El trabajo más difícil para poder iniciar un movimiento es mantener unidas a las personas que lo forman. Esta tarea requiere más que un señalamiento común; demanda una filosofía que se gane y mantenga la alianza de las personas, y depende de canales abiertos de comunicación entre las personas y sus líderes».

SEGURIDAD ENCUENTRA LA IDENTIDAD EN SÍ MISMA Y NO EN LA POSICIÓN

Me encanta la historia de Karl que cuenta que una vez se divirtió en su oficina colocando un pequeño letrero en su puerta que decía: «¡Yo soy el jefe!» Se divirtió aún más cuando al regresar de su almuerzo encontró una nota junto al letrero que decía: «Tu esposa llamó y dijo que quiere que le devuelvas su letrero».[1]

Se necesita que una persona sea segura de sí misma para ser un buen líder intermedio de una organización. En nuestra cultura, las personas preguntan: «¿A qué se dedica?» y no «¿quién es usted?» o «¿en qué forma está marcando la diferencia?» La mayoría de las personas ponen demasiado énfasis en los títulos y en la posición en lugar del impacto.

Pero si usted ha sido efectivo como líder intermedio por cualquier cantidad de tiempo, usted sabe que su papel es importante. Las organizaciones no tienen éxito si no tienen líderes que hagan un buen trabajo en la zona intermedia. Un *líder de 360°* debe tratar de ser lo suficientemente seguro de sí mismo si no quiere preocuparse de donde está.

Si usted está tentado a dedicar demasiado tiempo y energía para salirse de la zona intermedia, entonces debe cambiar su enfoque. En vez de eso, dedique su esfuerzo a alcanzar su potencial y a hacer lo mejor que pueda donde se encuentra. Cada vez que usted se enfoca en desarrollar su posición en lugar de a usted mismo, usted está preguntándose: *¿me estoy convirtiendo en la persona que los demás quieren que sea?* Pero si usted se enfoca en desarrollarse a sí mismo en lugar de pensar en su título o posición, entonces la pregunta que se hará con frecuencia será: *¿estoy convirtiéndome en todo lo que puedo ser?*

> *La verdadera medida de los líderes no es el número de personas que les sirven, sino más bien el número de personas a las que ellos sirven.*

SERVIDUMBRE HACE LO QUE SE NECESITA

Creo que la verdadera medida de los líderes no es el número de personas que les sirven, sino más bien el número de personas a las que ellos sirven. Un *líder de 360°* adopta una actitud de siervo, primero, y luego de líder. Todo lo que hace se mide a la luz del valor que pueda añadir. Él sirve a la misión de la organización y dirige sirviendo a aquellos que están en la misión con él.

Robert Greenleaf, fundador del Centro Greenleaf para liderazgo de servicio, presentó una excelente perspectiva sobre esto: «El líder siervo es un siervo primeramente. Todo comienza con el sentimiento natural de que uno quiere servir, servir primero. Luego la elección consciente lo lleva a uno a aspirar al liderazgo. La diferencia se manifiesta en el cuidado dado por el siervo, asegurándose que las prioridades más altas de las otras personas han sido servidas».

¿Cómo sabe usted cuando está motivado por el deseo de servir como líder? En realidad es muy sencillo. Usted tiene un corazón de siervo si no le molesta servir a los demás. Si usted no tiene una actitud de siervo, se irrita cuando tiene que servir.

INVENTIVA ENCUENTRA FORMAS CREATIVAS DE HACER QUE LAS COSAS SUCEDAN

Cuando los periódicos tuvieron que imprimir tres millones de copias del discurso de la convención de 1912 de Theodore Roosevelt, el editor del discurso descubrió que no había obtenido el permiso para usar las fotos de Roosevelt y de su compañero de candidatura, el gobernador Hiram Johnson de California. Y ese era un problema porque la ley de derechos reservados tenía una penalidad de un dólar por copia.

El jefe del comité de campaña era un líder inventivo y un pensador rápido. Envió un telegrama al estudio de Chicago que había tomado las fotografías: «Planeando publicar tres millones de copias del discurso de Roosevelt con fotografías de Roosevelt y Johnson en la portada. Gran oportunidad de publicidad para los fotógrafos. ¿Cuánto nos pagaría por utilizar sus fotos?»

La respuesta llegó: «Apreciamos la oportunidad, pero sólo podemos pagar $250». El trato se hizo, los periódicos salieron, y un desastre en potencia se solucionó.

Los líderes intermedios de una organización necesitan tener una inventiva especial, ya que tienen menos autoridad y menos recursos. Si usted desea ser un *líder de 360°* acostúmbrese a hacer lo más que pueda con la menor cantidad de recursos.

MADUREZ PONE AL EQUIPO PRIMERO

¿Cómo define la *madurez*? En el contexto de liderazgo, lo defino como: «poner al equipo antes que a uno mismo» y nadie que posea una personalidad egocéntrica puede desarrollar mucha influencia en los demás. Para dirigir a los demás, usted necesita poner al equipo primero.

Recientemente leí una historia acerca de un grupo de directores del sistema escolar de Nashville, quienes se dieron cuenta que para hacer que sus estudiantes triunfaran, necesitarían emplear a un especialista bilingüe. El único problema era que no había ningún dinero en el presupuesto para hacerlo. ¿Cuál fue su solución? Hicieron a un lado el dinero que hubieran utilizado para sus propios aumentos y contrataron así a la persona que necesitaban. El equipo y los niños que ellos apoyaban eran más importantes para ellos que la ganancia personal. ¡Eso es liderazgo de madurez!

> *En liderazgo, madurez es poner al equipo antes que a uno mismo.*

RESISTENCIA SE MANTIENE COHERENTE CON EL CARÁCTER Y LA CAPACIDAD DURANTE TODO EL TRAYECTO

Hace un par de años cuando fui a África a enseñar acerca de liderazgo, tuve la oportunidad de ir a un safari. Fue una increíble experiencia. Una de las cosas que hicimos mientras estábamos allí fue seguir por una hora un par de guepardos que estaban cazando. Los guepardos son animales asombrosos. Son los animales terrestres más rápidos del planeta, con la habilidad de correr hasta ciento diez kilómetros por hora, pero los guepardos son corredores puros. Si no capturan su presa durante su primer arranque, se quedan sin comer. La razón es que no pueden correr mucha distancia porque tienen un corazón pequeño.

Un *líder de 360°* no puede tener un corazón pequeño. Con todos los cambios que los líderes reciben, especialmente los líderes intermedios, el liderazgo es una carrera de resistencia. Para tener éxito, un *líder de 360°* debe responder bien a los desafíos y seguir haciéndolo bien.

CONFIABILIDAD PUEDEN CONTAR UNOS CON OTROS

En *Las 17 leyes incuestionables del trabajo en equipo*, una de mis leyes favoritas es la ley de la confiabilidad: «Cuando de contar se trata, los miembros del equipo deben poder contar los unos con los otros». Me encanta esa ley no sólo porque es verdadera y muy importante en el desarrollo del equipo, sino porque también me da la oportunidad de utilizar esta palabra. Pienso que la *confiabilidad* realmente captura la idea de las personas dependiendo unas de otras sin importar las circunstancias.

Cuando usted confía en un líder, cuando éste posee confiabilidad, su valor es mayor porque no solamente sabe que *puede contar* con él. Significa que *realmente cuenta* con él. Depende de él para su éxito. Son parte del mismo equipo, y triunfarán o fracasarán como equipo. Esa clase de carácter realmente marca una diferencia en una cultura donde la mayoría de las personas tienen una actitud individualista.

Creo que la mayoría de los líderes intermedios de una organización no reciben suficiente mérito, porque en la parte intermedia es donde la mayoría de las organizaciones triunfan o fracasan. Los líderes superiores pueden lograr una determinada parte en una organización, lo mismo sucede con los trabajadores en las trincheras. Con frecuencia están más limitados que los líderes por encima de ellos en lo que respecta a sus recursos o a su talento. Realmente todo se levanta o cae por el liderazgo. Si usted quiere que su organización tenga éxito, usted necesita tener éxito como *líder de 360°*.

Uno de los mejores ejemplos que he encontrado que muestra el valor y el impacto de un líder intermedio se encuentra en la vida del general George C. Marshall. Cuando la mayoría de las personas piensan en el liderazgo que ganó la Segunda Guerra Mundial por parte de los aliados, piensan en líderes como Winston Churchill y Franklin D. Roosevelt. Y aunque reconozco que esa guerra nunca hubiera sido ganada sin ninguno de esos dos líderes, yo creo que no hubiera sido ganada sin el *liderazgo de 360°* de Marshall.

Marshall siempre fue un buen soldado, y en cualquier lugar donde servía, dirigía a los líderes que lo supervisaban, lideraba lateralmente a sus compañeros y guiaba a sus subalternos. Él asistió al Instituto Militar de Virginia, donde se graduó como primer capitán, y siguió sirviendo en la infantería de los E.U.A. Marshall era tan buen estudiante e influyó tanto en sus superiores, que después de terminar siendo el primero en su clase en la escuela de Fort Leavenworth, Kansas, y continuar con un curso más avanzado, se quedó allí como instructor.

Marshall nunca dejó de añadir valor en cualquier lugar donde servía: estuvo en Filipinas (en dos ocasiones); en Francia durante la Primera Guerra Mundial; como asistente del general Pershing durante un periodo en China; como jefe de instrucción de la Escuela de Infantería, en el Fuerte Benning, en Georgia; al igual que en otros lugares. Se dice que Marshall, «pasó por los rangos militares con un récord de logros que ha sido raramente igualado por alguien más».[2]

La carrera de Marshall fue estelar, pero se puede notar más el impacto significativo que tuvo cuando fue elegido jefe de personal del Ejército de los E.U.A. Desde esa posición dirigía a su superior, el presidente, lideraba lateralmente a los comandantes aliados, y guiaba a sus oficiales.

Cuando tomó ese puesto, las fuerzas militares de los Estados Unidos estaban anémicas y mal equipadas. Todas las ramas del servicio combinado eran menos de 200.000 personas.

Con la guerra en Europa, Marshall sabía lo que necesitaba hacer: debía construir un gran ejército, bien preparado y poderosamente equipado. Se dispuso a realizar esa tarea inmediatamente. En un período de cuatro años, Marshall amplió la fuerza militar ahora bien entrenada y bien equipada hasta los 8.300.000 hombres.[3] Winston Churchill dijo que Marshall era «el organizador de la victoria».

Solamente eso hubiera hecho de Marshall un héroe de la Segunda Guerra Mundial, pero esa no fue su única contribución. Trabajó incansablemente durante la guerra y continuamente demostró una habilidad para dirigir a sus superiores, liderar lateralmente y guiar a sus subalternos. El presidente Roosevelt consideró el consejo de Marshall invaluable y dijo que no podía dormir al menos que supiera que Marshall estaba en el país. En cada una de las conferencias de guerra más grandes, Roosevelt pidió que Marshall estuviera aquí. Desde Argentia, Terranova en 1941, hasta Potsdam en 1945.[4]

Marshall continuamente tuvo que liderar lateralmente en el área de la estrategia militar. Algunos lo han acreditado de asegurar la cooperación entre las fuerzas aliadas durante la guerra. Él contradecía a veces a otros generales en asuntos de estrategia. MacArthur deseaba que los E.U.A. se enfocaran primeramente en el Pacífico antes de vencer a Alemania, los británicos deseaban emplear lo que llamaban la estrategia mediterránea contra las fuerzas de Hitler, pero Marshall estaba convencido que para ganar la guerra, los aliados tenían que cruzar el Canal Inglés y enfrentar a los alemanes en Francia.[5]

Marshall se los ganó a todos, y por un año, él y su general planearon la invasión de Normandía. Después de la guerra, Churchill dijo de Marshall: «Hasta la fecha había pensado que Marshall era un soldado duro y un magnífico organizador de ejércitos, el Carnot estadounidense (un hombre conocido como «el organizador de la victoria» de la Revolución Francesa). Sin embargo, ahora veo que él era un estadista con un punto de vista penetrante y superior de todo lo que sucedía».[6]

Marshall también era eficaz en guiar a sus subordinados, tanto como en dirigir a sus superiores o liderar lateralmente. Las personas que sirvieron con él lo respetaron en gran manera. Después de la guerra, el general Dwight D. Eisenhower le dijo a Marshall: «En cada problema y en cada prueba que he enfrentado durante los años de guerra, su ejemplo ha sido una inspiración y su apoyo ha sido mi gran fortaleza. Mi sentido de obligación para usted sólo se iguala por la profundidad del orgullo y la satisfacción de aclamarlo como el mejor soldado de su tiempo y un verdadero líder de la democracia».[7]

Aun después de la guerra, Marshall continuó influyendo como un *líder de 360°*. Se le pidió que sirviera como Secretario de Estado para el presidente Truman. Y cuando se necesitó un plan para reconstruir los países de Europa después de la guerra devastadora, Marshall dio su apoyo en un discurso en la Universidad de Harvard a lo que llamó: plan de recuperación europeo. He leído que cuando los asistentes del presidente Truman, quisieron llamarlo el Plan Truman, el presidente no aceptó. Él valoraba y respetaba el liderazgo de su Secretario de Estado tanto que lo llamó el Plan Marshall.

No existen muchas personas de las cuales se pueda decir que si no hubieran existido, la faz de la tierra hubiera sido diferente, pero eso es cierto con respecto a George Marshall. Europa, Asia y los E.U.A. son diferentes de lo que hubieran sido sin su influencia. Existen muy pocos ejemplos mejores de *liderazgo de 360°*. Al final, la influencia de

Marshall fue tan grande y su servicio tan desinteresado que lo premiaron con él Premio Nóbel de la Paz. Él es el único soldado profesional en la historia que ha recibido tal presea.

No podemos esperar que todos hagamos el mismo impacto global que Marshall hizo, pero eso no es lo importante. Lo que importa es que estemos dispuestos a hacer lo que se necesite para crear un impacto positivo donde estemos en la vida y donde podamos añadir valor de cualquier forma que podamos a los demás. Yo creo que no hay mejor manera de aumentar la influencia y de mejorar las oportunidades y de hacer algo significativo que convirtiéndose en un *líder de 360°*. Como *líder de 360°* usted puede influir en otros sin importar donde se encuentre en la organización, sin importar su título o su posición, sin importar la clase de personas con las que trabaja. Espero que siga trabajando en ello y siga causando un impacto positivo.

Repaso de la sección VI
El valor de los líderes de 360°

En los días en que usted se pregunte si vale la pena convertirse en un *líder de 360°* y tratar de dirigir desde la zona intermedia de la organización, recuerde el gran valor que añade un *líder de 360°*:

1. Un equipo de liderazgo es más eficaz que un líder solo.

2. Se necesitan líderes en todos los niveles de la organización.

3. Dirigir exitosamente en un nivel es un calificativo para dirigir en el siguiente nivel.

4. Los buenos líderes intermedios se convierten en mejores líderes en la cima.

5. Los *líderes de 360°* poseen cualidades que toda organización necesita.

Si usted no ha hecho la evaluación del *líder de 360°*, no olvide que es gratis para aquellos que han comprado este libro.

Visite liderlatino.com si desea más información.

SECCIÓN ESPECIAL

CREE UN AMBIENTE QUE LIBERA A LOS *LÍDERES DE 360°*

Si usted es el líder superior de su organización, entonces quisiera dedicar unos momentos para decirle algo en esta sección especial. Muchos líderes intermedios de una organización se encuentran altamente frustrados. Tienen un gran deseo de dirigir y de tener éxito; sin embargo sus líderes con frecuencia son un obstáculo más que una ayuda para ellos. Más de las dos terceras partes de las personas que renuncian a sus trabajos, lo hacen por la incompetencia o la ineficacia de su líder. Las personas no abandonan su compañía, abandonan al líder.

Como líder superior de la organización, usted tiene el poder que nadie más tiene para crear una cultura de liderazgo positivo donde los líderes en potencia florecen. Si usted crea esa clase de ambiente positivo, entonces las personas que tienen un potencial de liderazgo aprenderán, obtendrán experiencia, y se convertirán en sus propios líderes. Ellos se convertirán en la clase del *líder de 360°* que hace que una organización sea grande.

Si usted está dispuesto a trabajar para hacer que su organización sea un lugar donde los líderes dirijan y lo hagan bien, usted necesita hacer que su enfoque se mueva de...

Dirigir a las personas de la organización a....

Dirigir a las personas, encontrar líderes, y dirigir a la organización a...

Dirigir a las personas, desarrollar líderes y dirigir a la organización a...

Dirigir y dar autoridad a los líderes mientras dirigen la organización a...

Servir a los líderes mientras dirigen la organización.

Dependiendo de donde comience, el proceso puede llevarle varios años y puede ser cuesta arriba, pero piense en la alternativa. ¿Dónde estará su organización en cinco años si usted no educa líderes en un ambiente que libere a los *líderes de 360°*?

La docena diaria del líder

Si usted está listo para revolucionar su organización, entonces quiero animarle para que comience el proceso de adoptar lo que yo llamo «la docena diaria del líder». Cada mañana cuando usted se levante y se prepare a dirigir su organización, haga un compromiso de hacer estas doce actividades de liberación de poder.

1. Póngale un valor alto a las personas

Lo primero que necesita hacer para cambiar su organización en un ambiente que apoye a los líderes debe ocurrir desde su interior. Usted se compromete sólo a las cosas que valora, y fundamentalmente, si usted no valora a las personas, nunca creará una cultura que desarrolle a los líderes.

La mayoría de los líderes superiores se enfocan en dos cosas: la visión y las cosas importantes. La visión es lo que generalmente nos emociona más, y encargarnos de lo importante es lo que nos mantiene en el negocio, pero entre la visión y lo importante se encuentra la gente de su organización. Lo irónico es que si usted ignora a la gente y sólo pone atención en esas otras dos cosas, perderá a las personas y a la visión (y probablemente lo más importante). Pero si usted se enfoca en las personas, tiene el potencial de ganarse a la gente, la visión, y lo importante.

Cuando Jim Collins estudiaba las grandes compañías, descubrió y **definió lo que se llama** los líderes del quinto nivel. Él notó que estos **excelentes líderes no ace**ptaban el mérito por los logros de su organi**zación. De hecho, eran** increíblemente humildes y le daban el mérito **a su gente. Sin duda, los** líderes del nivel quinto le ponen un valor muy alto a la gente.

Muchas compañías dicen que valoran a la gente y a sus clientes. Esas son cosas que están de moda, pero hablar es muy fácil. Si usted quiere saber si hay valor en su organización, hable con las personas que conocen su organización bien pero no trabajan allí. ¿Qué dirían? Sus respuestas probablemente le darían la imagen más exacta.

Pero usted conoce su propio corazón mejor que nadie más. Todo comienza con usted. Usted necesita hacerse la pregunta *¿le pongo un alto valor en las personas?*

2. COMPROMÉTASE A PROVEER RECURSOS PARA DESARROLLAR AL PERSONAL

Una vez cuando viajaba a Dallas con Zig Ziglar, me preguntó si alguna vez había recibido cartas de agradecimiento. Cuando le dije que si, me preguntó: «cuándo las recibes, ¿por qué te agradecen?» Realmente nunca había pensado en eso antes, pero la respuesta era clara. Las personas daban gracias casi siempre por un libro que había escrito o algún otro recurso que había producido.

«Lo mismo me sucede a mí» dijo Zig, «¿no es interesante? A nosotros nos conocen por nuestras conferencias pero no es eso por lo que la gente nos escribe».

He hecho muchas conferencias durante los pasados treinta y cinco años. Me encanta hacerlo, y creo que tiene valor. Los eventos son grandiosos para crear mucha energía y entusiasmo, pero si usted desea facilitar el crecimiento, usted necesita dar recursos. Son lo mejor para el desarrollo porque están orientados por un proceso. Puede llevarlos con usted, puede usarlos como referencia, puede sacarles el jugo, y puede ir a su propio paso.

Una vez cuando estaba enseñando a unos líderes de una gran corporación, uno de los organizadores del evento dijo desde la plataforma que las personas eran el activo más valioso de una organización.

Aplaudí ese sentimiento, pero también lo amplié por el beneficio de los líderes en ese lugar, les dije que esa declaración es verdadera sólo si uno desarrolla a su personal.

Se necesita mucho esfuerzo para desarrollar líderes. La primera pregunta que un líder superior se hace es: «¿Cuánto me va a costar?» Mi respuesta es: «No importa cuál sea el costo, no será mayor que el costo de no desarrollar a su personal».

Una vez más, tengo otra pregunta para usted. Hágase la siguiente pregunta: *¿Estoy comprometido a proveer recursos para el desarrollo del liderazgo?*

3. Póngale un valor alto al liderazgo

Las personas que manejan un negocio pequeño no tienen que preocuparse por el liderazgo, pero para las personas que dirigen organizaciones, el liderazgo siempre es un asunto importante. Cada vez que usted tiene dos o más personas que trabajan juntas, el liderazgo entra en acción. En algunas organizaciones, todo el énfasis se coloca en el esfuerzo, y el liderazgo ni siquiera aparece en el radar. Es un gran error.

Todos los buenos líderes reconocen la importancia del liderazgo y ponen un valor alto en él. Me encanta lo que el general Tommy Franks dijo acerca de los mejores líderes intermedios de la sección militar, los sargentos:

> Los meses en el desierto han reforzado mi convicción de que los sargentos son la espina dorsal del ejército. El soldado promedio depende de los sargentos para su liderazgo. Pensé en Sam Long y Scag. Ellos han sido ejemplos de lo que un sargento debe ser. Si un suboficial está dedicado a sus tropas, esa cuadrilla o sección tendrá una capacitación difícil y realista, comida caliente cuando se pueda y la oportunidad de un baño de vez en cuando. Si un sargento es indiferente a las necesidades de sus soldados, su desempeño sufrirá, y sus vidas podrían ser desperdiciadas. Un oficial inteligente se esfuerza para desarrollar buenos sargentos.[1]

El ejército estadounidense comprende el valor del liderazgo y siempre pone un alto valor en él. Si usted valora el liderazgo, los líderes surgirán para darle valor a la organización.

Esta vez la pregunta que debe hacerse es muy sencilla: *¿pongo un valor alto en el liderazgo de mi organización?*

4. Busque líderes potenciales

Si el liderazgo se encuentra en su radar y usted lo valora, estará buscando líderes potenciales continuamente. Hace varios años hice una lección para uno de mis clubes de desarrollo del liderazgo que enseñaba a los líderes qué buscar en un líder potencial. Se llamaba «Buscando águilas» y por muchos años esa fue la lección más solicitada.

Estas son las características de las «águilas»:

- Hacen que las cosas sucedan.
- Ven las oportunidades.
- Influyen en las opiniones y las acciones de los demás.
- Le añaden valor a usted.
- Atraen ganadores.
- Capacitan a otras águilas para dirigir.
- Proveen ideas que ayudan a la organización.
- Poseen una gran actitud que es poco común.
- Cumplen con sus compromisos.
- Muestran una lealtad total a la organización y al líder.

En su búsqueda por líderes potenciales, busque personas que tengan estas cualidades. Mientras tanto, pregúntese *¿estoy buscando continuamente líderes potenciales?*

5. Conozca y respete a su personal

Cuando encuentre y desarrolle a sus líderes, los conocerá mejor como individuos. Quiero animarle para que utilice las guías en el capítulo «Camine lentamente por los pasillos» para ampliar ese proceso.

Pero también existen otras características que son comunes en los líderes y que usted debe recordar durante el proceso de desarrollo.

- Las personas desean ver resultados.
- Las personas quieren ser eficaces, quieren hacer lo que hacen bien.
- Las personas quieren estar en el juego.
- Las personas desean ser apreciadas.
- Las personas desean ser parte de la celebración.

Entretanto que selecciona a las personas que va a desarrollar, trate de encontrar el balance entre estos deseos universales y las necesidades individuales de su personal. Trate de acomodar el proceso de desarrollo en cada individuo lo más que pueda. Para hacer eso, pregúntese continuamente, *¿conozco y respeto a mi personal?*

6. Provéale experiencias de liderazgo a su personal

Es imposible aprender de liderazgo sin ponerlo en práctica. Después de todo, el liderazgo es acción. Uno de los lugares donde muchos líderes superiores olvidan las oportunidades para el desarrollo es cuando tienen que delegar. Nuestra tendencia natural es darle a los demás tareas para desempeñar más que funciones de liderazgo que realizar. Necesitamos cambiar eso. Si no delegamos el liderazgo, junto con la autoridad y la responsabilidad, nuestra gente nunca obtendrá la experiencia que necesita para dirigir correctamente.

Es imposible aprender de liderazgo sin ponerlo en práctica.

La pregunta que uno se debe hacer es: *¿estoy proveyéndole a mi personal de experiencias de liderazgo?*

7. Recompense la iniciativa de liderazgo

Tomar la iniciativa es una parte tan importante del liderazgo. Los mejores líderes son pro activos. Ellos hacen que las cosas sucedan. La mayoría de los líderes en la cima son iniciadores, pero eso no significa que todo líder en la cima se sienta cómodo cuando otros utilizan su iniciativa. Sólo porque ellos confían en sus propios instintos, no significa que confíen en los instintos de su gente.

Es cierto que muchos líderes principiantes quieren dirigir antes de que estén listos para hacerlo, pero los líderes potenciales pueden convertirse en líderes completos solo si se les permite desarrollar y usar su iniciativa. Entonces ¿cuál es la solución? Hacerlo en el tiempo correcto. Si usted lo hace todo de prisa, es probable que rompa el proceso de crecimiento. Si usted mantiene a los líderes sin trabajar cuando están preparados para moverse, está desperdiciando el crecimiento.

Una de las cosas que puede ayudarle a saber cuando es el tiempo correcto, es reconocer si su mentalidad es de escasez o de abundancia. Si usted cree que el mundo tiene sólo una cantidad limitada de recursos, un número finito de oportunidades, es muy poco probable que usted le permita a sus líderes que se arriesguen porque piensa que la organización no podrá recuperarse de esos errores. Por otro lado, si usted cree que las oportunidades son ilimitadas, los recursos renovables e ilimitados, usted podrá arriesgarse. No dudará que tendrá la habilidad de recuperarse.

¿Cómo le va en esta área? Pregúntese: *¿recompenso la iniciativa de liderazgo?*

8. Provea un ambiente seguro donde las personas puedan hacer preguntas, compartir ideas, y arriesgarse

El ganador del premio Pulitzer, Garry Wills, dijo: «Los líderes dan su opinión acerca de cómo están siendo dirigidos. Un líder que ignora eso pronto se encontrará sin seguidores». Se necesitan líderes seguros de sí mismos en la cima para permitir que los líderes que trabajan para ellos participen completamente en el proceso de liderazgo de la organización. Si los líderes intermedios los cuestionan, no deben tomarlo a manera personal. Cuando comparten sus ideas, los líderes superiores no deben sentirse amenazados. Cuando las personas que están por debajo de ellos en la organización desean arriesgarse, necesitan estar dispuestos a darles espacio para que triunfen o fracasen.

El liderazgo por naturaleza propia desafía. Desafía las ideas antiguas, las formas anteriores de hacer las cosas. Desafía el statu quo. No olvide que lo que se gratifica se realiza. Si usted gratifica la autocomplacencia, usted obtendrá autocomplacencia de parte de los líderes intermedios. Pero si usted se mantiene seguro y los deja encontrar nuevas formas de hacer las cosas, formas que son mejores que las suyas, la organización avanzará más rápidamente.

> «Los líderes dan su opinión acerca de cómo están siendo dirigidos. Un líder que ignora eso pronto se encontrará sin seguidores».
> —GARRY WILLS

En lugar de tratar de ser el sabelotodo o el que arregla todo, cuando sus líderes empiecen a dirigir por sí mismos, hágase a un lado. Intente tomar el papel de un consejero y de un gran animador. Acepte el deseo de sus mejores líderes por innovar y mejorar la organización. Después de todo, creo que estará de acuerdo conmigo que un triunfo para la organización es un triunfo suyo.

Entonces ¿cuál es su papel en la organización? ¿Es usted el «experto», o es usted más un consejero y un defensor? Pregúntese: *¿estoy permitiendo un ambiente donde las personas puedan hacer preguntas, compartir ideas y arriesgarse?*

9. CREZCA CON SU PERSONAL

He hablado con muchos líderes superiores durante mi carrera, y he detectado un número de actitudes diferentes hacia el crecimiento. Las resumiré de la siguiente forma:

- Ya he crecido.
- Quiero que mi gente crezca.
- Estoy dedicado a ayudar a mi personal a crecer.
- Quiero crecer junto con mi personal.

Adivine cuál actitud es la que fomenta una organización donde las personas estén creciendo.

Cuando las personas en una organización ven que el líder superior está creciendo, cambia la cultura completa de la organización.

Inmediatamente remueve cualquier barrera entre el líder de la cima y el resto del personal, poniéndolo a usted en el mismo lugar que ellos, lo cual hace que el líder superior sea más humano y accesible. También envía un mensaje claro a todos de que el crecimiento es una prioridad.

Por tanto la pregunta que quiero que usted se haga es muy sencilla: *¿Estoy creciendo con mi personal?*

10 Atraiga personas que tengan un alto potencial a su círculo íntimo

Cuando Mark Sanborn, autor del libro *The Fred Factor*, habló en uno de nuestros eventos de liderazgo, hizo un comentario que realmente me impactó: «Es mejor tener un grupo de venados dirigido por un león, que un grupo de leones dirigido por un venado». ¿Por qué? Porque aun si usted tiene un grupo de venados que son dirigidos por un león, ellos actuarán como una manada de leones. ¿No le parece una gran analogía? Es muy cierto. Cuando las personas dedican tiempo a alguien y son dirigidas por esa persona, aprenden a pensar de la forma en que la persona piensa y a hacer lo que la persona hace. Su desempeño comienza a elevarse de acuerdo a la capacidad del líder.

Cuando escribía el libro *Desarrolle los líderes que están alrededor de usted*, con frecuencia realizaba una encuesta en las conferencias para averiguar cómo las personas se habían hecho líderes. Les preguntaba si se habían hecho líderes porque: a) les dieron la posición, b) había una crisis en la organización, c) habían tenido un mentor. Más del ochenta por ciento indicó que ellos eran líderes porque habían tenido un mentor en el liderazgo, porque los habían llevado durante todo el proceso.

La mejor forma de desarrollar líderes de alto calibre es que tengan un mentor de alto calibre. Si usted dirige su organización, usted probablemente es el mejor (o al menos uno de los mejores) de la organización. Si usted no lo está haciendo en este momento, necesita un puñado de personas con gran potencial para invitarlos a su círculo íntimo y guiarlos. No importa si lo hace con uno o con una docena, sea que trabaje de manera individual o colectiva. Lo importante es que usted necesita dar lo mejor de sí a su mejor gente.

¿Está haciendo eso? Cuál es su respuesta a la pregunta: *¿Estoy atra-yendo personal con potencial a mi círculo íntimo?*

11. COMPROMÉTASE A DESARROLLAR UN EQUIPO DE LIDERAZGO

Cuando comencé como líder, traté de hacerlo todo por mí mismo. Hasta que tuve casi 40 años, pensaba que lo podía hacer todo. Después de mi cumpleaños número cuarenta, me di cuenta finalmente que si no desarrollaba a otros líderes, mi potencial sería sólo una fracción de lo que podría ser. Así que durante la siguiente década, mi enfoque era desarrollar personas para que fueran buenos líderes. Pero hasta eso tiene sus limitaciones. Me doy cuenta ahora que para llegar al nivel más alto de liderazgo, debo continuar desarrollando equipos de liderazgo.

Seamos realistas. No existe nadie que haga todas las cosas bien. No lo puedo hacer todo, ¿usted? Escribí el libro *Las 21 leyes irrefutables del liderazgo*, que contiene cada principio de liderazgo que conozco basado en una vida de aprendizaje y de dirección. No puedo hacer todas las veintiún leyes bien. Por eso necesito ayuda.

Usted también. Si usted desea que su organización alcance su potencial, si quiere que pase de ser buena a ser grandiosa (o aun de promedio a buena), necesita desarrollar un equipo de líderes, personas que puedan llenar los faltantes de otros, personas que pueden desafiar y mejorarse mutuamente. Si intentamos hacerlo todo nosotros mismos, nunca llegaremos más allá del techo de vidrio de nuestras propias limitaciones de liderazgo.

¿Cómo está usted en esta área? Pregúntese: *¿estoy comprometido a desarrollar un equipo de liderazgo?*

12. LIBERE A SUS LÍDERES PARA QUE DIRIJAN

Como líderes, si nos sentimos inseguros o inciertos acerca del proceso de desarrollo de liderazgo, por lo general no se relaciona con la capacitación que damos. La incertidumbre que sentimos surge de pensar en liberar a nuestros líderes para que dirijan. Es muy similar a lo que le sucede a los padres con sus hijos. Mis hijos ya son adultos y tienen sus propias familias, pero cuando eran adolescentes, lo más difícil para mi esposa y para mí fue liberarlos para que tomaran sus propias decisiones. Sé que da miedo, pero si usted no los deja abrir sus alas, nunca aprenderán a volar.

Entre más viejo me pongo, me he llegado a ver a mí mismo como un levantador de topes. Esa es mi función principal como un líder organizacional. Si puedo levantar los topes del liderazgo de los miembros de mi equipo, estoy haciendo mi trabajo. Entre más barreras remueva de mi personal, más fácilmente lograrán su potencial. Y lo que es realmente grandioso es que cuando los líderes superiores se convierten en levantadores de topes de los líderes intermedios, éstos se convierten en elevadores de carga de los que están por encima de ellos.

> *Cuando los líderes superiores se convierten en levantadores de topes de los líderes intermedios, éstos se convierten en elevadores de carga de los que están por encima de ellos.*

Hágase esta última pregunta: *¿estoy liberando a mis líderes para que dirijan?*

Si usted se dedica a desarrollar y a liberar a sus *líderes de 360°*, su organización cambiará, lo mismo que su vida. He encontrado que los líderes que van de dirigir solos a desarrollar exitosamente *líderes de 360°* pasan por tres etapas:

Etapa 1: La soledad de dirigir: «Soy el único líder». Cuando usted es el único líder, en verdad tiene que dirigir todo personalmente.

Etapa 2: El levantamiento de un líder: «Soy uno de los pocos líderes». Cuando comienza a desarrollar y a dirigir a otros líderes, entonces dirige sólo una de las cosas más importantes.

Etapa 3: El legado de un líder: «Soy solo uno de muchos líderes». Cuando usted desarrolla *líderes de 360°*, entonces usted dirige sólo unas pocas cosas estratégicas.

Esa es la situación en la que se encuentran Tom Mullins en este punto de su carrera. Tom es el pastor principal de la iglesia Christ Fellowship, una gran congregación en West Palm Beach, Florida. Tom fue el pastor fundador de su iglesia, así que cuando comenzó, hacía de todo. Si una tarea tenía que ser hecha, una meta cumplida, o un programa empezado, Tom tenía que dirigirlo personalmente.

Pero Tom es un líder sobresaliente. No tenía deseo de hacerlo solo, o de ser el sabelotodo. En tanto que la organización crecía, Tom se dedicaba no solamente a ayudar a las personas, sino también a desarrollar líderes. Entre más líderes desarrollaba, menos tiempo necesitaba para estar al frente. Por años, Tom ha estado desarrollando y dando autoridad a *líderes de 360°* para que dirijan.

En la actualidad, más de diez mil personas asisten a su iglesia cada fin de semana. Existen cientos de programas y actividades cada semana. La iglesia está muy activa en la comunidad, construyendo casas para los pobres y alimentándolos. Constantemente están alcanzando a otros. ¿Y dónde está Tom? Él está en medio de todo, entrenando, aconsejando, y animando. Es desde allí donde él se pasa más tiempo dirigiendo. Raramente se le ve como líder superior en algún esfuerzo. Tom dice que se siente más realizado viendo a los demás triunfar (sea mediante la enseñanza o dirigiendo un equipo), que tomando la posición principal. Como resultado, la organización está teniendo éxito más allá de sus sueños.

¿No es eso lo que queremos de nuestros líderes, de nuestro personal y de nuestra organización, que tengan éxito? Lao Tzu dijo: «Un líder es mejor cuando apenas se sabe que existe». Eso es lo que hacen los mejores líderes: ayudan a los demás a tener éxito. Dirigen, confieren autoridad y luego se hacen a un lado. Si usted crea un ambiente que desarrolle *líderes de 360°*, eso lo que un día usted hará.

NOTAS

MITO #4

1. Carol J. Loomis, "Why Carly's Big Bet is Failing," (Por qué la gran apuesta de Carly está fallando) *Fortune*, 7 de febrero de 2005, p. 52.
2. Carol J. Loomis, "How the HP Board KO'd Carly," (En qué forma la junta directiva de HP noqueó a Carly) *Fortune*, 7 de marzo de 2005, p. 100.

MITO #6

1. James Carney, "7 Clues to Understanding Dick Cheney, (7 Pistas para comprender a Dick Cheney) *Time*, 30 de diciembre de 2002, www.time.com/time/archive, visitado el 11 de marzo de 2005.

DESAFÍO #1

1. D. Michael Abrashoff, *It's Your Ship: Management Techniques from the Best Damn Ship in the Navy* (*Es tu barco: Técnicas administrativas del mayor barco de la marina*) (New York: Warner Business, 2002), pp. 29-30.

DESAFÍO #2

1. Proverbios 29.18, NVI.
2. Tom Peters, *The Circle of Innovation* (*El círculo de la innovación*) (New York: Knopf, 1997), pp. 86-87.

DESAFÍO #5

1. "Mix and Match: from Playmakers like Terrell Owens to the Thugs in the Trenches, Our All-star Squad Has a Bit of Everything - All-pro Team," (Mezcla y juego: de los jugadores como Terry Owens a los matones en las trincheras, nuestro equipo de estrellas tiene un poco de todo) *Football Digest*, abril, 2002, www.findarticles.com, visitado el 27 de abril de 2005.
2. Becky Weber, "Athletes in Action Breakfast: Second Annual Frank Reich Call to Courage Award Given," (Desayuno de atletas en acción: Segundo llamado anual Frank Reich para el premio al valor) buffalobills.com, 16 de abril de 2003, www.buffalobills.com, visitado el 27 de abril de 2005.
3. "Clement Attlee," http://en.wikipedia.org/wiki/Clement_Attlee, visitado 27 de abril de 2005.

DESAFÍO #7
1. Nota del traductor. Yidish: lengua hablada por los judíos de origen alemán, que se formó con elementos del hebreo, francés antiguo, alto alemán y dialectos del norte de Italia.
2. David Seamands, *Healing Grace* (*Gracia sanadora*) (Wheaton, IL: Victor Books, 1988).

SECCIÓN III: Los principios que los *líderes de 360°* practican para dirigir a los líderes que los supervisan
1. Rosamund Stone Zander and Benjamin Zander, *The Art of Possibility* (El arte de la posibilidad) (New York: Penguin, 2000), p. 72.

PRINCIPIO #1 PARA DIRIGIR A LOS LÍDERES QUE LO SUPERVISAN
1. Tommy Franks and Malcolm McConnell, *American Soldier* (*Soldado americano*) (New York: Regan Books, 2004), p. 99.
2. Jim Collins, *Good to Great* (De bueno a grandioso) (New York: Harper Business, 2001), p. 139.

PRINCIPIO #2 PARA DIRIGIR A LOS LÍDERES QUE LO SUPERVISAN
1. "'The Buck Stops Here' Desk Sign," (Yo soy el responsable) Truman Presidential Museum and Library, http://www.trumanlibrary.org/buckstop.htm, visitado el 10 de mayo de 2005.

PRINCIPIO #3 PARA DIRIGIR A LOS LÍDERES QUE LO SUPERVISAN
1. John C. Maxwell, *Developing the Leader Within You* (*Desarrolle el líder que está en usted*) (Nashville: Thomas Nelson, 1993), pp. 75-76.

PRINCIPIO #4 PARA DIRIGIR A LOS LÍDERES QUE LO SUPERVISAN
1. Tommy Franks and Malcolm McConnell, *American Soldier* (Soldado americano) (New York: Regan Books, 2004), p. 142.
2. Charles Garfield, *Peak Performers: The New Heroes of American Business*. Grandes actuaciones: Los nuevos héroes de los negocios estadounidenses (New York: Avon, 1986), p. 289.

PRINCIPIO #6 PARA DIRIGIR A LOS LÍDERES QUE LO SUPERVISAN
1. Lev Grossman, "Out of the Xbox: How Bill Gates Build His New Game Machine—and Change Your Living Room Forever," (Fuera del Xbox: Cómo Bill Gates desarrolla su nueva máquina de juegos y cambia su sala para siempre) *Time*, 23 de mayo de 2005, p. 44.

2. Proverbios 18.16, NVI.
3. "The Champ," (El campeón) *Reader's Digest*, Enero de1972, p. 109.

PRINCIPIO #9 PARA DIRIGIR A LOS LÍDERES QUE LO SUPERVISAN
1. Jack Welch con Suzy Welch, *Winning (Triunfando)* (New York: Harper Business, 2005), p. 61.

SECCIÓN IV
PRINCIPIO #4 PARA LIDERAR LATERALMENTE
1. Mateo 7.12

PRINCIPIO #5 PARA LIDERAR LATERALMENTE
1. Tim Sanders, *Love is the Killer App: How to Win Business and Influence Friends* El amor es una asombrosa aplicación: Cómo triunfar en los negocios e influir amigos) (New York: Three Rivers Press, 2002), pp. 15-16.

PRINCIPIO #2 PARA GUIAR A SUS SUBORDINADOS
1. Bennet Cerf, *The Sound of Laughter* (El sonido de la risa) (Garden City, NY: Doubleday and Company, 1970), p. 54.
2. Morton Hunt, "Are You Mistrusful," (Es usted desconfiado) *Parade*, 6 de marzo de 1988.

PRINCIPIO #3 PARA GUIAR A SUS SUBORDINADOS
1. Del Jones, "Employers Learning that 'B Players' Hold the Cards," (Los jefes se dan cuenta que los jugadores B son los que llevan las de ganar) *USA Today*, 9 de septiembre de 2003, 1A.

PRINCIPIO #4 PARA GUIAR A SUS SUBORDINADOS
1. Marcus Buckingham and Donald O. Clifton, *Now Discover Your Strengths* (Ahora, descubra sus fortalezas) (New York: The Free Press, 2001), p. 5.
2. Ibid, p. 6.

VALOR #1
1. Tommy Franks and Malcolm McConnell, *American Soldier (Soldado americano)* (New York: Regan Books, 2004), p. 164.

VALOR #2
1. Proverbios 29.18, NVI.
2. Charles M. Schwab, *Succeeding with What You Have (Triunfar con lo que tiene)* (New York: Century Co., 1917), pp. 39-41.

3. Jim Collins, *Good to Great* (De bueno a grandioso) (New York: Harperbusiness, 2001), pp. 21-22.

VALOR #4
1. Proverbios 27.17, NVI.

VALOR #5
1. *Reader's Digest*, enero de 2000, p. 171.
2. Robert C. Baron, Samuel Scinta, and Pat Staten, *20th Century America: 100 Influential People* (Estados Unidos en el siglo veinte: 100 personas de influencia) (Golden, CO: Fulcrum Publishing, 1995), p. 73.
3. "Marshall, George C.," Britannica Online, http://search.eb.com/normandy/articles/Marshall_George_C.html, visitado 24 de marzo de 2005.
4. Forrest C. Pogue, "George C. Marshall," Grolier Online, http://gi.grolier.com/wwii/wwii_marshall.html, visitado 24 de marzo de 2005.
5. Baron, *20th Century America*, (Estados Unidos en el siglo veinte: 100 personas de influencia) pp. 73-74.
6. "George C. Marshall: A Life of Service," (George C. Marshall: Una vida de servicio) George C. Marshall Foundation. http://20thcenturyrolemodels.org/marshall/quotesabout.html, visitado 24 de marzo de 2005.
7. Ibid.

SECCIÓN ESPECIAL
1. Tommy Franks and Malcolm McConnell, *American Soldier* (Soldado americano) (New York: Regan Books, 2004), pp. 163-164.

ACERCA DEL AUTOR

JOHN C. MAXWELL, conocido como el experto en liderazgo de los Estados Unidos, habla en persona a cientos de miles de personas cada año. Ha comunicado sus principios a las compañías que pertenecen a Fortune 500, la Academia Militar de los Estados Unidos en West Point, organizaciones internacionales de mercadeo, la NCAA y grupos deportivos profesionales como la NFL.

Maxwell es el fundador de varias organizaciones de liderazgo, incluyendo Maximum Impact, que ayuda a las personas para que alcancen su potencial personal y de liderazgo. Como autor de éxitos de librería de la lista del *New York Times*, Maxwell ha escrito más de 30 libros entre los cuales están: *Desarrolle el líder que está en usted*, *Cómo ganarse a la gente* y *Las 21 leyes irrefutables del liderazgo*, que ha vendido más de un millón de copias.